湛庐 CHEERS

与最聪明的人共同进化

HERE COMES EVERYBODY

RAISING HEALTHY BOYS IN A CHALLENGING AND COMPLEX WORLD

男孩危机观察者

哈佛医学院儿童心理学家
波士顿儿童医院心理科专家

安东尼·饶

DR.ANTHONY RAO

THE WAY OF BOYS

为男孩『代言』的儿童心理专家

“他没有任何问题，如果非要说他得了什么病，那就是‘男孩综合征’。”饶博士告诉焦急等待的父母。

安东尼·饶是美国知名的儿童心理学家，范德比尔特大学心理学博士，在波士顿儿童医院接受儿童心理医生住院医师培训，之后20多年一直在波士顿儿童医院心理科工作。同时，他也在哈佛医学院任教，对心理治疗师和医生进行认知行为疗法的培训。

饶博士说，男孩生来就跟女孩不一样，在他们还是婴儿时，就不爱与父母进行眼神交流，但更爱动来动去。到了上学的时候，男孩女孩的脑神经发展区别更大，男孩们的语言表达和情绪控制能力相对落后，更容易成为“捣蛋鬼”，让老师和父母头疼。

DR.ANTHONY RAO

RAISING HEALTHY BOYS IN A CHALLENGING AND COMPLEX WORLD

"他们只是简单地问几个问题，让孩子做个测试，就写下诊断结果，给孩子开药，一共不到15分钟，太草率了。"饶博士这样"炮轰"一些心理医生。

美国有20%的孩子被诊断为注意力缺陷多动障碍（俗称"多动症"），其中大部分是男孩，连治疗这种疾病的药物阿得拉(adderall)也一度紧缺。

饶博士认为，不可能有那么多孩子患有心理疾病，造成这种现象的原因，一是整个社会发展的节奏快，大人们对孩子的要求过高，孩子表现稍微落后就被怀疑"有问题"；二是医生不负责任的草率诊断，只刻板地根据心理测量表上的标准提几个问题就下结论，并没有充分了解孩子，而且许多医生受到药品供应商的影响，倾向于使用效果明显但副作用大的药物疗法。

心理医生界的『饶大炮』

父母们的『百忧解』

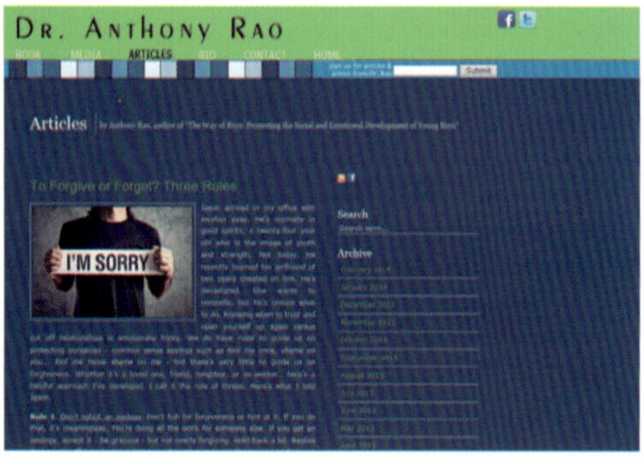

http://anthonyrao.com

“我家大轩上课总坐不住，动来动去影响到其他人，经常被老师请家长，怎么办啊？”“我家孩子是‘窝里横’，出了门就一声不吭，这样长大了怎么融入社会？”对于父母们的这些问题，饶博士都有答案，解除了家长们的忧虑。

饶博士在自己的个人网站和Facebook上热情地回答家长们的提问，也参加各种家长团体的活动，为家长们提供咨询和建议，并接受各大媒体邀请，介绍自己的观点。

美国A&E电视台的《调查报告》和MTV电视网的《真实生活》都有采访饶博士的专题。他的文章还刊登于《纽约客》、《父母世界Parents》、《波士顿环球报》、《华盛顿邮报》、《新闻周刊》、《科学美国人》等知名杂志和报纸。

安东尼·饶在马萨诸塞州莱克星顿市创立了“行为问题解决工作坊”，以不单靠药物治疗儿童心理疾病而闻名。

THE WAY OF BOYS

如何养育男孩

男孩应该具备的8个关键能力

[美] 安东尼·饶（Dr. Anthony Rao）
米歇尔·西顿（Michelle Seaton）◎著
宋晓丽　李香爱◎译

浙江人民出版社
ZHEJIANG PEOPLE'S PUBLISHING HOUSE

THE WAY OF BOYS

目录

RAISING HEALTHY BOYS
IN A CHALLENGING AND COMPLEX WORLD

PART2 男孩的 8 个关键能力

THE WAY OF BOYS 01

他是男孩子

RAISING HEALTHY BOYS
IN A CHALLENGING AND COMPLEX WORLD

桑迪站在我的办公室里，都快哭了。她4岁的儿子汤米最近因为扇老师耳光，还把玩具丢到一个小女孩脸上而被幼儿园开除。还没等桑迪把汤米的测试结果和幼儿园提供的资料递给我，汤米就已经爬上了一把转椅，斜躺在上面，之后又干脆像冲浪运动员脚踩冲浪板一样把椅子踩在脚下。桑迪恳求他从椅子上下来，可是他根本不理会。桑迪赶忙向我道歉。我可以看得出，她每天都在担心，不知道她的儿子接下来还会干出什么出格的事，其他人又会怎么看待她。她很痛苦，时刻保持警惕，为她的儿子揪心。

我和桑迪哄着汤米到一边玩乐高玩具，然后桑迪跟我讲了汤米的一些具体情况。汤米的情况和来我这儿咨询的很多孩子是一样的。幼儿园的园长让桑迪把孩子领走，然后告诉她和汤米的爸爸，他们的儿子发展不正常。桑迪说，汤米在不同的活动之间切换时会有困难，因为他可能对某件事情表现得过于专注，而对另一件事情却极其厌烦。他经常发脾气，乱扔东西，还在手工课上打搅其他的孩子。

园长为他们推荐了一位治疗儿童发展性障碍（development disorders）的专家。桑迪到那儿，花了 20 分钟填了一张关于汤米的行为表现的表格之后，那位医生便根据表格判断出汤米患有注意力缺陷多动障碍（Attention Deficit/Hyperactivity Disorder, 简称 ADHD）。“他的病要很久才能治愈，”医生说，“这是一辈子的事，越早治疗效果越好。”他开了一些利他林（Ritalin），把处方递给桑迪。

“我不想给他吃药。”桑迪说。

那位医生似乎没听到她的话。“这种药对很多患儿都有效，”他说，“咱们先看看他服药的效果后再做决定吧。”

桑迪含着眼泪离开了医生的诊所，她感觉除了听从这位医生的治疗方案之外别无选择。

幸运的是，后来桑迪四处打听，想看看其他的医生有没有什么别的建议。她从别人那儿听说了我。在过去的 20 年中，我先是在哈佛医学院附属波士顿儿童医院工作，后来又开了我自己的诊所，名字就叫“行为解决方案”诊所（Behavioral Solutions）。作为一名心理学家，我并不仅仅依靠药物来医治那些处于挣扎困境中的小男孩。我看了汤米的资料，对他的状况并不感到意外。尽管学校出具的报告和那位专家的表格可以证实注意力缺陷多动障碍的诊断，但那些不足以说明什么——那是很容易就能做出的诊断。糟糕的是，一位临床医生可能会因为这样一个诊断结果而忽视了另外一个显而易见的可能——这个男孩完全没有问题。以我的观察来看，汤米很有可能只是在发展的过程中有一点小毛病而已。

首先，汤米在幼儿园的糟糕表现并不出人意料，它并不能表明汤米有什么重大问题。男孩们在 6 岁之前还不能适应和小朋友们围坐在一起上课，不习惯课程之间死板的过渡，搞不懂老师下达的复杂指令，也不愿意听她们没完没了的讲话。问题不是出在孩子们身上，而是大人们对他们的期望过高了。

我还告诉桑迪，大概 6 个月之后汤米会完全变一个人，不再是现在这个在我的办公室里横冲直撞的小男孩。我跟她说，很可能是汤米的大脑中控制冲动的区域发展得比同龄人慢，而且从长远来看，那张关于他的行为表现的表格也不能证明他有问题。我这么说是想让桑迪明白，过上一段时间之后她就可以不用再担心汤米了。6 个月之后，他的情绪可能会更稳定，可以更好地集中注意力，表达能力也会有所提高。再过 6 个月以后，他甚至会变得越来越好。没有必要对这么小的孩子急着下诊断、用药。我知道就算他不吃药，经过一段时间之后他也会改变，会变得更平静，因为一个 4 岁男孩的大脑发展得非常快。和汤米一样，这个世界上有很多孩子在幼儿园和托儿所里表现得很糟糕，如果的确需要借助什么来帮助他们安静下来，则可以用行为方法等治疗手段，以免他们在玩得很疯或者表现很冲动时伤到其他人。不过在大多数情况下，单纯地等待一段时间，让孩子的大脑有机会发展成熟才是最好的解决办法。

被误读的男孩

汤米因一个仓促的诊断，以及一时的行为上的问题及其表现出的不寻常的发展轨迹而被赶出了幼儿园。我真希望他是我在诊所里遇到的唯一一个这样的病例。然而事与愿违，我总能碰到像汤米这样的男孩。他们不只是因为具有攻击性或活动过度而被认为是有问题的孩子，有很多男孩只是因为把玩具排成一排或者和别人的眼神交流不够多而被盲目地诊断为亚斯伯格症候群（Asperger's syndrome）；而有些 3 岁的男孩因为不愿意和大家一起做游戏而被贴上“不擅社交的孤独者”的标签；还有一些男孩因为不能在手工课上老老实实地做作业，不愿意和别人轮流分担任务，不告诉别人他们想要什么，或者走路跌跌撞撞就被认为是认知神经有问题或者存在非言语型学习障碍（nonverbal learning disorder, 简称 NLD）。事实上，他们不仅不会永远落在别人后面，而且他们一点问题都没有。这些孩子还处在生长发展过程中，只是有时候发展得不均衡罢了，很多男孩在发展过程中都会遇到这样的问题。

在我的诊所开业之初，我发现在被转到我这里来的患儿中，男孩要比女孩多得多。我很快意识到，被建议接受精神治疗的孩子中有很大一部分是男孩。在过去的 10 年中，我还发现了另外一个十分惊人的趋势：越来越小的孩子带着既夸张又不恰当的诊断来到我的诊所，而那些病症大多在成年人和青少年患者中更常见。这些小男孩被诊断为患有注意力缺陷多动障碍、躁郁症、各种类型的学习障碍、对立性障碍、躁狂症、严重的社交能力缺陷等。这些孩子的家长通过查阅资料或是医生的解释，已经了解到这些疾病具有遗传因素，最好接受医学治疗，也就是药物治疗。

在对这些男孩治疗的过程中，我经常会发现他们钻进了“成长死胡同”，处于暂时停滞的状态，也因此他们看起来会和同龄人不一样。而实际上，他们只落后一两步而已。最让我吃惊的是，竟然没有一个人跟孩子们的家长解释，这种快速诊断的方法根本不能确定一个三、四岁或五岁孩子的一生都会带有攻击性、极度胆怯或缺少控制冲动的能力等特征。没有人告诉家长们这些不寻常的发展轨迹当中的绝大部分都很正常，从长远来看它们并不能代表什么，这一点已有数据可以清楚地证明。对于年龄在五六岁以下的孩子，很难很准确地确定他们患有这些疾病以及预测他们可能会长期伴有这些疾病。从长远来看，那些诊断结果根本不能说明什么，因为这个年龄的男孩们，尤其是那些小不点儿，他们成长变化得特别快。

即使某个男孩没有被误诊，也没有被学校或幼儿园开除，他的母亲也得在亲戚们和陌生人面前尽力护着他，因为他们会因这孩子冲他们发脾气、跟他们的眼神交流不够多，或者不愿意和他们分享一些东西而去跟男孩的母亲说孩子的发展有问题。这些母亲们会带着同样的担忧来我这里寻求帮助。她们的儿子要么爱搞破坏、不合群，要么发展得低于某个阶段的指标，要么因为焦虑、爱发脾气而显得身体孱弱。周围的亲戚、老师和幼儿园的阿姨们异口同声地对她们说，你的儿子得去检查检查，或是接受一些治疗。

我相信人们的这些担忧暗示了男孩在童年时期存在的危机，同时也显示出很多人对男孩在家里和学校中的行为表现抱有一种偏见。比如，我们知道接受特殊教育的对象中有很大一部分是男孩，部分原因是老师认为他们的行为有问题而将其上报。尽管在相当长的一段时间里，特殊教育只对年龄大一点的男孩适用，但是现在已经有面向只有三四岁孩子的个别化教育计划（IEPs），而且其中大部分都是为男孩设计的。在实施了个别化教育计划的幼儿园里的男孩们或许是幸运的，至少有些幼儿园不会对孩子们做得太过火。2005 年，耶鲁大学的研究人员发表了一篇研究报告，在美国引起了巨大的轰动。研究人员在查看了幼儿园的学生开除率后发现，在一个人的学习生涯中，在幼儿园被开除的概率是其他任何一个时期的 3 倍。他们还发现，男孩被开除的概率是女孩的 4.5 倍还要多。而这一点，并没有被广泛报道。

我想呼吁各位家长、教育工作者、儿科医生、精神病学专家、心理学家，以及其他研究儿童发展方面的专家：对孩子们重新评估，并彻底改变我们看待这些小家伙们的方式。2 岁到 8 岁这个阶段对于一个男孩的健康成长至关重要，会影响到他的认知能力、社交能力以及情绪的发展。针对每一个不合群或者在家里和学校走路跌跌撞撞的孩子，我们都应该停止对他们盲目诊断和治疗。

给男孩成长与改变的机会

我并不是说医学干预永远都没有必要。我想要说的是，在绝大多数情况下，我们应该让孩子们自由发展，停止剥夺他们在正常发展过程中努力成长的机会，这是孩子们发展成熟的催化剂。他们所面临的挑战，正是他们最好的力量来源。那些总在孩子身边转来转去的大人们，会在无意中影响他们的自然发展。我们总是忍不住去关注发展迟滞、疾病和缺陷等问题，并急于给它们定性。而事实上，每个孩子在童年时期都会遇到许许多多生长与发展方面的问题。早期的发展应该是一场不断获得新技能的持久战，要不断调整航向，挑战各种突发情况，若一旦失败了，仍要给予大脑改变和成长的机会。

THE WAY OF BOYS

男孩的故事

RAISING HEALTHY BOYS IN A CHALLENGING AND COMPLEX WORLD

很多年以前，我在一所幼儿园里观察 20 多个孩子在一起做游戏的情景。其中有一个小男孩一边在玩具和游戏区之间走来走去，一边和另外两三个小女孩说个不停，这是一种真正的交流活动。他们像一个团队一样在一堆积木、小汽车和小礼服之间穿梭。大概过了 30 多分钟我才意识到，原来那个小男孩双目失明，而那些和他一起玩的小女孩在轻声地为他指引方向。没有人让她们这样做，她们也不是出于同情，而是认为只有这样做才能跟他一起玩。他们一起做游戏的情景看上去和其他的孩子们在玩耍时没有什么两样。

我当时就觉得，这些孩子们在一起相处得多么简单，多么融洽啊！对于他们来说，视力的缺陷根本不算什么，可是大人却会把它看成是一种很严重的缺陷。后来我意识到，这些孩子完全靠自己找到了和别人玩耍的方式，他们适应了没有大人干预的环境。有多少大人会觉得有必要冲到孩子们面前，教他们该怎样去做，给他们做示范，甚至直接试着去为他们解决问题呢？应对挑战也是成长的一部分，这就是一个典型例子。我们需要跨越一些思想上的障碍，没有家长的干预，孩子们会发展得更好。

大人们很有可能不会给孩子们这样的机会。回到本章开篇的汤米的故事，我们教他应该怎么坐，怎样更好地用眼神和别人交流，更好地听别人说话（用了一些贴纸和小小的奖励作为辅助工具），经过几个疗程的治疗之后，桑迪决定不再对她的儿子进行药物治疗。取而代之的是，她了解了一些男孩在童年阶段的成长知识，并尽她最大的努力做儿子最好的行为教练。桑迪和汤米幼儿园的老师们一起配合，给汤米提供一个特别设定的固定不变、没有障碍的环境，她在家里也给汤米提供同样的环境。不到一个月，汤米就不像以前那样在课堂上那么频繁地打搅别人了。没出三个月，他就在幼儿园里如鱼得水了。现在汤米已经是一个二年级的学生，他非常适应学校的生活，没有表现出一点注意力缺陷多动障碍的迹象。老师们都说他上课时特别专心。

如果汤米的母亲没有对医生做出的诊断和开具的处方产生质疑，那么汤米的一些暂时性的行为和那些可能表明他的大脑正在发生新的、重要的发展变化的行为就会被那张诊断书掩盖。在男孩们的发展取得重大的进展之前，他们都会在行为发展上表现出很大的困难。更糟糕的是，有时候药物治疗似乎可以证明最初的诊断是正确的。它们看上去可以显著地改善孩子在学校和家里的行为表现。像汤米这样的男孩可能会突然变得专注起来，各方面的表现也都变好了。不过，这么做问题就解决了吗？不。这可能并不是药物在起作用，而是这个孩子发展上的剧变导致他的大脑已经完成了自然发展的过程，是他自己把问题解决了。而且，不管一个孩子是不是患有注意力缺陷多动障碍，诸如兴奋剂之类的药物治疗都会提高他听从指挥的能力。如果大人也服用这些药物，那么这些药物也会起到同样的效果，它们会有助于人们集中精神，对人们的行为表现起到促进作用。不过，这不能作为患病的证据。尽管这些药物确实有效，但它们不应该成为对像汤米这样的孩子治疗的首选或唯一的选择。在把诊断和药物强加给他之前，我们还有很多时间可以跟踪观察他，收集更多的信息，尝试其他的危害性更小的策略。

平心而论，没有人清楚地知道如果汤米没有接受行为疗法而是吃了医生给他开的药究竟会怎么样，但是我要警告家长们，从长远来看，我们并不知道这些药物会以什么样的方式影响孩子的身心发展。我们所知道的是，一旦停止药物治疗，孩子们通常会很明显地回到从前的状态，好像你突然把他身体下面的支撑物拿走，而他一下子从空中跌落回地面似的。单独的药物治疗无法教会他们各种技能。我了解到有些孩子因为一些严重的副作用而不得不停止药物治疗，然后他们又得自己从头开始学习更好地倾听和自我控制等技能。家里和学校里良好的环境，加上诸如行为疗法和其他科学知识的帮助会让每一个正在艰难成长的孩子受益。药物不应该脱离某些行为和理论知识方面的帮助而被单独使用。假如汤米在单独接受行为疗法之后，他在学校的表现仍然没有改善，那么我在这个时候可能会觉得医生诊断他患有注意力缺陷多动障碍的结论更加准确。我会考虑为他推荐一位有经验的医生，对他进行审慎的药物治疗——前提是，已经用尽了其他所有合适的非药物疗法。

然而，对家长而言，当老师打来的电话铃声响个不停，而一接电话就听到老师要让自己把孩子接走的消息时，要做到这一点确实很难。很多父母来我这里时，对儿子在家里和学校的表现显得特别担心。当男孩们处于被我称为“平静之前的暴风雨”这一阶段时，在他们取得重大飞跃之前，他们的表现很可能会退步，甚至是出现崩溃。我告诉这些家长们保持镇静，先等等看，喘口气，再观察观察。他们很快就能在孩子的行为发展方面看到进步，这表明孩子的大脑已经完成重组了。

在这个时候，他们在孩子身上看到的改变会是巨大的。孩子可能会在准备好学习阅读时大发脾气；在学会从 1 数到 20 之前，他可能有整整一周或更长时间忘了该怎么上厕所。在语言和社交能力方面，他看上去也许和他的同龄男孩有很大的差距，但是他很快就能赶上来。如果他确实从我这里，从他的老师或者父母那儿接受了一点点训练，他都很可能会变成一个截然不同的孩子。并不是这种训练促使了孩子的进步，它只是激发并支持他的大脑去做他该做的事。

这时候家长们通常会问我：“不过，我们真的觉得他是得了什么病，也真的觉得他的身体有问题，测试结果就可以证明这一点。儿科医生说这个病很常见，可以治愈。我们怎么可能犯这种错误呢？”我能体会得到家长们的恐惧。他们想知道为什么会得到那样的诊断结果。为什么会有那么多的家长和专家们相信这些男孩的问题需要药物干预和长时间的治疗呢？

男孩的挑战：速度更快、要求更高

我想有些文化方面的影响在这儿起了作用，这点很值得我们研究。孩子们正在匆忙地度过童年，他们加快了去赶超别人的脚步。这个世界正在飞速地发展，大人们对孩子寄予厚望，这种压力慢慢地渗透下来，孩子们感受得最深。然而他们未必能适应在学校里待更长的时间去学习，以满足家长们更高的要求。我们对孩子们要求得太多了——坐好、听讲、使用社交技巧和别人交流，但是在升入二年级之前，他们还不能完全适应这些。即使升入了二三年级，很多男孩在这些方面仍会感到困难。他们要努力学习适应比以前更大的教室，总是待在屋子里、哪儿也不去，因为他们生来就被这样教导。

现如今，学校教授的知识越来越多地是为了应付考试，让学生们达到各种标准。孩子们更机械的背诵，听更多的讲座，每天晚上要做一到两个小时的作业，很少有机会去亲自动手做一些有趣的实践性学习。结果呢？更多的男孩子不但没有赶上来，反倒被巨大的压力压得喘不过气来，看起来很沮丧。这样一来，大人们就会认为他们发展有缺陷，为他们下诊断，结果导致这样的病例以惊人的速率递增。越来越多的男孩被认为有精神方面的问题或者在学习方面有障碍，而实际上只有一小部分孩子真的存在缺陷。这些年来，我们对女孩的早期教育做得更好一些，在过去，女孩在学习上的表现常常是落后的。现在，是时候把注意力转向在发展和学习方面都有特殊需求的男孩身上了，我们同样需要对他们实施早期教育。

很多在上一代人看来可能会被认为不正常的行为，在现在看来属于正常行为，比如社交羞涩、个别攻击行为、坐立不安、尿床以及读书写字稍微有点晚。可喜的是，大部分男孩都能戒掉这些毛病，有时靠他们自己，有时仅仅需要家长和专家的一点点引导。然而，有研究表明，越来越小的孩子被越来越多地诊断为患有精神方面的疾病，精神疾病的诊断和很多童年时期常见的问题有关。以躁郁症为例，在最近的 8 年里，被诊断为患有躁郁症的儿童和青少年增加了 4 000%，其中绝大多数是男孩。

20 多年前，我开办了这家诊所，那时儿童患注意力缺陷多动障碍、躁郁症和亚斯伯格症候群的病例还非常罕见，在美国总人口中所占的比例不超过 3%。当时，如果不是一个孩子的行为特别反常，如除药物之外的所有方法都试过了，他还是不能适应学校的生活；或者父母把他养育得很好，家里也管理得井井有条，可他还是不能掌握一些简单的日常动作，那么这个孩子是不会被轻易诊断为患有精神障碍类疾病的。而且，除非十分有必要，否则医生是不会对特别小的孩子做出这种诊断的。如今，我发现被诊断为患有精神障碍的孩子们的症状都非常轻，而且他们的年龄相当小。比如，最近有一个 5 岁的男孩来到我的诊所，他被诊断患有注意力缺陷多动障碍，原因是老师说他在幼儿园里不能专心学习，总在屋里大喊大叫，爱乱抓东西，动不动就发脾气。我还总能碰到其他一些孩子，因为他们吐字不清晰，特别害羞；或是在学校里不喜欢和其他的孩子一起玩，医生就认为他们患有轻微的孤独症或亚斯伯格症候群。还有一些孩子刚刚睡醒不到一小时就犯困；或者家长在吃饭和睡觉时想让他们安静下来，他们却突然变得特别精神，结果弄得父母想给他们做躁郁症测试。

大人们越来越多地运用医学术语和定义中并不严谨的精神症状来描述孩子们各种让人讨厌的行为，且在大多数情况下被描述的对象都是男孩。有的家长第一次到我的诊所来就要求给孩子做诊断，看看他们的儿子是不是得了什么病。在这种时候，我通常会阻止他们。我会给他们画一张饼图来说明究竟有多少孩子真正存在精神方面的缺陷。如果整张图代表所有的孩子，其中仅有 1% 到 2% 的孩子患有严重的、慢性的精神疾病。尽管孩子们的确有一些其他精神方面的状况，但它们只是在家庭和孩子遇到问题的时候才会出现，问题一解决，这些症状就自行消失了。这些问题可能包括在失去亲人或父母离婚后情绪低落、在转学和刚入学时感到紧张。我会通过这张饼图告诉家长们：“这是个好消息，这说明从长远来看，你的儿子患上这种严重疾病的可能性非常小。”同时，我还会告诉他们，孩子们的大脑通常会慢慢适应、解决那些问题。很多家长在听了这些数据以后，愿意相信儿子那些让人厌恶的行为都是暂时的，也许加上一些引导，那些行为就会减少。引导可以包括很多种形式——短期治疗、课外辅导，以及家庭和学校提供的其他帮助，或者尝试一项可以提高社交能力的新活动。家长们可能还会采取不干预、观望的态度，等待问题自行解决。

从长远来看，他们的儿子可能一点问题都没有，但是我遇到的家长们大多数都从未听说过这种可能性。从来没有人告诉他们男孩的发展和女孩不一样，或是女孩的大脑更倾向于发展那些在幼儿园教育当中被重视的技能。和男孩相比，女孩们会更多地使用语言，她们乐于和其他人合作，也能更好地运用社交能力。与之相反，男孩的大脑专注于诸如通过触摸来学习一些东西，提高运动技巧以及做一些空间感很强的事。这些同样很重要，只是这并不是学校里很强调的技能。同时，男孩们具有正常的敌对行为，他们喜欢挑战各种规则的极限，这是好事。

没有人说过如果家长们多了解一些男孩大脑的发展方式，他们就知道如何能更好地处理孩子在家里出现的一些状况。没有人说过有相当一部分孩子在生长发展过程中的某个阶段会很艰难，因为他们在努力去学习——这才是发展的真谛。没有人说过有研究解开了一个一直存在的疑虑，那就是注意力缺陷多动障碍（男孩中最常见的病症）对绝大多数孩子而言都只是暂时的，他们的心智发展会很快赶上来。没有人说过有越来越多的研究表明，哪怕是最好的医生在给病人做诊断时也会出错（比例高达 20%），这就表明，一项医学诊断并不能作为健康情况的确凿证据。很少会有人建议，家长可以听听其他专家的意见，这样可以显著地降低给孩子们做出错误诊断的比例。

独特的男孩

我总是对孩子的母亲说，你的孩子做出古怪的行为，以及他在学校里惹的麻烦，其实正是他将来能成为一名成功人士的关键。比如，对学校里的社交不感兴趣，而是喜欢把东西排成一排然后数数的男孩有可能在今后成为一名工程师。我总是告诉孩子的母亲，她那在学习上有困难的儿子并不一定会一事无成。如果家长能够很恰当地处理一些关键的问题，鼓励儿子向前发展，他很可能会因为成长过程中所遇到的困难而变成一个更有能力、更强的人。

请记住，男孩是独特的，他们只是在大人们对“童年”的狭义定义以及对他们过高的期待中迷失了。如果我们采取正确的方法和态度来教育这些孩子，他们就能被纠正过来，并得到最好的培养。我希望家长铭记，孩子在发展过程中遇到的困难正是他最好的力量来源。他们之所以会对大人们的诊治和干预不予理会，是因为孩子们正在努力做自己。爱发号施令的男孩是在学着做领导；害羞的男孩在学着仔细观察世界；小捣蛋鬼在学习修理；爱做白日梦的男孩是在学着创造。每一个男孩都有自己独特的才能以及特有的拼搏精神——两者通常是联系在一起的。

这就是男孩

THE WAY OF BOYS
男孩的故事
RAISING HEALTHY BOYS IN A CHALLENGING AND COMPLEX WORLD

我的一个朋友到一家诊所去做眼科检查。临走的时候，医生问她孩子的近况。朋友提到儿子的一些反常行为：不愿意说话，看上去不会用眼神交流，调皮得好像要把房子掀个底朝天，一会儿特别沮丧，一会儿又突然发脾气。“他一点儿都不听话，”朋友说，“不管我们说什么、做什么，都与他无关。他就像是弗兰肯斯坦[①]，只是比他矮点儿。”医生笑了，说道：“我儿子以前也那样。”朋友听了简直不敢相信。“是真的，”医生说，“你孩子的问题就是——他是个男孩。”

多好的回答啊！这些行为只是男孩在童年发展时期很正常的一部分，在很多男孩身上会以这样或那样的方式一直持续到六七岁左右。然而，正是这些行为使得他们被诊断为发展迟缓或存在发展障碍。作为家长、老师和医护工作者，我们总对那些有可能表明了某些发展问题的迹象时刻保持警惕。结果，我们期望一个两岁男孩的身体发展状况达到符合他年龄的生理指标，或者让他接受一系列的测

① 弗兰肯斯坦（Frankenstein），英国诗人雪莱的妻子玛丽·雪莱创作的小说中的人物，是一个疯狂的科学家，用许多碎片拼接成一个“人”，并用闪电将其激活。——编者注

试、扫描，直接面对所有大人们的焦虑不安。然而在绝大多数情况下，不是孩子的发展有什么问题，而是他身边的人不知道该怎么处理。没有一个男孩跑到我的诊所对我说："医生，我的问题是不能老老实实地坐在教室里上课。"也没有哪个男孩担心为什么自己喜欢堆积木，而不喜欢听老师讲故事。他们没有丝毫的痛苦和苦恼。这些孩子生性乐观，也庆幸他们没有察觉到周围那些大人们满脸的愁容。他们不认为自己有问题。我认识的那些已经长大成人的孩子有时在回想起他们小时候的事情时会很生气，而且不止一次地跟我说："我的老师、家长和你们这些专业人士才真正有问题！"

有时我自己也会犯这样的错误，对孩子的发展过多地干预，所以我得努力，不要在不必要的时候提供过多的帮助；在看到那些令人兴奋的最新的脑造影研究图时，我得克制自己，不要急于下结论，那些充其量只是一些局部的照片罢了，根本不能说明我们神奇的大脑究竟是如何工作的；我得格外当心，不能卷入由制药厂赞助的那些医学研究的浪潮当中，因为有时候那些数据会被歪曲，被用以促进某种药物的销售；我得消除这种忧虑——只是等待，什么都不做，或者只是对孩子进行少量的干预，可能会造成一些重大的损失。

通常，男孩的妈妈抱着一厚叠的测试结果来我诊所的时候，我会看一眼那些资料，然后把它们归档。在我对孩子的诊疗期间，那些东西根本用不上，因为我关注的不是那些导致问题的原因，而是解决问题的方案，即了解一个男孩的大脑发展是如何指导他的行为，同样，也就是教他如何表现得更好。我会在一段时间里教孩子们如何更好地坐在那儿不动，因为这个不是天生的；我也会教家长们在孩子发脾气的时候应该怎么处理，而不是认为孩子是冲他们发火，觉得孩子恨他们。这是所有男孩父母都应该了解的。那些让人讨厌的行为是可以通过正确的方法修正和改善的。

如果这些训练有素的家长们把对儿子的养育看成是一个指导和支持孩子渡过童年时期的难关的机会，那么他们会做得更好。他们甚至可以更好地处理孩子们一些特别过分的行为，因为他们可以冷静地把注意力集中在解决问题的方法上。在家长们可以做到这一点之前，他们有必要了解一些男孩成长时的特性。

THE WAY OF BOYS

男孩心理学

- ◆男孩被开除的概率是女孩的 4.5 倍还要多。
- ◆2 岁到 8 岁这个阶段对于一个男孩的健康成长至关重要，会影响到他的认知能力、社交能力以及情绪的发展。
- ◆当男孩们处于我称之为“平静之前的暴风雨”这一阶段时，在他们取得重大飞跃之前，他们的表现很可能会退步，甚至出现崩溃。
- ◆在最近的 8 年里，被诊断为患有躁郁症的儿童和青少年增加了 4 000%，其中绝大多数是男孩。
- ◆男孩的发展和女孩不一样，或者女孩的大脑更倾向于发展那些在幼儿园教育当中被重视的技能。和男孩相比，女孩们会更多地使用语言，她们乐于和其他人合作，也能更好地运用社交能力。与之相反，男孩的大脑专注于诸如通过触摸和考察来学习一些东西，提高运动技巧以及从事一些空间的活动。
- ◆你们的孩子在发展过程中遇到的困难正是他最好的力量来源。
- ◆爱发号施令的男孩是在学着做领导；害羞的男孩在学着仔细地观察世界；小捣蛋鬼在学习修理；爱做白日梦的男孩是在学着创造。每一个男孩都有自己特殊的才能和特有的艰难和挣扎——两者通常是联系在一起的。

02 THE WAY OF BOYS

与女孩不一样

RAISING HEALTHY BOYS
IN A CHALLENGING AND COMPLEX WORLD

这些年，我诊治过一些天生带有另一条Y染色体的小男孩。通常，女孩具有一对XX染色体，男孩具有一对XY染色体，而那些染色体是XYY的男孩是非常罕见的。他们有时候被称为“超级男生”，因为他们会长得比普通的男孩更高，从小就表现得更活跃，更有攻击性。尽管他们当中绝大多数人的智商都处于正常水平，但他们仍有可能在学习上面临更多的困难。这些孩子基本上和其他的小男孩一样，只是比他们更加男性化。绝大多数具有这种染色体的男性都不知道自己有这样的缺陷，他们也不可能知道。

伊恩第一次到我这来看病的时候是6岁，他4岁的弟弟和8岁的哥哥一直跟在他屁股后面转，一会儿打他，一会儿又怂恿他去打别人。他们的母亲卡伦说，这三个小家伙总是一起制造噪声，他们每天都把家里闹得鸡犬不宁。这些孩子似乎还很奇怪：为什么在晚上这个正需要和别人逗弄、打闹的时候要去上床睡觉？既然盘子里的东西可以随便乱扔，为什么要把它吃掉？卡伦抱怨自己是“家里唯一的女孩”。对于丈夫处理这些问题的方式，她也感到不可思议。那些被孩子们扔来扔去的东西以及孩子们的叫嚷和打闹，他都可以不理会。他通常都保持冷静，等到孩子们做得太过分了才会朝孩子们喊叫，他们才会老实一会。好像丈夫对儿子们施了魔法似的。可惜，魔法的“法力”撑不了多久，孩子们又开始折腾了。

在与这个家庭的交谈中，我们彼此都很快地意识到问题的关键并不是伊恩的行为，而是需要控制好全家人之间相互作用的关系。他们家的三个男孩就像是在粒子加速器里相互碰撞的粒子，比任何一个单独的个体都具有更强的破坏力。为了向卡伦解释她如何才能从做母亲的下一个 10 年中解脱出来，我不得不求助于那句球队教练用来描述对方球队里明星球员的陈词滥调——你不能控制他们，只能寄希望于牵制他们。卡伦听了如释重负。操纵全家人的并不是伊恩那条额外的 Y 染色体，而是她三个儿子所有 Y 染色体的集合。也就是说，伊恩的那些行为问题以及他的过度活跃，在他的兄弟的影响下变得更加严重了。

男女有别的大脑

我常常想，如果卡伦有 3 个女儿或者她的 3 个孩子中既有男孩也有女孩，那么她的生活会是怎样的。除了基因的因素以外，男孩和女孩在一生中对社会的适应情况也完全不同。哪怕卡伦的 3 个孩子当中只有 1 个女孩，她家的运作方式也会完全不一样。尽管有些父母不愿意相信男孩和女孩是不同的，但的确“男女有别”，尤其是在这么小的年纪，这主要是因为男孩发展各项技能的顺序和女孩不一样。男孩在语言和社交能力方面的发展比较晚，因为他们首先着重发展的是空间和触觉方面的能力。这并不是说这些差别是非常明显的。每个孩子的大脑都渴望获得信息，每个孩子都有其独特的方式去获取信息然后把它们储存起来——当然，性别不同，这些方式也会有所不同。我的第一个任务就是，向卡伦解释大脑的发展是如何驱动她儿子的行为的。

‖女孩的大脑：重交流与人际‖

让我们把一个小孩的大脑想象成一台运转缓慢且不规则的机器。有些孩子大脑的某些区域会迅速运转、发热，因此一些部件在一个孩子身上能够运转得当，而在另一个孩子身上就不那么管用了。对女孩而言，她们大脑中的“热点”是那些发展语言能力和鼓励眼神交流的区域。女孩更强烈的目光接触和注视人脸的偏好在婴儿时期就显现出来了。

有研究对婴儿注视人的面部的时间数据进行了追踪。结果发现，即使是刚刚出生的婴儿，男婴花在注视人们面部的时间也要比女婴少得多，而且男婴更喜欢盯着手机看。随着婴儿慢慢长大，这种偏好也继续伴随着他们。在 1 岁的时候，女孩仍然会比男孩有更多目光接触，她们注视人们面部的时间也比男孩长。

因此，女孩能比男孩读懂更多面部表情的细微差别。她们开始用直觉去感受微笑、皱眉、扬起眉头和许许多多细微的面部表情的区别。她们明白自身的感觉，同时去匹配她们在你脸上看到的表情；她们给每一种表情都附上标签，开始更快、更准确地体会到自己的感受。你 2 岁大的女儿会扭过头来对你说"妈咪，我为你高兴"，或者"妈咪，你生我气了"。她所说的，也正是她想表达的意思。而你的儿子得到 4 岁或者 5 岁的时候才知道，原来他身体里的每一种感觉都有一个名字，而且语言可能是个很有用的工具，可以更快地让别人明白他的意思。当他真的体会到这些的时候，在使用起来时仍然可能会很笨拙。在他说"我恨你"的时候，他的意思可能是"我很生气，因为我不能干我想干的事儿"。

当大量的目光接触和感官词语的使用成为幼儿园衡量孩子的一种准则时，男孩们就有麻烦了。很多男孩的妈妈到我这儿来咨询，因为老师说她们的儿子不做任何眼神交流，也不愿意说出自己的感受。她们想知道孩子是不是患有别人说的亚斯伯格症候群。那些特别害羞或者起初在社会环境中畏缩不前的男孩，很容易被认为处于亚斯伯格症候群的边缘。在这种情况下，我不得不提醒这些妈妈们，男孩通常不会做很多的目光接触，有些孩子甚至还特别讨厌这样做。他们不像小女孩那样具有研究人的面部表情的基因，很多男孩会避开别人的眼神。大人们用眼睛盯着他们看，总会让他们觉得很烦。他们极其厌恶目光的接触，当你因为儿子做错了什么事而瞪大眼睛盯着他的时候，他会看着你，甚至会跟你喊："行了，别看了！"他是认真的。即使他没有像女孩那样扭过头来寻求你的允许，也不能将其作为他有问题的证据。其实他的确在看着你，只是时间不那么长。如果你的儿子知道你和他一起待在屋子里，或是在你喊他的名字或告诉他晚饭准备好了之后，他朝你的方向扫了一眼，这说明他的发展很好，没有问题。

有位妈妈跟我抱怨说，他儿子从来都不跟她聊幼儿园里的事，但是在孩子的爸爸下班回到家以后，这个小家伙就立刻像打开了话匣子似的跟爸爸聊起来了。她怎么也想不明白，自己究竟哪里做的不好？儿子为什么不和她讲话呢？我让她试着在儿子画画或者玩小汽车的时候跟他说话。当他的手胡乱鼓捣着什么的时候，他的思维就开始游走，有时候会整理一些白天所经历的事的信息，有时候不会。由于很多男孩不会轻易地和别人有目光接触，他们可能把直接的眼神接触看成是一种敌对行为，因此，和你儿子聊天的最好的方式就是坐在他旁边，而不是一开始就喊他的名字，期望他能抬起头看着你。妈妈可以考虑在儿子的小手正忙着干其他的事时问他一些问题，这样会让他觉得这些问题很随意。不要坚持让孩子的回答达到某个水准，不管他说什么，家长都应该感到高兴。在谈话过程中，要让孩子掌握节奏。这位母亲回到家以后按我说的做了，结果效果非常好（后来她悄悄地告诉我，这招在她丈夫身上也特别管用）。

平均来说，女孩比男孩学会说话的时间更早。有研究发现，就智力正常的孩子而言，男孩在语言能力和词汇量方面要落后于女孩。那些词汇量少的男孩在和家长或其他孩子玩假扮游戏，或是和别人商量一些事情的时候，无法用那么多的语言工具来表达自己，而且也还没准备好去学习读写。这就是为什么有那么多小男孩会为没能达到幼儿园对孩子们读写能力的要求而头疼的原因。一些研究人员假设，如果我们把阅读训练推迟到小学一年级，那么孩子们在很多以语言为基础的学习障碍差不多就会消失。

从养育孩子的角度来看，女孩要比男孩好带。她们更健谈、更注重追求人际关系、更倾向于寻求家长的准许、有教养、渴望融入社会。然而，在女孩们升入小学低年级以后，这些需求就会对她们不利。当她们渴望交流时，会发现自己被学校和社会团体排除在外；当她们遭到别人的反对时，不管是不是应该被那样对待，她们都会崩溃。相比之下，男孩们看上去仍然保持着更强的适应能力，而这仅仅是因为他们对社会信息不那么敏感，接触的也不那么多。

THE WAY OF BOYS

男孩的故事

RAISING HEALTHY BOYS IN A CHALLENGING AND COMPLEX WORLD

举个例子，我曾经观察过幼儿园里的 3 个小朋友——2 个小女孩和 1 个小男孩，他们在助教的协助下做识字练习，通过玩猜字游戏来学习字母。其中一个坐在桌边的小女孩在每次猜对卡片上的字母时就大声喊“耶”，另一个小女孩就反驳她说“别喊了”。这个练习迅速升级，喊“耶”的小女孩声音越来越大，并一边喊一边用挑衅的目光看着另一个小女孩；而另一个小女孩也随之更加坚持，情绪也变得更加烦躁。坐在桌边的小男孩却在一旁咯咯地笑。对他来说，这个练习从头到尾就是一个游戏，而且他也想加入进来。很快，他选择和喊“耶”的那个女孩结为搭档。结果，这让那个希望安静的小女孩彻底崩溃了。她哭着退出了游戏，跑到老师面前去告状。这时，小男孩回过头来看着助教，等着她喊下一个字母。喊“耶”的女孩仍然坐在桌边，盯着老师看她会怎么做。对于这两个小女孩来说，这是一场关于人与人之间相互控制的戏，需要好几个回合才能演完。而对那个小男孩而言，这只不过是一个小游戏。

‖男孩的大脑：运动、空间与分类‖

如果说女孩健谈、有教养，那么男孩呢？

男孩大脑中的“热点”主要集中在控制身体活动、空间意识和分类信息的区域。众多研究表明，男孩比女孩更好动。他们经常跑、跳和旋转。在还是小婴儿的时候，他们更爱打滚儿，试着到处爬、到处走，四处转转。很多母亲都清楚地记得，儿子如何在小的还不能自己爬着去抓一些有趣的小玩意的时候就能挣扎着从地板的一边挪到另一边；以及他们如何抓着婴儿床的小围栏在里面一站就是几个小时。有位妈妈告诉我，她的儿子从 9 个月大的时候开始学走路，在还不满 1 岁时就能爬防火梯了，这可把她吓坏了。任何一位祖母都可以告诉你，在一个 3 岁男孩的身体里有一台开动的马达，让他从早晨起来撩起眼皮的那一刻起就开始跑来跑去，直到夜里睡着之后才会停下来。即使是在幼儿园和学校，男孩们也是如此。老师让他们坐好，可他们总是不安分，不停地扭动身体，伸手乱抓东西，互相用胳膊肘推来推去，在教室里横冲直撞，满地打滚。

和女孩相比，男孩始终在空间技能方面表现得更好。比如，他们可以描述出一个物体在转动时是什么样子，能够读懂地图，拼出乐高三维积木模型。男孩具有触觉方面的天赋，想去触摸、移动、操纵他们身边的事物。这种先动手抓东西，然后再问问题的需求总是把家里和教室搞得一团糟。有太多的父母曾对我抱怨过：“我得告诉他不要舔浴室的地面。”这时，我只得对他们说：“地面是瓷砖的吧？它又凉，表面又有很多纹路，孩子当然喜欢舔了！”

男孩与女孩眼里的世界

男孩还具有为各种信息分类的才能。剑桥大学孤独症研究中心主任西蒙·巴伦-科恩（Simon Baron-Cohen）总结了大脑在两性之间大体的区别：“一般男性更侧重于逻辑推理，女性则更擅长情感交流。”对家长们来说，这是一个很好的指导。

学龄前的男孩是在系统地探索他们周围的世界。例如：有哪些可变的因素会给自己带来惩罚？哪些因素能让妈妈注意自己？每样东西是怎么分解开的，是怎么运转的？这样会有什么感觉？这个吃起来是什么味道？那个闻起来又是什么味道？它和我以前摸过或者尝过的东西一样吗？一个刚学会走路的小男孩会把每样东西——包括他的家庭，当成一个系统去探索。他想把它拆开，仔细地检查，从而去控制它。男孩们总爱数数、分类、排序，这些都快让父母们发疯了。他们一遍又一遍地问这些问题——黄油是干的还是湿的？达斯·维德（Darth Vader）[①]是所有坏人的头儿吗？木星比火星还要大吗？我比萨姆年纪大吗？我比乔治大吗？我比你大吗？他们会在一个月里每天问同样的问题，只是想看看你给的答案是不是都一样。家长们希望通过这些来了解孩子是不是得了某种强迫症，而其实这只是这位小科学家在做研究而已。

相比之下，**一个学龄前的小女孩更有可能发觉她周围的人流露出来的感情。**她想要了解你的情感，然后在她想要得到一件东西的时候更巧妙地去运用它。当妈妈们（或者爸爸们）抱怨她们学龄前的女儿时，她们会说：“她简直是一个戏剧女王，她太会操纵别人了。”确实如此，目前她的大脑就是这样发展的（相信我，在升入中学，面对那个竞争激烈的社会之前，她需要尝试她所能获得的各种练习）。与之相反，你的儿子则正在努力寻求打破情感遥控的新方法。当他最终找到控制你情绪的方法时，故意揭短惹你生气将成为他最快乐的事。对他来说，你的愤怒就像是一场精彩的体育比赛。

① 电影《星球大战》中的人物。——编者注

THE WAY OF BOYS
男孩的故事
RAISING HEALTHY BOYS IN A CHALLENGING AND COMPLEX WORLD

有位母亲跟我抱怨她 4 岁的儿子刚刚学会了去触碰大人们的情感底线。前一天，在她让儿子穿上大衣和靴子和她一起去商店的时候，她的儿子不肯穿，然后还开始唱：“妈咪是个猪屁股。”她听了特别吃惊，对儿子喊道：“住嘴！”当儿子发现把她气得喊起来的时候，他的小脸上露出了天真无邪的快乐。只要一静下来，她儿子就反复说那句话，看看她会不会再冲他嚷。“我想找回那份泰然自若，”她对我说，“等他长到十几岁的时候会变成什么样啊？”我告诉她，现在我们先不要为那个担心。好消息是，他大脑中控制社交能力的那个区域已经开始活跃起来了。对男孩来说，每样东西——甚至别人的情感，在最开始都是一件武器，或是一件工具。作为家长，应对的诀窍就是首先要控制住自己的情绪。

如果往积极的方面看，我们可以看出男孩很爱动脑子。以至于当你把任意一条规则或者任何一个想法转换为一个固定的系统或者密码时，你的儿子都可以更好地理解它。也就是说，惩罚必须前后完全一致。如果你认为每次他打妹妹的时候，可以以拿走他的一个玩具作为惩罚，而实际上你确实是每次都那样做，只是除了你在打电话的时候，那么你的儿子就会发现这个漏洞。以后，当他想要学习阅读的时候，他也会把它当成一个系统或一个密码去破解。

当他想交朋友时，他多半会通过反复的试验学到一些东西。久而久之，他会意识到有些做法能起到很好的效果，其他的则完全不起作用。**花时间去检验一个能让他得到想要的东西的系统而不是靠读懂和体会别人的感受，可以让男孩在社交方面做得更好。**也就是说，他会犯下巨大的、令人尴尬的社交错误。有一段时间他会被别人看成是横冲直撞的、讨厌的、害羞的家伙。他会先学习每一种错误的方式，你得允许他这样做，并把一些行为及其带来的结果讲给他听。“你打了你的朋友，现在他很生气。”这就是一个学龄前的男孩需要知道的一切。仅仅告诉他要好好玩，要考虑到别人的感受是不会起作用的，不过你可以强调交朋友需要一步步地努力练习。同样，你要记住其他的小男孩在社交方面是很宽容的——或者说是健忘的，不管你怎么说，他们可以原谅很多错误。

哪怕是像烘焙这种复杂的技术也可以作为一个系统呈现给孩子。很多学龄前的男孩喜欢帮忙烘焙一些东西。想想看：测量面粉、计算模子的数量、打鸡蛋（在这里，打破东西可不是件坏事），特别是把两样东西混合在一起，看着它变成另外一种东西,所有这些都是一个引人入胜的制作过程。如果你再弄点儿生面团让他玩，效果会更好。

一个喜欢把各种东西分类的大脑会很自然地导致竞争。男孩们想知道谁最快，谁最高，谁是第一。有位母亲告诉我，每次她和 4 岁的儿子坐到车里的时候，儿子都会问她哪辆车跑得最快。他一定要知道是什么车跑在路的最前面。当妈妈告诉他“没有谁在最前面”的时候，他感到很困惑，也很生气，因为他认为肯定会有一个第一。

不舒服的男孩

在刚学会走路以及刚上幼儿园的那些年里，女孩和男孩应对压力的方式不尽相同。对于他们来说，第一个大考验就是进入幼儿园或托儿所，他们要在那儿和其他的孩子一起待很长时间，而且不得不在一个很可能比家里更拥挤的空间里和大家一起玩。

有研究对孩子们在拥挤环境中的反应做了跟踪观察。以在教室中为例，他们要在那儿应付很多孩子，可能会感到他们的私人空间变小了，而且也不是每次都能拿到自己喜欢的玩具。研究人员发现，在这种环境中，女孩往往会使用更多的社交技巧。她们交谈得更多，也更愿意和别人分享。当情况看起来不太好的时候，她们会彼此交流，使用语言、目光接触和其他对她们有利的社交技巧。相反，男孩在环境变得拥挤时会停止交流并变得更具攻击性。他会伸手去抓或者和别人争抢他想要的东西。他们用竞争和亲自动手的方式而不是靠交谈和分享去获取玩具和蜡笔。可以想象，当他的空间里挤满了其他孩子时，他会更加焦虑不安。因为这样一来，他需要去读懂更多人的表情，需要处理更多的词汇，也会有更多的肢体动作和噪声打扰到他们。

年轻的母亲乔安带着她可爱的儿子德克兰来到我的诊所，因为这个两岁半的小家伙在幼儿园里咬别的孩子。这个小男孩总是看起来很阳光，很热情，以至于周边比他稍大一点儿的孩子总喜欢围着他，想跟他一起玩，和他说话。他看起来很喜欢被大家关注。他的母亲把他送到幼儿园，认为不会有什么问题。在起初的 10 个月里一切风平浪静，但是后来德克兰开始咬幼儿园里其他的孩子了。这种情况通常会发生在当他正在一个人安静地玩，另一个孩子想要加入进来或者把他的玩具拿走的时候。乔安很害怕，她担心儿子的发展会退化，慢慢变得不合群。她找到幼儿园的老师，问她们打算如何帮助德克兰规范他的行为。幼儿园的老师告诉乔安，她们的对策是他一咬人就把他带到别的地方，告诉他那样做是不对的，然后找点儿其他的事让他干。乔安问我，她们这样做是否有用。大部分的托儿所老师会采取转移地点和分散注意力的方式来处理纪律问题，通常效果都不错。乔安看起来还不太相信，我告诉她："瞧，他是不会在大学里咬人的。"好的幼儿园老师都知道，这些行为只是暂时的。

随后我向乔安询问了一些细节。我问她幼儿园的教室是什么样的，她说那是一间特别小的开放教室，里面大约有 15 个孩子。她告诉我几个月以后，等德克兰再大一点，他就可以进入幼儿园教室了，那儿的孩子会多一些，而且所有人都比他大。

然后，乔安开始向我描述大概一个月以后德克兰将要进入的新教室。尽管这个房间更大一点，但是它被分成了几个不同的功能区：一个小阅读区，一个游戏区和一个手工制作区。每个区域都被隔板围着，这样坐在椅子上或者在地上玩的孩子会感觉被保护在这个小小的安静的私人空间里，非常安全。对很多男孩来说这是一个非常理想的格局，因为如果没有那么多外界刺激，他们可以更好地集中注意力。我告诉乔安，这个新的空间也许可以解决她的难题，以及德克兰在幼儿园的行为问题。

一旦你了解了男孩的大脑是如何工作的，就可以从他的角度去看待这些早期的校园经历了。你看一眼幼儿园或托儿所的教室，马上就能知道儿子待在里面会不会舒服。在乔安描述的新教室里，德克兰可以拿着他喜欢的玩具在游戏区里自己玩，他的空间不大可能受到侵占。鉴于德克兰能和比他大的孩子相处得很融洽，因此他在这个新教室里可能会做得更好，因为他可以观察和效仿其他孩子的一举一动。我告诉乔安，如果她喜欢那个托儿中心，喜欢那里的老师，并且等到孩子转到那个新教室去，她很可能会发现儿子待在那儿会更舒服。

当然，这种模式不一定适合每一个男孩。有的孩子擅长社交——他们乐于和别人接触，爱说话，喜欢用眼神交流，不过这些男孩不具有代表性。大多数男孩需要一点点额外的活动空间。他们喜欢用触觉感知周围的事物，会反复把玩具拆开后再重新装上。他们要探索周围的世界，像小科学家一样寻找变量，观察各种反应。努力搞明白事物是怎么运转的，它里面是什么；检验每样东西，看看它有什么反应。他们需要先用眼看，动手做，而听和说的需求则会来得晚一点。

在以下的章节里，我会详细地讲解男孩成长过程中的每一个方面，以及他们的思维方式是如何影响行为的。在阐述那些内容之前，我想再强调一下，大脑的发展存在差异，行为上的退步往往预示着认知上的突破。在他快要把你逼疯的时候就是他即将要发现什么的时候。男孩在取得一个巨大的进步之前，他的思维和行为通常会变得极其混乱。比如，刚刚学会走路的孩子在语言上有重大突破之前，可能总会粘着妈妈或者变得挑食。大一点的男孩可能会拒绝情感上的交流，或是一发脾气就持续一两个星期，把父母累得精疲力竭。然后，有一天他们会一动不动地坐上 40 分钟，练习写数字和字母，让在一旁看着他们的父母都不敢相信自己的眼睛。

最近我治疗了一个 5 岁的男孩。他起初特别不喜欢去幼儿园，每天都跟父母嚷嚷说不想起床，不想穿衣服，不要去幼儿园。他的父母几近崩溃，努力和他争辩，说服他去上学。这样“斗争”了一个月以后，他突然自己起床去上幼儿园了，还在学校里练习写字。如今他已经迷上了学校。

这个案例很平常。我告诉家长们要透过眼前的危机看到必定会随之而来的飞跃。男孩的成长需要时间。家长们与其担心孩子成长过程中的艰难，还不如花时间去想象一下儿子将来会长成一个多么健康的年轻人呢！

THE WAY OF BOYS

男孩心理学

◆ 对女孩而言，她们大脑中的“热点”就是那些发展语言能力和鼓励眼神交流的区域。

◆ 即使是刚刚出生一天的婴儿，男孩注视人们面部的时间也要比女孩少得多。男孩通常不会做很多的目光接触，有些男孩还特别讨厌那样做，他们可能把直接的眼神接触看成是一种敌对行为。

◆ 男孩大脑里的“热点”主要集中在控制身体活动、空间意识和分类信息的区域。和女孩相比，男孩始终在空间技能的测试方面表现得更好。

◆ 剑桥大学自闭症研究中心的主任西蒙·巴伦－科恩（Simon Baron-Cohen）总结了大脑在两性之间大体的区别：“一般男性更侧重于逻辑推理，而女性更擅长情感交流。”

◆ 女孩往往会使用更多的社交技巧，她们交谈得更多，也更愿意和别人分享。相反，男孩在环境变得拥挤时会停止交流，而且变得更具攻击性。

◆ 男孩的发展需要时间。通常男孩在取得一个巨大的进步之前，他的思维和行为都会变得极其混乱。家长们要透过眼前的危机看到必定会随之而来的飞跃。

THE WAY OF BOYS 03

他没有朋友

不合群男孩VS社交力

RAISING HEALTHY BOYS
IN A CHALLENGING AND COMPLEX WORLD

寡言的玛勒在幼儿园参加完家长会之后打电话给我，想预约一个时间让我看看她的儿子。这是她的第一次求诊。

在家长会上，老师出于好意，一遍又一遍地跟玛勒说她的儿子埃里克不合群，因为他在幼儿园没有朋友，而且他从不和其他小朋友一起玩。“埃里克走进教室，挑出一件玩具，然后就坐到角落里自己玩了起来，”老师说道，“我们非常担心他。”老师认为3岁的埃里克应该和其他的孩子一起玩游戏，比如他可以和小朋友们一起编排一些游戏的情节，在玩耍当中互相迁就，这对孩子今后的发展非常重要。玛勒和儿子埃里克一样，有着一头浅棕色的头发和一对绿色的眼睛，和儿子的性格也相似，听了老师的话，她感到很吃惊，也有一点儿难为情。她问老师儿子有没有扰乱课堂秩序，有没有欺负别的孩子或者不愿意做手工，不想参加各类活动。老师摇了摇头，说道：“我们让他干什么他就干什么，但是他根本不抬头看我们，也不跟我们说话。”老师还说，当其他的孩子一起玩的时候，埃里克总会在他们周围，但是并不加入他们，而是保持一定的距离，坐在一个可以听见他们说话的地方。不管老师怎么哄他，他都不愿意跟小朋友们一块儿玩。当老师鼓励他加入大家的时候，他就把脸扭到一边，不再理人。在音乐课上，当所有其他的孩子都在唱歌跳舞的时候，埃里克就只在一边看着。

玛勒承认自己在上学的时候就很害羞，而且也不是很快就能交到朋友。她特别羡慕她的丈夫可以和邻居们闲聊，在聚会上谈天说地。她问我埃里克会不会跟她一样，这辈子都会在交友方面有困难。她这个问题问得很好，把这次的谈话推到了高潮。我用一个问题回答了她："是埃里克不会和别人交往，还是他不愿意去交往？"这是一个很重要的区别，很少有大人们会考虑到这点。

社交能力：最受关注的技能

经常会有人问我有关社交方面的问题。父母们特别关心他们的儿子能不能成熟地使用各种社交技巧，让他们在之后的人生里获得成功和幸福。有的母亲跟我抱怨说她们的儿子总是横行霸道或者特别喜欢卖弄（这些我将在下一章里讲到），他们不懂得和别人分享或者去轮流做一些事，总觉得每一个人都不喜欢他们。这些母亲总是跟我说，她们想象着儿子在之后的 20 年里还会继续和别人打架、吃独食，或者可能会孤单地坐在一边，没有一个朋友。她们问我，儿子长大之后会是什么样？凭她们的想象，儿子长大成人之后要么在宿舍里和别的孩子打架，要么就是在公司里不合群，没有人理他。

这种担忧确实在最近的 20 年里有所增加，孩子在幼儿园和托儿所里需要达到和适应的各种标准创下了空前的最高纪录。孩子的家长常常被告知，男孩得在小时候特别擅长社交，这样他们在长大之后才能获得成功。因此很多人相信，男孩必须早早学会交际，这样大家才会觉得他是个正常的孩子。这样看来，那些行为古怪的孩子就不需要再上幼儿园和托儿所，也不用再和大家一起做游戏了。因为生性胆小、攻击性强或暂时存在发展问题的男孩更有可能会被诊断为患有像亚斯伯格症候群、孤独症、注意力缺陷多动障碍，甚至是躁郁症这样的疾病。家长们担心孩子会患上这些病症的心情是可以理解的。

几乎每个男孩都是正常的

我先要告诉大部分母亲的是，从界定正常行为的标准来看，她们的儿子在社交方面做得并不差。那么标准是什么呢？首先，我们先不要去理会那些"好心人"随口说出的判断词，他们想把每个人都分门别类。这些词包括：亚斯伯格症候群患者、多动症儿童、不合群的孩子、横行霸道的家伙、捣蛋鬼、害羞的男孩、叛逆的孩子、爱挑衅的家伙——这里面没有一个词和你的儿子沾一点边。我告诉父母们，可以去问问任何一个给孩子贴上这些没用的标签的人："你那么说是什么意思？你注意到了什么？特定的行为是指什么？"只有当你听说那些特定的行为影响到其他人的时候，再去采取行动帮助孩子改变这些行为，或是让你的儿子自己努力应付过去。在成长的过程中遇到考验是一件好事，这其中就包括社交方面的各种考验，它们通常是孩子成长的绝好机会。不要让别人评判你的儿子在发展过程中遇到的考验，尤其是那些评判仅仅是基于孩子的某些行为或是所发生的某些事件。

我还认为，为每一位家长和老师列出真正影响社交的因素是很有用处的。为了构建社会意识，你的儿子需要掌握一些很复杂的技巧。我们把这些技巧拆开来一个一个地看，一旦看清了每一个小零件，就可以好好地研究它们了。到那时，你也会意识到社交并不像看起来那么简单。社会意识和社交行为需要很多年的发展才能形成。

1. 语言

他需要弄明白别人对他说了什么（通常称之为"接受性语言（receptive language）"），而且他也要说话，让别人理解他的意思（我们称之为"表达性语言(expressive language)"）。孩子们心里所理解的往往比他们嘴上说的要多得多。对于男孩来说，这之间的差异会非常大。我认识一位母亲，她的儿子在学校里总是很害羞，因此有人鼓励她让年仅3岁的儿子接受心理测试。他们让孩子把复杂的试题从头做到尾，题目涉及从情绪调试到入学准备的各个方面。在其中一项测验中，考官让孩子说出卡片上写的是什么字母。小男孩把脸一扭，就好像他根本没看见那个字母。然后考官把一串字母贴在了带有磁性的写字板上，问他："哪一个是G？"男孩扫了一眼黑板之后，指出了那个正确的字母。事实上，当考官允许他可以不用语言来回答的时候，他一看就能认出所有英文字母的一多半。他没有什么不足，只是很害羞，不喜欢和陌生人说话。

2. 聆听与观察

当有人和他说话的时候，男孩要去注意这个人的言语和非言语暗示，包括语调、面部表情，甚至肢体语言。此外，他还要理解它们所表达的意思。这并不是说他必须要和对方一直有目光接触或者总是用大家所能预料到的方式回应周围的人。正如我们所见，很少有男孩会和别人有持续的眼神接触。他们可能会瞥一眼对方的脸，然后马上把眼神移开，但是他们能记住所看到的并迅速用大脑进行处理。男孩通常会用大家意想不到的方式展现出他们在社交方面的观察力是多么敏锐。比如,很多母亲跟我抱怨她们的儿子在受到惩罚的时候会冲她们微笑或是“咯咯”地傻笑，有的孩子哪怕只有三四岁大就会这么做。妈妈们想知道这是不是说明孩子在社交方面有问题——他是不是一个不爱和别人交往的孩子？我保证，他不是那样的，并对妈妈们补充道：“你有个很聪明的儿子，他不仅明白你为什么生气，而且还在试着惹你发火。”

3. 社交参照

有的时候光靠观察和聆听还不够。在复杂、混乱的社会情境下，男孩们还得观察别人,看看他们是怎么做的,这样他就知道自己该做什么,该如何表现。比如,在家庭聚会上，一个刚学会走路的孩子在有人想抱他的时候会先看看妈妈的脸来判断这个人是不是朋友。因为如果不是，他妈妈的脸上就会露出紧张的神情。在孩子们慢慢长大以后，他们会通过观察更多的人来判断周围到底发生了什么。这些人可能包括保姆、祖父母、哥哥姐姐和老师。到孩子上一年级的时候，他会在社交当中更多地观察他的同龄人，了解他身边正在发生的事情。

孩子们的这种社交参照（social referencing）和你在生活中读懂社交暗示的方式是一样的。比如，你走进一个房间，如果里面正在举办派对或者正在开会，你马上就能知道气氛是友好的还是紧张的。即使男孩们的年纪很小，他们也能读懂你的面部表情和肢体动作，甚至是你不想传达出来的东西。比如，你和儿子一起在一家杂货店里碰上了一个你不喜欢的人，这时你的儿子可能就会有相应的表现：要么紧跟在你身后，要么开始大叫或者马上跑开。在那一刻，他可能是参照了你的紧张情绪。紧紧跟着你和迅速跑开看起来可能不像是一种社交技巧，而实际上它们是的。有些男孩会比其他孩子更早也更容易学会这种类型的技巧。那些很少和别人有眼神接触的男孩，以及那些害羞、粗心大意和好斗的孩子有时会在这方面的发展比较滞后。在刚入学时，如果教室里的活动很多、秩序混乱，那么孩子们使用社交参照就会更加困难。

玩耍中学习社交

我们都听过这样一句话："孩子的工作就是玩。"玩是孩子成长和情感发展的主要途径。掌握了以上那些技巧之后，孩子们主要在玩当中学习如何和别人交往。他们由一个人玩开始，我们称之为"单独游戏"（solitary play）。即使在一个人玩的时候，他们也是在学习基本的社交技巧。他们是如何学习的呢？就是靠倾听和观察周围的人，并熟悉他们的社交模式来学习的。

一段时间以后，大约在孩子 3 岁之前的某个时候，他们开始坐在离彼此不远的地方玩。他们做的可能是相同的游戏——玩生面团、用彩笔给一张纸涂上颜色或者是搭积木，但他们不会花很多时间去互相观察和交谈。我们把这种情形称为"并行游戏"（parallel play）。在这个时候，他们通过身边的小朋友来熟悉另一个孩子的社交行为和技巧。

很多男孩从 3 岁以后的某段时间或更晚的时候开始进入到一种新的、更高级的游戏模式——合作游戏（cooperative play）。在这个阶段，他们已经接受了其他的孩子，并和他们交谈，让他们和自己一起玩。"咱们玩机器人游戏吧。"一个小男孩说，另一个孩子说："你当坏人我当好人。"那些外向、特别爱说的孩子会更早地进入到这个阶段，而那些不太爱说话、害羞的孩子会等到他们再大一点，有的时候甚至要等到几年以后才会做这样的游戏。如果你的儿子没有在 3 岁甚至 4 岁的时候进入到并行游戏阶段并不能说明他本身存在严重的社交问题或者是他得了什么病，比如亚斯伯格症候群或者孤独症。这并不是说孩子在技能上必定有什么不足，而更可能是一种偏好。他的社交风格会在以后的几年里逐渐形成。随着孩子不断地生长发展，他在社交方面会有巨大的改变。

有些家长问我为什么他们的儿子很害羞，不擅长交际，我说，不是每个人都是一样的。每一个集体和每一种社会环境，比如教室和工作环境，都需要一系列不同的社交类型。我还想提醒家长们，他们害羞的儿子是在为那些一刻也闲不下来的"社交达人们"树立榜样，遏制他们的喋喋不休。"他是在做正确的事。"我告诉这些家长。我们有时需要从孩子身边撤出来，仔细观察，摒弃来自我们周围的社会刺激。

游戏风格决定社交类型

游戏可以被分为装扮游戏和非装扮游戏。装扮游戏需要假装并大量运用想象力，这通常被认为是健康的儿童游戏的标志。不过，我们也不要低估非装扮游戏。非装扮游戏包括玩土、玩小汽车、搭积木、攀爬、荡秋千和跑步。它的特点是做现实的事情多于去想象。很多男孩，特别是那些好动的孩子，喜欢去做多于去想，这并不让人感到意外。

装扮游戏和非装扮游戏哪个更好？很多人问过我这个问题。

有些男孩偏爱有实体的活动，比如把玩具排成排，或是在沙滩上玩沙子、挖洞，一坐就是几个小时。也许他们还喜欢把水从一个瓶子倒到另一个瓶子里，或是把玩具拆开，看看那里面有什么。我认识的一个男孩总爱把一个玩具放到另一个玩具上面让它保持平衡，当他不能让一个玩具在一个球上待住的时候他就会很生气。

有些男孩则对装扮游戏情有独钟。他们会为机器人杀手、火山喷发和宇宙飞船里的鲨鱼编排出具体的故事情节。在沙滩上，当大部分孩子都在挖洞、堆沙子玩的时候，他们却因为没有带那些可以发挥他们丰富的戏剧幻想的小道具而看起来特别失落和烦躁。

这两种游戏风格都是健康且正常的，每一种风格都能反映出一个男孩的大脑与生俱来的偏好。玩非装扮游戏的孩子喜欢关注事情的细节，处理他们周围一些零碎的信息，观察事物之间的细微差别，然后把它们系统地组织在一起。玩装扮游戏的孩子能够更灵活的看世界，他们想要操纵头脑中的目标和想法，把身边的事物作为探索和表达他们内心思考和想象的工具。也许前者将来会成为工程师或科学家，后者则会成为有创意的广告策划人或是作家。最让妈妈们担心的是，这两种类型的男孩都排斥其他的孩子，而且都不会轻易地加入到合作游戏当中。不过，几乎所有的男孩最终都会敞开心扉，加入到其他类型的游戏当中，并在社交中接受他人。

玛勒告诉我，她的儿子叫不出白天和他一起在幼儿园里玩的小朋友们的名字。他的老师也告状说，他在幼儿园里的大部分时间都在堆积木，玩乐高玩具。当玛勒问儿子白天在幼儿园都做了些什么，或是午餐吃了什么的时候，他只会说“什么也没干”，或者“我不知道”。在开车回家的路上，有的时候他完全不理会妈妈的问题，只是一直盯着窗外看。

很显然，埃里克的游戏类型属于非装扮游戏。玛勒接受了儿子将会慢慢准备好加入到其他孩子当中的事实，但是埃里克不和她聊幼儿园里发生的事还是会让她感到很沮丧。我告诉她，很多男孩都不喜欢聊天。把他们在三四岁，或是任何一个年龄段聊天的多少作为评价他们社交能力的标准是一个严重的错误，这是一种误导。我自己整天和男孩打交道，这些孩子自身存在一些问题，比如极度恐惧、强迫行为，或是因为有学习障碍而不能顺利地完成作业，需要通过交谈来进行治疗。我要和他们聊天，听他们讲自己的感受。不过，我告诉各位母亲，如果她们听到我和孩子们聊天的内容，她们会对我们之间说的话如此少而感到惊讶（另一方面，父亲们可能会惊异于我们之间的对话竟然那么多）。

关于埃里克，现在有两个问题。一个是，因为他的游戏风格，老师担心他没有在练习他应该练习的社交技能。另一个是，玛勒想和儿子有更彻底的思想交流。妈妈们喜欢倾听和交谈。对她们来说，交谈是任何一种健康人际关系的基础，也是她们教育孩子的主要方式。好消息是，是有方法可以让母亲鼓励儿子对她们畅所欲言的。

行动：与男孩最有效的沟通方式

玛勒希望能很容易地和埃里克交谈，让儿子主动告诉她在幼儿园里发生了什么事，这样就不用每天放学以后盘问他了。我提醒玛勒，很多男孩都会对正式的面对面的对话感到不自在，特别是在埃里克这么小的年纪。以我多年的治疗经验，有些男孩永远都不会习惯这种谈话方式。这并不是说他们觉得没有必要去谈论他们自己、他们的问题和感受。有时他们确实需要交谈，只是不知道该怎么去谈。而在其他的一些案例中，他们只是对聊天不那么感兴趣。

我在诊所里用一些简单、重复的动作和那些有心事却没有办法说出来的男孩进行对话。他们往往会默不作声，这时可以给他们一个球玩，让他们在沉默的时候有点事情做。有些男孩喜欢玩简单的填字游戏、给一张画涂上颜色或者是搭积木。我所扮演的角色就是坐在他旁边看着他，或者时不时地递上一块积木。我不会对他做很多的目光接触，也没期望他这样做。尽管如此，我们仍然是在进行社交活动。因为我们在一起做一件事情，一起完成一个任务，而交谈会在这当中产生。记住，和男孩的沟通不仅仅局限于思想和情感的交流，还要和他们一起努力做一些事情，一起看看事情的结果如何。社交就是朋友帮助你一起做一件事，然后一起分享成果。社交有时是利用你的朋友和他的技能，去得到你想要的东西。这是男孩们团队合作游戏的开始。

在男孩们再大一点甚至成年以后，他们在和别人的交往过程中仍然会使用这些做法作为最初的社交方式。问题是，一个渴望了解儿子内心世界的母亲该如何鼓励孩子和她分享一些事情呢？以下是一些建议。

1. 重复

我认识几位有不错的篮球基本知识的母亲。如今有很多办公室里的垃圾桶口都是圆形的，有不少男员工喜欢团一张纸丢进去练投篮。小男孩们也喜欢这么做。各位妈妈可以尝试改良这个方法。我认识的这几位妈妈和儿子坐在一起，往纸质的购物袋里投乒乓球（或者其他的什么球，那些由很轻的泡沫塑料制成的球效果最好）。其实不一定非要用球。有位妈妈使用泡沫塑料块，还有一位妈妈把毛绒玩具扔进洗衣筐里。你也可以把纸牌丢进帽子里。这是一个简单、重复性的动作，可以马上收到明确的反馈。男孩们很爱玩这个游戏（其实妈妈们也喜欢这个游戏，这是一个和儿子一起玩，并成为一个有意思的妈妈的好机会）。

2. 合作

和儿子一起搭建一个什么物体。我不是说让你把乐高玩具或是其他什么模型带回家，而孩子坐在那儿看着你在旁边指手画脚，他只能很无奈地试着把一些小块拼在一起。我要说的是，问问孩子想要做什么。他说出自己的想法之后，就让他充分地发挥想象力。你可以给他提一些建议："城堡周围是不是应该有一条护城河？它应该是什么样的？"或者干脆放手让他自己去做。通常，一些无关的谈话会在这当中产生。你问他"护城河里有鲨鱼吗"，他可能会回答说今天中午乔伊给它们喂过食了，他可能还会问"如果没有大脑你能不能活"。你可以随着他的思路继续和他交流。妈妈们需要注意的是，在游戏的过程中，当孩子正在静静地思考的时候，请不要去打扰他。

3. 并行游戏

一些有关童年时期发展的书籍中说，孩子应该从并行游戏过渡到更高级的游戏阶段，并行游戏即到3岁的时候，两个孩子挨着坐，但是各玩各的。事实上，很多男孩不会准时脱离这个阶段，他们中的很多人会一直喜欢并行游戏的状态或是它的一些其他形式。你应该试着坐在孩子旁边，他画画的时候你也画，或是在他搭的积木旁边你再建一座塔楼。待在他旁边但不强迫他说话是一种引导他开口的不错的方法。

父母们尝试了这个方法，他们在儿子独自玩游戏的时候坐在他身边，很温和地给他提供一些指导，偶尔问几个关于游戏的问题，起到的效果令他们吃惊。开始是一些点滴，“这是一条鲨鱼，它吃人”，然后孩子的话就像消防水枪里的水一样喷出来，开始给你描述整个故事，“后来机器人来了，抓住了它们”。之后，问题就像潮水一样涌来了：哪个星球是橙色的？全世界一共有多少条鲨鱼？机器人真的存在吗？我们可以造一个吗？

关键是家长要克制住内心的冲动，不要说得太多，不要替他去做，也不要问太多的问题，要坚持说一些实质性的话题，例如，“它看起来真不错”，或者“还要再来一块吗”。他是要搭好他的塔楼、要画画或者完成填字游戏，而不是去总结经验。他会用自己的方式，按自己的节奏向你敞开心扉。在此期间，你要按他的意思和他一起玩，一起度过一段时光。尽管他嘴上不说，其实他很喜欢这种安静的一对一的时间。

鼓励孩子察觉自己的情绪

埃里克的幼儿园老师担心他的社会意识没有发展到应有的程度，因为他不和其他的孩子说话，也不和他们一块玩。玛勒仍然在为儿子担忧，害怕他得了亚斯伯格症候群或者自闭症谱系障碍（Autism Spectrum Disorders）这类病，因为他和幼儿园里的小朋友没有任何情感上的交流。她问我，在家里应该怎么做才能帮助埃里克在情绪上有更多的意识。我告诉她，基于我在诊所里和他们会面的这段时间的观察，我怀疑孩子确实有什么症状，我会留心的。

在我们谈话期间，我发现玛勒的丈夫戴夫试着用睡前故事帮助埃里克把里面的人物联系起来。戴夫会在故事读到一半的时候停下来问埃里克："你觉得好奇猴乔治现在是什么感觉？"起初埃里克没有回答，可能是不知道在这时候他该说什么，或者是觉得没有说话的必要。然后戴夫会给他一些选择："你觉得乔治是高兴还是害怕？"埃里克有时会回答，有时会用小拳头砸着那页书大喊："接着讲！"他只想听故事。在吃午饭的时候，玛勒会问他看过的一些电影和演出。那时他爱看《海底总动员》(*Finding Nemo*)，每天晚上他都喜欢看一点。于是玛勒问他："尼莫和多莉碰到鲨鱼之后发生了什么？"埃里克想了想，然后用手比划着说："它追它们。"这对玛勒来说是不寻常的一刻。埃里克已经进入到他的记忆当中，把他知道的那个故事的片段进行了重组，当时埃里克自己也特别兴奋。在后来的几个星期里，埃里克主动问了很多关于那些故事甚至关于整个世界的问题。当问到他幼儿园里发生了什么时，他也能讲述一些简短的趣闻轶事。

说实话，这样的结果可能是一种巧合。很可能是埃里克的大脑正准备在社会意识和情绪察觉方面有一个新的飞跃，开始用语言描述自己的感受，讲述故事当中的因果。不过，练习是引发所有发展变化的基础。在父母给他讲故事时，埃里克和他们之间简短的对话以及白天在幼儿园里的游戏很可能促进了这些变化的产生。至少，它给了埃里克一个机会——去练习如何把语言和情感搭配在一起。

‖他为什么一个人玩‖

经常有妈妈问我，为什么她的儿子不和别人一块玩。很多育儿书上说，合作游戏，即和别人一起玩，应该从3岁左右开始。看了这个之后，大部分家长和老师都会想，小男孩们到了3岁就不会再不理睬其他的小朋友，而开始和大家一起玩了。男孩的确会从并行游戏阶段过渡到合作游戏阶段，但不是所有孩子都能在3岁或是3岁以前完成这个过渡。而且，当这个过渡真的到来的时候，家长和老师有时并不会觉察到。要知道，互相争抢玩具的男孩是在彼此磨合，向另一个孩子身上扔沙子是希望自己能被允许加入到游戏当中——尽管这不是很多母亲希望看到的友好的方式。

此外，男孩们的合作游戏可能看起来和女孩们的不太一样。我想让各位妈妈做的第一件事就是，去想想那些大男孩甚至是男人之间的社交是怎样的。男人通常是如何和他的朋友交往的呢？他们肩并肩地坐着，打扑克，玩电子游戏，看棒球比赛，看电影，很少有语言上的交流，除非是想炫耀他们的学问或是强调一些特别“酷”的事。在我和朋友交往的时候也是这样，尽管我的职业是以说话为主。当男孩们肩并肩地坐在一起，做着相似的事情但不怎么说话的时候，他们其实是在进行社交。他们的情感是连结在一起的，这种类型的游戏对男孩来说非常有意义，尽管这并不是很多女孩和女人之间的社交方式。很多父子在联络感情和一起外出活动的时候都是不使用语言交流的。他们一起去看体育比赛，一起参观博物馆，打扑克、下跳棋、玩传接球游戏、看电视、钓鱼，好几个小时都不怎么说话——这些活动的一个共同的主题就是，男孩和伙伴们一起做一件事，而不是去谈论一件事或是分享对那件事的感受。然而，这的确是在社交。不论是男孩还是男人，这种游戏的方式都没有错。

“做”中学：男孩的学习方式

男孩在学校里和其他的孩子一起学习、一起玩的方式，看起来和很多成年人想象的不一样。当玛勒向埃里克的幼儿园老师询问儿子和其他的孩子具体有哪些接触的时候，老师开始向她抱怨埃里克经常惹麻烦。埃里克有时会悄悄跟在别的孩子身后，或是当别人正在画画的时候从他们的手里把蜡笔抢走。有时，他还会和另一个小男孩一起把其他小朋友最喜欢的玩具藏起来。

我对玛勒说，这就是社交。它不是一场茶话会，也不是通过闲聊来交流思想和情感，而这也是社交方式的一种。怂恿别的孩子去干坏事让那个孩子惹上麻烦，或者抢走同学的铅笔看着她发怒，这些都不会在他 40 岁的时候让他成为办公室里的社交明星，不过那时他的技术可能已经有所进步了。埃里克通过和幼儿园里其他的孩子一起合作，得到同龄人的回应和他想要的东西。为了实现这个目标，他要和别人有目光接触，要提出一些初步的计划，找一帮小伙伴跟着他一块干。虽然我很同情这位老师，但是我不同意她的看法。埃里克不是一个不合群的孩子，虽然他很害羞，但他是一个思想更独立的孩子，可以不动声色地把事情挑起来。他可以和别人一起玩，表达自己的需要，也懂得社交暗示。当他准备好的时候，他会向学校里越来越多的孩子敞开心扉。同时，他也会明白（通过同学们的厌恶）为什么不能把打扰其他的孩子作为吸引他们注意的唯一方法。

这位老师反映的另外一个问题就是她之前提到过的——埃里克有藏在距离一群小朋友不远的地方观察他们的习惯。很多害羞的孩子都会这样做。在不了解社会规则的前提下，他们没有信心直接加入一项活动，所以他们在外面徘徊，偷听别人说话。观察其他人社交实际上是孩子们练习社交的一种非常好的方式。那些在群体当中玩得很高兴的孩子们往往没有意识到有人正在观察他们，或者他们根本不在乎被人观察。我发现，反倒是家长和老师对这种安排感到最不舒服，觉得他们应该帮助孩子们组成一个更大、更开放的群体，所有的孩子都在一起玩，没有一个人坐在外面看着。如果我能给大人们提些建议，我会让他们把干预的程度降到最低。

男孩是在“做”中学。如果，玛勒看到埃里克在一个派对上或是在幼儿园里藏在一边观察别人，然后走过去向其他的孩子介绍她的儿子或者鼓励他们带她的儿子一起玩，那么她就是在告诉儿子（或其他的孩子），埃里克需要别人帮他和大家打招呼。相反，如果不去管他，就是在给他创造尝试各种方法去融入到集体当中的机会。他可能会打搅其他的孩子，或是偷拿他们的玩具。那时，他会发现怎么做有用，怎么做没用。他也可能会继续藏在一边，直到他觉得无聊，然后主动要求加入到其他孩子的游戏当中。**记住，三四岁的男孩不会对彼此有很高的期望，他们能容忍别的孩子的很多奇怪的行为。**

如果你不能忍受你的儿子藏在其他孩子周围眼巴巴地看着他们玩，我建议你去和那些围成一圈做游戏的孩子们说：“埃里克会在你们玩的时候坐在你们旁边，这样可以吗？”孩子们通常会说可以，然后你就可以离开了。在大部分情况下，会有一个孩子把圆圈扩大，让新来的小朋友加入进来，允许他坐在他们中间直到他自己想要加入进来。

依恋与分离：理解男孩成长的基石

依恋与分离（attachment and separation）是社交成长过程中另外两个重要的因素。男孩需要花一些时间去感受，直到他认为足够安全可靠的时候才会离开妈妈的身边，自己去探寻新的社会关系。健康的依恋会带来积极的分离。有些男孩可以很早、很容易地离开妈妈——他们一看到感兴趣的东西就会加快离开妈妈的速度。这些孩子通常比其他的孩子更活跃、更好动，胆子也更大。他会回来稍微抱你两下，让你给他擦擦鼻涕，然后又出发去“探险”了。其他的男孩则完全不一样，不过他们也很健康、很正常，只是有点不同而已。这些稍微害羞一点的男孩会徘徊在妈妈的身边，尝试着怎么去和别的孩子一起玩。

正如你所能想象到的，教育这两种类型的男孩需要用不同的方法。前者需要你给他立规矩——什么时候可以离开妈妈的身边，以及叫他的时候必须回来。这就是说，你要俯下身去，让他看着你的眼睛，清清楚楚地把那几条规矩给他讲明白（比如，不要去我看不见你的地方；不要跑到街上去；在停车场里要拉着我的手）。然后让他重复你刚刚说过的最重要的几条。

那些看起来在分离方面没有问题的男孩在去诸如购物中心或者朋友聚会这些令人兴奋的社会场所之前，必须让他们把这些规矩跟你重复一遍并同意照办。否则他们会忘乎所以，因为他们喜欢刺激，且会沉迷于其中。

我治疗的一个男孩以前经常会突然横穿马路。当时他已经 7 岁了，还是连看也不看就往马路对面跑。我和他的妈妈一起教他等交通信号灯。我们在十字路口一遍又一遍地练习，他的妈妈站在马路的一边，我站在另一边。我们教他怎么看交通灯，等到可以过马路的信号出现之后再过去。我们还告诉他周围会有其他的路人，他走路的时候得注意，不要撞到别人。当其他人不遵守交通规则的时候我还会给他指出来。最后，我们一起去吃冰激凌，作为对他学会过马路的奖励，让这次练习成为一次愉快的学习过程。

你应该给孩子们一个地方去探索，比如公园或是操场，在那儿他们可以到处跑，没有父母紧紧地跟在身后。这些男孩需要按自己的想法在一个安全的地方进行探索和研究。

有意思的是，那些比较害羞的男孩不需要那么多来自父母的指导。我知道，从表面上看这种说法可能不对。我告诉妈妈们，对于一个害羞的孩子，她们不需要花大量的时间去哄他、诱惑他或者过多地鼓励他，这会在无意中让他因为没出去和别人一块玩而受到关注，并从中获得一种非常强烈的社交奖赏。实际上，你是在小题大作，并在无意中传递出了这样的信息——他可能有什么毛病。同时，你对他给予的关注促使他待在你的身边。从他的角度来看就是，既然可以和妈妈交流，那为什么还要和小朋友们交往呢？在孩子们当中，这类害羞的男孩更难对付，他们更偏爱一对一的、不那么刺激的活动。他们也不喜欢有组织的、团体性的运动项目，比如垒球和棒球。不过，永远别把事情说得太绝对。你最好把所有的招数都试试看，对他们要灵活一些。

不是所有害羞的男孩都会远离体育活动。有些男孩只是在其他孩子面前很胆小，但在家的时候就特别有活力。

THE WAY OF BOYS
男孩的故事
RAISING HEALTHY BOYS IN A CHALLENGING AND COMPLEX WORLD

泰瑞的儿子帕特里克两岁大的时候总是咧着嘴笑，还喜欢抱过妈妈的脸来亲妈妈。然而，在外面或者在幼儿园的时候，他就马上变了个样。他不和别的大人和孩子说话。在外面的时候他总是显得很害怕，一直躲在妈妈的身后，但是在家里他又像个“小疯子”。泰瑞告诉我，帕特里克会爬到大门上拉开门闩，这样他就可以打开门跑到大街上去了。

我告诉泰瑞，帕特里克那样做可能是想引起别人的注意。他知道他能靠跑到外面去，看着妈妈发疯一样地找他来吸引妈妈的注意，即使那样是不好的，但同时他也想去探索外面的世界。他是刺激驱动型，即他会对刺激做出反应，任何事都能分散他的注意力。对于这样的孩子，你必须得看着他，而且如果房间里有你不想被打碎的东西，最好不要把他一个人留在那里。可能他到了10岁或是15岁的时候还会是个爱寻求刺激的孩子，但是这些刺激会转移到体育运动上，他们会去玩滑板、滑雪板或者彩蛋射击，这些运动很带劲，但是它们有游戏规则，也会有竞争，而且要使用安全工具。

像帕特里克这样的男孩，会在家庭成员面前和他们感觉最舒服的环境当中表现得很活泼、很合群。泰瑞觉得两种情况当中最糟糕的事都让她碰上了——她要在家里时刻盯着这个小家伙，跟他交流，而且还不能马上让他和其他的孩子一起去外面玩，消耗他过剩的精力。我告诉妈妈们，在这种情况下要有耐心。他会在社交方面有所进步，也会和小朋友们玩得很好，尽管他们很可能会在一起咯咯地傻笑，又喊又叫，声音特别大，根本不像是在交谈。与此同时，如果孩子能经常自己一个人去大操场上玩，而且不用妈妈跟在后面，他就能消耗一些过盛的精力了。

分离焦虑

有的男孩和父母分开非常困难。有位妈妈在第一次带着两岁半的儿子凯尔去幼儿园之后就来到了我的诊所。她说，凯尔自己在教室里很安静地玩，她觉得孩子在幼儿园的第一天会很顺利地度过，尽管他根本不搭理她和其他的小朋友。不过很遗憾，情况并非如此。在她想要离开教室的时候，凯尔一边抓着她，一边尖叫着："妈妈，妈妈！"这让她很失望，特别是幼儿园老师冲着她没好气儿地说"赶紧走"的时候，她觉得特别沮丧。她说："我又有机会回去工作了，我以为这就是我想要的。可是，我真正希望的是凯尔能快乐。我一直在想，我都干了些什么？"她给幼儿园的老师打电话，让她去看看凯尔，老师说他挺好的。但这位母亲不相信老师说的。她跟我说："我问老师能不能马上过去把孩子接回来。"但是老师坚持不让她去，说："如果他不能坚持到午餐时间，那他永远也不能在这儿待上一整天，过了这个阶段就好了。"

我不得不告诉这位母亲，老师那样做是对的。凯尔需要度过这个分离的阶段。如果你一直给他打电话，告诉他"妈妈很快就去接你了"，这会让他兴奋，可是他并不需要这样的解救。为了适应一个新环境，他需要花大量的时间独自去面对它。

实际情况其实并没有想象的那么糟。记住，你的儿子不能永远和你在一起。和别人说再见并相信会再次见到他们是一个自然的过程，也是生活中很自然的一部分。在幼儿园里，孩子需要这种技能，而且如果你是一位需要出去工作的家长，那么你的儿子就更需要学习这项技能。另外，别忘了你的儿子在你面前的表现可能是最差的。他之所以能把自己最差的一面展现给你，是因为你是那个爱护他的人。他充分信任你，因此他对自己的行为毫不掩饰。

分离焦虑（separation anxiety）是一种很正常的现象。一个男孩在大约 8 个月左右的时候，当他的大脑发展成熟到虽然他看不见你但是他知道你的存在时，分离焦虑就产生了。当他看不到你的时候，他的大脑会想象出你的样子。儿童发展方面的专家称之为“客体恒常性”（object permanence）的开始。这是男孩早期的高级认知工具之一。然后他就开始真正想你，并感到害怕。这很正常。分离焦虑可能会持续几年后逐渐减弱，而在以后经历人生变化或压力时也可能会暂时性地退回到这种状态。这种情况在男孩当中更为多见（在我的诊所也是这样）。有些男孩的焦虑会一直持续到他们上小学一年级。

有时候，一个看起来好像要克服掉这种焦虑的男孩会突然退回到之前的状态。在你要离开幼儿园的时候他会抓着你，就像他第一天去幼儿园那样。不要慌，这很正常。这些退化只是暂时的，而且可能预示着认知能力的飞跃即将到来。有时，当男孩的技能处于正在提高的过程当中时，他们可能会表现得更脆弱、更涣散一点。

记住，你的儿子是一个小小的探险家，在内心深处，他想要离开你，独自去探究这个世界。可能每隔一到两周就会出现这样的情况——他既想粘着你，又想自己去外面尝试新的东西。这时，你给他的暗示尤为重要。当你对他在离开你的过程中取得的每一个成功给予肯定的时候，你应该表现出冷静、放松，一切都在你的控制之中。你要让他知道他可以那样做，不会有危险。“我很好，你在幼儿园会过得很好的。”你要严肃一点，表现得特别自信。你可以每次都给他一点小小的鼓励。等到一段时间之后他再次回到你的身边时，他的心里就会充满了爱和安全感。到那时，你就可以每次少给他一点推动力。你要为此做好准备，不要给予他过多的指导。

如果孩子的分离焦虑看上去特别严重或者很不寻常，这可能和他自身的发展无关。你首先要检查你自己，可能是你的行为有所变化（也许是你的工作时间表变了），或者是家里发生的一些事正在困扰着他。

有些男孩在幼儿园度过了最初的几年，但是他们的分离焦虑症在之后的很长一段时间里仍然没有好转，他们的妈妈为此感到困扰。

THE WAY OF BOYS
男孩的故事
RAISING HEALTHY BOYS IN A CHALLENGING AND COMPLEX WORLD

我认识的一位母亲带着儿子到城镇健身中心参加夏令营，在7月的一个星期里，孩子每天会在那儿玩几个小时，有高中生当活动的辅导员。她儿子那个时候已经6岁了，他要在那里学习做一些科学实验，这让他很兴奋。但是在他们走进教室以后，儿子完全变了个样。他看上去就像受到了惊吓，抓着妈妈的衬衫呆呆地站在她旁边，一动不动，观察着教室里其他的孩子。这位母亲也被吓着了，她想，儿子不会在夏令营过得很好，他会和别的孩子合不来，交不到朋友。她俯下身去鼓励儿子，希望能给他打打气。然后，夏令营的辅导员手里拿着一个剪贴簿朝她走过来，和善地对她说："你没事吧？"她一愣，问道："你说什么？"辅导员说道："你需要帮助吗？"她说："不，只是我的儿子是第一天来。"辅导员笑了笑对她说："我们已经看出来了，一切都会好的。"

我喜欢这个故事。它对这位母亲传达给儿子的信息——社交参照——做出了现实的检验。她俯下身去和儿子交谈是在告诉他"你需要妈妈来帮你渡过难关"。而实际上，他需要先停下来，找准自己的位置，然后以他自己的方式加入到其他的孩子当中。而母亲把儿子独自留下来参加夏令营（但是要在工作人员的帮助下），是在向他传达不同的信息：你是个大孩子，可以自己摆脱困境，你会玩得很愉快的。

家长们要记住，短暂的恐惧、孤独和不知所措并没有那么严重。对于一个小男孩来说，暂时的混乱和恐惧可能是一个重要的建立自信的过程，让他知道他可以融入到新的环境当中，一点问题都没有。

THE WAY OF BOYS

男孩心理学

◆ 通常孩子们心里所理解的比他们嘴上说的要多得多。对于男孩来说，这种差异会非常大。

◆ 通常男孩会用大家意想不到的方式展现出他们在社交方面的观察力是多么敏锐。

◆ 装扮游戏考验想象力，看世界更加灵活。他想要操纵他头脑中的目标和想法，把身边的事物作为探索和表达他内心思考和想象的工具。

◆ 非装扮游戏考验动手能力，喜欢关注事情的细节，处理他们周围一些零碎的信息，观察事物之间的细微差别，然后把它们系统地组织在一起。

◆ 很多男孩会对正式的面对面的对话感到不自在，有些男孩永远都不会习惯这种谈话方式。【让他们在沉默的时候有点事情做】

◆ 关键是家长要克制住内心的冲动，不要说得太多，不要替他去做，也不要问太多的问题。

◆ 互相争抢玩具的男孩是在彼此磨合。

◆ 男孩和男人的社交行为很相似，做着相似的事情但不怎么说话的时候，他们是在进行社交，他们的情感是连结在一起的，这种类型的游戏对男孩来说非常有意义，尽管这并不是很多女孩和女人之间的社交方式。很多父子在联络感情和一起外出活动的时候都是很少使用语言交流的。

◆ 观察其他人社交实际上是孩子们练习社交的非常好的方式。

◆ 男孩是在〝做〞中学。一起做，一起玩，一起度过安静的一对一的时间。

◆ 健康的依恋会带来积极的分离。有些男孩会很早、很容易地离开妈妈。通常这些孩子比其他的孩子更活跃、更好动，胆子也更大。【这样的孩子需要立规矩】

◆ 这些稍微害羞一点的男孩会徘徊在妈妈的身边，尝试着怎么去和别的孩子一块玩。【更偏爱一对一的、不那么刺激的活动】

◆ 男孩在大约 8 个月左右时，当他的大脑发展成熟到虽然他看不见你但是他知道你的存在时，分离焦虑就开始了。

THE WAY OF BOYS

04 他是个“小霸王”

霸道男孩 VS 共情力

RAISING HEALTHY BOYS
IN A CHALLENGING AND COMPLEX WORLD

约瑟夫只有6岁，但他很容易被误认为是三年级的学生。他有一张大男孩一样棱角分明的脸，长得很高，很结实，但是不胖。约瑟夫的父亲也很高，而且看起来比他的同龄人更老成一些。约瑟夫和比他年纪大的男孩一样，都热爱体育，追求健美的体魄。他穿的T恤衫上印的是著名的滑板运动员或滑雪运动员，而不是海绵宝宝或史努比这类卡通形象。在公共场合，大多数人都会高估约瑟夫的年龄，也因此使得大家对他有更高的期望。

约瑟夫的个性特别强。他会去抢他想要的，而且连问都不问就会去碰或抓那些有趣的东西。他拒绝和大人以及和他一样年纪的孩子进行目光接触。为了得到他的关注，父母不得不按住他的肩膀说：“看着我，看着我的眼睛。”在我第一次为他治疗期间，他的妈妈乔伊斯跟他说了很多遍这句话。在眼神交流方面的不足让他错过了很多重要的非言语社交暗示。再加上他壮硕的体形，让他看起来像一个巨人，自顾自地在自己的地盘上踱来踱去。

在我们的第二次会面中，约瑟夫和他的妈妈走进我的诊所，他在朝一篮子玩具冲过去的时候差点把我撞倒。很多小孩都不会未经我允许就动我诊所里的东西，或者至少在碰它们之前会先看看是不是有人在看着他们。绝大多数孩子都知道不能碰别人的东西这个最基本的规则，他们尤其会提防着大人们。然而，约瑟夫不是这样。当他把装满玩具的篮子扣过来，挨个摆弄散落一地的玩具时，乔伊斯被吓了一跳，冲他喊道：“约瑟夫，你那样做对吗？”

约瑟夫没理她，站起身来直奔我的书架。他很聪明，知道大人会把好东西放在孩子够不着的地方。当有些玩具他够不着的时候，他就挤到我的桌子后面去抓那些我放在书架上用于实验的小玩意。我观察着约瑟夫的一举一动。他是如何轻松地适应一个新环境的呢？在一个权威人物面前，当他看到一些特别吸引他的东西时，他会怎么表现呢？他能不能抑制住自己去触摸、去拿的冲动呢？他能领会大人设定的那些无形的界线吗？

约瑟夫表现得好像这世上根本没有任何界线。他就像个刚学会走路的孩子，在一个没有社交的世界里旅行。他要么是不知道这些界线的存在，要么就是根本不去理会它们。我敢肯定是后者。因为约瑟夫的个子足以让他够到我收集的那些化石、海胆、各种宝石、箭头、鲨鱼的牙齿和一个浑身都是刺的河豚鱼标本。这一次，乔伊斯又被吓着了，她特别尴尬，叫着儿子的名字，不停地喊着让他把玩具放回原处，从椅子上下来。“我很抱歉，”她对我说，“他这样做对吗？这样做不对，不是吗？”

我注意到乔伊斯的命令里面一共出现了好几个疑问句。尽管她的声音很大，但是听起来她对局面失去了控制，她很沮丧，很疲惫。面对这个渐渐长大的儿子，她完全不知所措。

几年以后（是的，就是这么快），当她的儿子长得比她还高时，她该怎么办？约瑟夫不可能突然奇迹般地掌握一些基本常识或一些社交礼仪的界线。他需要别人告诉他去注意并遵守那些界线，而他的妈妈乔伊斯则在给他划定这些界线方面遇到了困难。乔伊斯希望通过和我的交流来解决约瑟夫在学校里和同学间发生的冲突，而我首先要和她谈的是如何处理约瑟夫在家里的飞扬跋扈以及他需要与大人交流的社交意识的缺乏。

我提醒乔伊斯，处在约瑟夫这个年纪的男孩正在发展一些基本的技能。在随后的几年里，他们会倾向于处理更为复杂的社会情境，而在取得一些进展之后，他们会面临由社会期望的提高带来的考验。这个过程就像是在下行的自动扶梯上逆向上跑，你的确能跑上去，但是速度很慢，很吃力。男孩们在社交方面的发展非常不均衡。像约瑟夫这样的男孩，仅仅因为他某些方面的能力发展欠缺或具有过强的攻击性，就断定他是个坏孩子或他注定会是个“小霸王”，这是不公平的。事实上，在接下来的几个月里，他只要接受一些指导，逐渐掌握一些基本技能就能减弱他的自负，改改他乱抓一气的脾气。这些基本技能包括：冲动控制、培养界线意识、读懂社交暗示、学习分享以及合作。

冲动控制

约瑟夫要练习的第一项技能是冲动控制。在他的母亲制止住他之前，他已经从书架上抓起了一个箭头状的东西，像挥舞一把刀一样挥舞着它，在空中做出戳刺的动作。后来，他发现在一个更高的架子上放着一些他够不着的东西。他什么都没问，甚至连看都没看我和他妈妈一眼，就爬上了一张放在书架旁边的皮椅子，想踩着它去够那个放在架子最上面一层的人脑模型。这时他的手里还攥着那个锋利的箭头状的东西。

之前有很多位妈妈带孩子来我这治疗时，都让我把这张椅子挪开，但我是故意把它留在那。它的确能引发危险的攀爬行为，但同时也能让我测试一个男孩在我的诊所里遵守“不能攀爬和乱抓东西”的规则的能力（在我和孩子们打交道的这20年当中，我从来不记得有一个女孩爬上过那把椅子去够她够不着的东西）。对于约瑟夫，我多等了一会儿，想看看他的妈妈会怎么做。结果她又跟约瑟夫喊了起来：“不能上椅子！”然后她插入了一个问题：“我们不能站到椅子上，不是吗？别闹了，好好问医生‘我可以拿那个吗’，好不好？”

我走过去，站在约瑟夫旁边。他站在椅子上，比我还要高一点。我用坚定的口吻慢慢地对他说，并让他看着我。我没有叫他的名字，因为现在要是那样做就太累了，他根本听不进去。“看着我。”我说。当他看着我的时候，我又说：“很好。这儿有你想要的东西吗？”他用手指了指书架上最高的那一层。

“那个。”他说。我已经注意到他的发音不是很清楚。我很肯定他的语言能力发展得比较晚。他想确切地表达一句话需要比别的孩子花费更长的时间，也更吃力——这也是为什么他会先拿东西后问问题的原因之一。他还需要练习。

“什么？”我说，“告诉我是哪个。”

他又指了一遍：“是那个。”

“那是什么？它叫什么？”我坚持让他说出来。

“那个像大脑一样的东西。”他一边说一边滴溜溜地转着眼睛。

“很好。”我说。对他的服从提出表扬是很重要的。“首先，给我你手里的那个箭头状的东西。”他照做了。“好极了。现在，从椅子上下来。”这是命令，不是在和他商量。他想要不听我的或者不搭理我，但是他不能，因为我手上有他想要的人脑模型。他从椅子上下来了，我又给了他另外一个任务——我把箭头递给他，让他把它放回原处。他放好之后，我又说了句“很好”以示奖励，然后又跟他强调了诊所的规矩。

“告诉我，我们不能对家具做些什么？你的妈妈已经告诉过你很多次了。”听到这儿，他笑了。他听妈妈说过，但是她的妈妈一直允许他忽视她说的话。

“不要站在家具上面。”他回答。

“好，非常好，”我说，“现在你靠着椅背在这坐 30 秒。如果你想数秒，可以自己数着。然后我会去给你够那个模型。这就是规则。你自己拿主意吧。”我递给他一个秒针来回摆的小钟表。我故意把他坐的椅子摆在了书架旁边。这是一个小测试。他可以试着爬上去把模型拿下来，但是我给了他另外一个选择。他可以在短时间内延迟或者控制住自己的冲动，以得到他想要的东西。第一次的时间不会持续得很长，我相信他可以忍得住。我告诉妈妈们应该让那些冲动、爱乱抓东西的男孩每天在家里做几次这种延迟训练。当他把什么东西抓在手里的时候，你先把它拿走 30 秒，然后逐渐把时间增加到几分钟。

对那些个性很强、更具有攻击性的男孩培养社会意识的方法，就是当场制止他们，让他们暂停一会儿。这样可以让他们思考，控制住强烈的冲动。然后教他们一种恰当的社交方法，比如等轮到他时再去做或者先问问再去拿东西。

约瑟夫真的在椅子上坐了30秒，不过对他来说，坐这么长时间真是不容易。他长叹了几次气，说他很烦，还叫那个钟表“笨蛋”。乔伊斯在这段时间里则看起来特别忧虑。有好几次她都从椅子上站起来，好像是想冲过去把儿子按在椅子上，让他成功地完成这个测试。我觉得要是在家里做这个练习，约瑟夫肯定不会让他的妈妈好过。他可能会使劲摔门，用力踹墙，乱扔东西，甚至可能会哭着说：“你讨厌我。”家里其他的男孩就跟着喊：“我讨厌你！”男孩在这个年纪正在试验对事物进行初步的操纵。他们好像有第六感，知道制造什么样的噪声、说些什么话能让父母让步。重要的是，家长不要总想着这些。家长需要完成的任务就是等待30秒钟。如果孩子不照做，那他一件玩具也得不到。

30秒过后，我走到书架跟前，约瑟夫跟在我身后。我指着那个人脑模型，告诉他几个基本的要求。我这样做是想确保他和我有目光接触。很多男孩小时候都会避免和别人有目光接触，因为那样会让他们感觉不舒服。不过，他们需要学习注视着大人以领会社交暗示，为他们自己的行为负责。不管是多大的男孩（甚至成年人），他们有时会拒绝进行目光接触来避开别人跟他们说的话。然后，他们可以声称之前没听见对方说什么。我认识一位篮球教练，他说，如果在大家商量战术的时候有一个球员没有直视他的眼睛，那他永远都不会派他上场，哪怕他是名球星。“如果哪个球员不看着我，那他就没在听我说话。”他说。他是对的，尽管他是一名成人篮球队的教练，但这对孩子来说同样适用。

我把那个模型取了下来。约瑟夫喊道：“酷！”举起两只胳膊想要把它拿走。在他拿走之前，我对他说：“先抬起头来看着我。在我说话的时候要看着我。”在他看着我的时候，我给他定了几条规矩：你可以摸它，也可以把它拆开，但是必须慢慢来，而且必须把模型放在我事先摆好的桌子上，这样就能保证他不会弄丢哪个零件。我提出的要求并不是很多，但都是很容易就能让约瑟夫执行的。然后我让他把那些要求跟我复述一遍。让他大声说出来，就是让他对这些规则负责。我们在制定一个社交的合约，这是约瑟夫需要学着在学校和他的生活中反复去做的。

在家里练习这些,能对他在学校的生活产生巨大的影响。在约瑟夫的新生活中，他得用语言来表达他想要什么，不能再一边用手指着，一边嘴里咕哝了。这的确会让他很沮丧，但这样做可以让他的大脑运转起来。在最初的几个星期里，他会变得很暴躁。如果他再乱抓东西，第一次罚他坐 30 秒，然后逐渐增加时间，一直延长到两分钟。要是他不配合，就收回那些玩具或者特权。最后，在他进入到一个新的社会环境之前，还要对他的行为做一些简单的指导，在这个过程中，他得做很多的目光接触，并重复大人跟他说的话。妈妈要俯下身去，坚持让孩子看着自己，跟他讲一些规则然后让他重复。（例如，“我们要进杂货店了。你要用手紧紧抓住手推车。不要从架子上拿罐头。如果你想要什么，得先问问我。”）让他复述你的话可以给他更多的机会去练习语言，教他为遵守规定负责。渐渐地，我们就能去除他那些像“小霸王”一样的习气了。

“该做”VS“不该做”：界线练习

当一个小男孩在无意中越过社交礼仪的界线去得到他们想要的、伸手抢东西、从别人身边横冲直撞，甚至撞到正在排队的其他孩子身上时，他看起来会像是一个霸道的孩子。我给妈妈们提供的诀窍就是，在家里培养孩子的界线意识。给孩子设置一些区域，规定哪里能去，哪里不能去；什么东西可以碰，什么东西不可以碰。如果孩子不服管束，妈妈们有时不得不拱手让出家里所有的地方，因为整天和他们作斗争确实会让人精疲力竭。

不过，很多男孩的确会对这些界线有所回应。试着跟一个男孩说“那是妈妈的办公室，你不能进去”，甚至可以告诉他不能进入父母的卧室，如果你坚持，他就会照做。在很多家庭里，除非主动邀请，否则父母是不欢迎孩子进入他们的卧室的。当孩子在夜里或是一大早有问题要问父母的时候，他们会站在卧室的门外等着。这样做最棒的就是，孩子在家里就可以做他们在外面同样需要做的冲动控制练习。在学校，他不会从别人的桌子上抢东西，或者从老师那儿拿走什么。他也不会每进一个房间就把它整个都霸占。在家里设置这些界线，有助于孩子练习冲动控制。如果他每天都在家思考和演练这些界线练习，他就会重新自我调整对所有社会情境的期望。

有些妈妈在给孩子设置这种界线时有所保留。她们喜欢那种浪漫的方式——

一大早孩子跳到父母的床上和父母亲热；每个房间都有他的玩具和动物玩偶。不过到最后，你会想把孩子往外推，想要找回你作为一个成年人的私生活空间，恢复和配偶之间的亲昵。在你的孩子长到十几岁时，他们也想要一些类似的距离和空间。

除了让孩子远离家里的某些区域以外，你还可以告诉他玩具不能放得每个屋子都是。比如，不能把玩具放在浴室或者客厅里。如果他不听，你就马上把他乱放的玩具拿走，等到大概一天以后他明白了你的意思，再还给他。还要告诉他，每天睡觉前要把玩具都收集到一个房间里。我们要开始让他意识到，无论是在家里还是外面的世界，都有行为规范。通过每天的重复练习，他将开始研究其他的情况，观察他周围的环境，寻找那些规范。

我告诉乔伊斯，约瑟夫需要在家里大量地做这样的练习，很快就能起到效果。下一步，他将会学习如何更好地读懂社交暗示，这会是一个更大的考验。通过先训练他更好地意识到现实世界，意识到什么是他自己的东西，以及他的行为将如何妨碍到周围的其他人，我们可以为他以后的学习打下良好的基础。

读懂社交暗示

有时，一些男孩被贴上了“小霸王”的标签，而实际上他们只是没有领会社交暗示而已。

THE WAY OF BOYS 男孩的故事
RAISING HEALTHY BOYS IN A CHALLENGING AND COMPLEX WORLD

我认识一个社交意识非常弱的小男孩，他将近6岁了。和那些害羞的男孩相反，当他在社区的运动场上见到朋友时，他会跑过去把那个男孩绊倒。他还会抱住其他的孩子，去亲吻或是抚摸他们的脸，和他们站得特别近。这让他的妈妈感到很丢脸，正如她所说的，她一直努力在家里给儿子设置界线，进行练习。她说，最困难的就是在游泳池的时候，因为儿子在水里而她站在池边。在儿子的游泳课开始之前，他会在水里把其他的孩子绊倒。于是她就在泳池边冲着儿子喊，儿子过来之后，她就和孩子做眼神交流，跟他解释说其他的孩子不喜欢他那样做。这位母亲跟我抱怨说，只要有她盯着，儿子就会表现得特别好，一旦她开始和别的母亲聊天，儿子又会去对别的孩子使坏了。

这不是巧合。这个男孩不知道什么是恰当的社交行为，可是他知道什么时候妈妈在盯着他看。我称之为“反向参照”（reverse referencing）。在做一些他自己知道妈妈会不喜欢的事情之前，他会先看看妈妈是不是在盯着他，而不是在决定该怎么做之前先看看妈妈以征求她的同意。

有个小男孩被查出患有非言语学习障碍和感官处理障碍，他的母亲专门学习应该怎么照看他，而他也学会了怎么逃脱处罚。这个聪明的小家伙！毫无疑问，他的身体确实存在一些问题，他不能理解那些让他不要在其他孩子当中横冲直撞的社交暗示。然而，我们要明白，他并不是完全没有社交能力，只是有所选择而已。他自身具有的社交意识比那张诊断书中所呈现出来的要多。几乎在每个男孩身上，我都能看到这一点。不要因为这些诊断就认为自己不能训练孩子改掉那些不好的行为举止。

他可能长得很强壮，爱冲动，你得马上制止他，把他拉回来。你得在游泳课上随时打断他，只要他不欺负别的孩子，你就每 5 分钟给他一点奖励。让他反复练习该怎么进、出泳池，一遍遍地做，直到他做对为止。

就如何缓和男孩天生的攻击性强的社交行为而言，我提醒妈妈们要考虑到孩子所处的环境以及他那些行为的直接影响是什么。

THE WAY OF BOYS
男孩的故事
RAISING HEALTHY BOYS IN A CHALLENGING AND COMPLEX WORLD

我治疗过一个叫阿奇的孩子，当时他 6 岁。他的妈妈告诉我，和小朋友们一起玩的时间让他很难捱，而且他以“小霸王”这个绰号闻名整个街区。他真的像是一个小恶霸，尤其是在年纪比他小的、害羞的孩子们面前。他打他们，用手朝他们的脸上推，还抢他们的玩具。他用身体挤走其他的孩子，让他们都离他远点，而且会说不止一句脏话。他有这些反社会的习惯，所以很多社区的派对和野餐不邀请他就不足为奇了。当我见到阿奇的时候，他正在玩花式溜冰，手里还拿着

> 最新款的便携式电子游戏机。这些信息告诉我，他的生活中有比他大的男孩，而他一直在努力模仿他们。我怀疑他用在其他孩子身上的那些举动，首先被别人成功地用在了他的身上。他的妈妈告诉我，阿奇放学以后总和他的表哥们待在一起，他们比他大 3 到 5 岁，而且他们只会在他们的妈妈在场的时候才会带上阿奇一起玩。我猜很有可能家长们不怎么管这几个男孩，除非孩子们打碎了什么东西他们才会过来说几句。

就社交来讲，阿奇存在两方面的问题。第一，他的个性非常强。他说话的声音总是比社区里其他同龄的男孩声音更大，也比他们更好动。第二，他所处的环境对于他来说太复杂了。他每天都要花几个小时去对付几个比他年纪更大、更聪明、更强壮的男孩。这就意味着，为了和那些男孩一样，他需要比同龄的孩子更有攻击性，要学着大男孩的样子去逗弄、打闹。如果他是和同龄的孩子待在一起，他的行为就不会产生这么大的偏差。

在领会社交暗示方面，需要额外帮助的男孩如果有机会练习，就会有所进步。

第一步：妈妈们要给这些孩子立规矩，一旦他们坏了规矩就马上取消他们的游戏时间。比如，你可以规定他们：不能碰别的孩子，或想拿什么东西要先开口问。你可以在家里让他练习这些简单的规则，把他想伸手去抓的东西扣住不给他，让他等着，最后迫使他自己说出他想要的东西，而不是直接从别的孩子那抢或是推别的孩子。

第二步：在他参加孩子们“交朋友”的社交聚会之前，再次提醒他。你可以俯下身去平视他的眼睛，在他看着你的时候把那些规矩再重复一遍，对他说：“不能碰人家，不能推人家，不能抢东西。”然后让他自己复述一遍。

第三步：在玩耍的过程中，如果他违反任何一条规定就把他领出来，在边上站几分钟。久而久之，他就会有所进步。他的表现也可能马上就会有明显的改善。

就阿奇的情况而言，他的妈妈也需要考虑一下阿奇的表哥们对他的行为所产生的影响。在我看来，阿奇很显然是在学习不适用于他的同龄人群的社交行为，这将给他在学校里带来持续不断的麻烦。我提醒他的妈妈重新考虑儿子放学后的时间应该怎么过：要么控制儿子跟表哥们接触的时间，要么就在他们一起玩的时候多花点时间看管他们。

如何让男孩学会分享和轮流

分享和轮流是建立在公平和互惠的基础上最基本的社交理念，即“如果我有什么，你也应该有什么”。但特别小的孩子还不能充分理解这个观念。试想一下，你那只有两三岁，刚刚学会走路的孩子正要从你的手里拿走一个水果或是一块糖，他的心里在想：“你有那个，我也应该有。”这是一个对于公平最基本的“唯我”的应用。或者，当你的儿子在杂货店里看见一个人手里拿着气球时，他会转过头来问你：“我的气球在哪？”比这些更难的是，有一件东西在你儿子的手里，而他必须把它让给别人。当轮到别人荡秋千、滑滑梯或抱小狗的时候，他不得不停止他正在享受的事。这对孩子来说很难，而且他还要相信过一会还会轮到他。

很多男孩会在这种行为方式上停滞不前，始终像刚学会走路的孩子那样伸手乱抓东西，推搡别的孩子，或从他们手里抢东西。是因为这些孩子缺少某种品质吗？是他们恃强凌弱吗？根本不是。这是因为男孩会非常强烈地受到感官的驱使，他们渴望去亲身体验这个世界。他们需要练习控制住伸手去抓东西的冲动，需要大量地练习为了以后拿回一样东西而先把它放弃的能力。我让妈妈们记住，在这个世界上有很多的成年人还没有学会这些，他们不知道该怎么去分享，该如何控制自己的冲动。仅仅因为你的儿子需要别人教他这些技能，并不能判定他有什么问题。不过，我们也不能忽视这些。他得学着去等待被轮到的机会，为了拿回一些东西得先放弃它们，还要忍受眼巴巴地看着别的孩子拿着当时他手里没有的东西。

我告诉妈妈们，在每周训练的例行程序当中加入几次我称之为“阶段性任务”（staged errand）的内容。带儿子到一个需要排队的地方，可以是面包房、咖啡店、干洗店或者邮局（但不要选择一件必须在那天完成的特别重要的事），告诉他你要干什么，然后你在那里排队等候。如果他不能很有耐心地排队，你可以选择马上带他离开；如果他确实乖乖地等着，你就给他点奖励，可以是一块在面包房买的曲奇饼干，或是还给他一个之前没收的玩具。奖赏不用特别大。你要把这些任务当成练习让他做，给他一个学习延迟欲望的机会。

男孩的共情力：晚开的花朵

妈妈们经常把共情能力看成是社交发展健康的标志。她们常常问我关于儿子在和其他人玩的时候表现得缺乏共情能力的问题。我告诉她们，在孩子小的时候不要对他们期望过高。哪怕是到了六七岁，男孩也不会表现出很强的共情能力。共情很难解释，教会他们也不容易。去感受和想象别人可能有的感受，是一件很复杂的事。

一个小男孩去竞争、获胜的需要很可能会使他处于发展中的共情能力相形见绌。不过，这些感受仍然有很大可能是存在的，尽管你不会从他们身上看到太多。

共情（empathy）是一种让你可以体会到别人可能有的感受的社交技能。（“我不会因为别人拿走我一个玩具就去拿走你一个，我不想那样做。”）它是发展比较晚的社交行为当中一个必不可少的组成部分。

这里说的“比较晚”是指很晚的时候，甚至在男孩长到 6 到 8 岁，正在玩诸如西洋跳棋、战舰策略游戏和四子棋之类的棋牌类游戏，组织像威浮球、高尔夫球、投篮之类的体育运动的时候，他们也只会在有限的范围内显露出一点共情。这些游戏都有既定的规则，这就意味着为了保证游戏能正常运作，每个人都要按顺序轮流进行。如果有一个男孩不让其他人这样去做，就会有人表示不满，游戏也就很难进行下去。男孩就是这样学习分享和轮流的。“如果我作弊，连续玩了两次，你们说我，我还冲你们发脾气，那你们就不会跟我玩了。”他们就是这样想的。很遗憾，男孩通常不会因为想要表示友好去分享和轮流做事情。对很多小男孩来说，轮流和分享就是让他的玩伴和他一起做游戏，这样他就可以使劲打败他了。

为了让大家都留下来跟他一起玩，男孩需要做一些权衡，让自己的需要得到最大程度的满足，并让局面处于他的掌控之中。不要期待你的孩子会主动和别人分享或是明显地表现出共情。分享和共情在孩子们身上确实存在，但是发展很慢，在他们这么小的时候，这些通常会被他们手头最重要的任务——探索世界、不停地四处走动和显示他们的能力掩盖住。**那些被贴上“小霸王”标签的小男孩的共情能力通常发展得很晚。**我们要有耐心，但同时也要对他们严格要求。当他对别人不友好的时候，马上把他带到别处，或者把他的玩具拿走。不要给他讲大道理，他已经听了100遍了,他知道自己应该怎么做。他需要的是更多地练习去控制自己，停顿一下，多为别人想想。

我曾经给一个叫马修的小男孩做过治疗，他从来不和别人分享任何东西。他爱挑选一些比他大很多或是比他小很多的孩子一起玩，我把那些孩子称为“受害者”。他们像小狗一样被马修摆布——摆出各种姿势，让他们干什么他们就干什么。他们一起玩一些简单的体育游戏：捉人、攀爬、谁跑得最快、谁扔得最远等等。规则总是由马修来制定，比赛结果也是他说了算，他想让谁赢谁就赢。他的母亲从他5岁的时候就开始为他担心，等到他8岁时，问题还是没有解决。他那位当首席执行官（CEO）的父亲总因为这个说他，告诉他要和别的男孩好好玩，每个人都是平等的。有意思的是，这位父亲在自己从事的工作当中就做不到平等和有礼。他必须要很强硬，给别人下命令，还要利用员工去达到一些他制定的具体目标。是不是听起来很耳熟？我还发现，当这位父亲在家里跟儿子一起玩的时候，他会无意中在孩子面前表现出首席执行官的行为习惯——和爸爸一起玩就是按爸爸的方式去做每件事，否则就什么都别玩。马修的妈妈跟我说：“除了那些特别小的孩子以外，社区里没有人愿意跟马修一起玩。他真的是个‘小霸王’吗？”

“等等，”我提醒她，“别把这些都想成是不好的。”她听了感到很困惑。事实上，这就是社会群体运作的方式——少数人领导，大多数人服从。我告诉她，马修会适应的，因为他不得不这样。在别的孩子生气走开之后，他就落单了。他会意识到一个人玩不如和大家一起玩那么有意思，也就更愿意跟别的孩子一起分享一些东西，并会做出让步，让小伙伴们待在他的身边。

事实上，马修和有些男孩（或男人）一样专横、直率。他充当领导是想把事情都安排好以获得自己的成功。他这样做的确表现得很自私、以自我为中心，特别是和那些看起来乐于和别人分享东西、轮流做事情的那些男孩相比。记住，有时胆小的男孩和别人分享东西、对别人做出让步是为了避免冲突，或者是因为他们害怕被一个人留在运动场上。这些孩子往往爱和像马修这样喜欢主宰别人的孩子一起玩。经过一段时间之后，这种情况会有所改变。不久，那些胆小的、更顺从的男孩会对屈服感到厌恶，他们会学着变得更坚定、更自信。那时，马修就得稍微成熟一点了。我告诉这些自信男孩的妈妈们，她们的孩子只是在发展社交意识的过程中所走的道路不同罢了。强迫他们服从根本无济于事。

在孩子们长到8岁之前，他们还不完全具备共情的能力去理解别人的情感。对很多孩子来说，或许还会更晚一些。最好的方式是对孩子进行一些温和的引导，强调专横的行为和它带来的结果之间的联系。要用平静、客观的态度跟他讲，不要责备他。“马修，我知道本走了，他不跟你玩了，这让你很生气。如果你不让他轮流玩，他就会离开的。”然后问他一个问题：“下次你该怎么做才能让他跟你玩的时间更长一点儿呢？”

冗长的思想道德课不管用，孩子根本不会理你。相反，给他摆事实，向他问问题，则可以让他自己去思考一种不一样的行为表现方式。

雪淇总是带着3岁大的儿子埃文去运动场和公园玩，让他有机会去结交一些朋友。埃文很好动，不喜欢和别的男孩一起玩。在沙池里，他会去抢别的孩子的小卡车，或者当有人闯入他认为是他的领地时，就会朝他们扬沙子。在和别的孩子一起做游戏时，他会把挡在他前面的孩子推开，去拿他想要的东西，还会把玩具藏起来。而且，他被游戏小组里一个小女孩吸引住了，但是却对她很粗暴。有一次他把那个小女孩撞倒了，还有好几次他想伸手去抓她的脸，这让女孩的妈妈特别生气。

雪淇希望在埃文在公园里跑来跑去以及和其他的孩子打成一片的时候，她也能很随意地坐着和其他妈妈聊天，但是埃文还做不到这一点。雪淇注意到，游戏小组里有些和埃文差不多大的男孩，他们和别的孩子玩得特别好，还主动要求和大家一起轮流做游戏。这些孩子会跑到他们的妈妈面前告埃文的状。雪淇问我，是不是埃文有什么问题？他什么时候才能像别的孩子那样去玩？我让雪淇放心，告诉她小男孩之间的社交能力差别很大，埃文的社交能力迟早会随着他的成长和新的学习机会的到来而逐渐发展起来的。

这些安慰的话通常会让家长平静下来，但是我发现雪淇在谈到埃文在公园和游戏小组里的社交经历时看上去压力很大。她告诉我，在运动场上的其他妈妈们眼里，她看上去很可笑，而且一开始有个朋友邀请她带着孩子参加一个在她们共同的朋友家里为孩子们举行的非正式的游戏聚会，但是后来朋友又打来电话取消了邀请。雪淇怀疑是因为上个星期埃文在运动场和其中的一个孩子闹了矛盾，所以她们才会这样的。

我告诉家长们，孩子在运动场上的表现只是一次彩排，并不是正式演出。游戏聚会也是这样，甚至这个年龄段的孩子的生日派对也是如此。我们可以把这些经历想象成是他们尝试错误和学习的机会。通过这些，他可以理清一些思绪，犯点小错。要明白，他是初来乍到。不要对他有过高的期望，他现在还无法达到你的要求。通过犯错误和从中吸取教训，他会慢慢地长大，逐渐成熟。

在试图激发这么大的男孩的社交能力时，我们遇到的问题是，游戏聚会和运动场的游戏时间同时也是妈妈们当众管理她们的儿子的一种社交经历。她们会根据一个孩子的行为来判断他的母亲。我们首要的任务就是把这两者分开。

在带着孩子一起去运动场的时候，不要感觉你自己也在场。那样会给儿子传递出“你不自信、你说了不算”的信息，也是在告诉其他的母亲们——你不是一个自信的家长。你走进去，定下基调：我儿子就是这样的，仅此而已。有时你的儿子会表现得很好，而有时他会很纠结，但是你要以一位家长的身份去处理这些，而不是一个担心别人如何评价你的人。

我让雪淇去做一些具体的事情。在诊疗的间隙，我教她记简短的日记，把她们去公园玩的事记录下来。我让她写下在公园里发生的事情，尤其是公园里有多少个孩子，那儿的噪声水平如何，以及她的儿子都玩了哪些玩具，在公园里的哪些地方待过。然后，再简单地描述出哪些地方出了问题，哪些地方进展得很顺利。我对妈妈们强调，在她们以这种方式记录孩子的行为时，务必要把一些积极的行为也写下来。如果她们只关注孩子的行为发生了什么问题，那么最后她们就会以一种扭曲、消极的方式去看待儿子真正具有的社交能力。

从雪淇的记录当中，我们发现了一些有趣的东西。看起来，埃文在进入游戏区和按时离开这两方面最吃力。当他来到运动场或是加入游戏聚会的时候，他会运用一些侵略性的方法去划出他的地盘。同样，在该走的时候，他很不情愿结束游戏。这经常会引发他和妈妈的争吵。所以，他在游戏一开始和最后就给别人留下了不好的印象，而人们又很容易记住第一印象和最后印象。“小霸王”因此就诞生了。

不过，埃文在中间那段游戏时间的表现并不总是很糟糕。和其他孩子比起来，他可以更成功地和比他年纪小或者大很多的男孩一起玩，那些较为被动的孩子也愿意接受他的领导。尽管他还不能很好地和别人分享他的玩具，但是他毕竟只有3岁，很多孩子在这个年纪都还当不了“外交官”。我让雪淇放心，对于一个独断专行的孩子来说，这个算不上异常。

一看完雪淇的记录我立即宣布：“太好了！现在我们知道他的基准线了。”基准线就是一个起点，是他目前行为表现的水平。现在我们知道应该对他的社交能力有怎样合理的期望，同时我们也了解到他和谁玩得最好，和谁相处得最糟糕。我们可以从这个起点开始，去培养他发展更好的社交技巧。

我们制订了一个基本计划，它对绝大多数孩子都会有用。我鼓励雪淇尽可能多地带埃文去公园玩，如果可以的话，尽量每天都去。我告诉雪淇，务必要在一个固定的时间带他过去，挑一个他既不饿也不累的时间。然后，我教她如何在事先对孩子做好指导。那就是，她要蹲下身来看着儿子的眼睛，用温和却认真的口吻给他一两句对于这个社交活动简单的指示："不许打别的孩子。不许碰他们。否则，我们就马上离开这里。你能保证吗？"她让儿子重复这些命令："不许碰别的孩子，我保证。"

之后，雪淇每天在带着儿子进入公园之前都会这样做。在那周的之后几天里，埃文和别人打架的次数明显减少，只有很少几次。雪淇确实按我说的那样，只要儿子一和别人打架，她就马上带他离开公园，尽管儿子大叫着踹她。没有第二次机会，也不和他争论太久或是听他的保证，抑或是听他解释为什么会那样做。我又指导雪淇如何通过相对缩短游戏时间来提高埃文的成功率。如果让孩子玩的时间太长，那么我们的努力通常会在某个时候前功尽弃。根据雪淇的日记，我们了解到埃文的良好表现大概能维持 20 分钟。

在游戏小组里，埃文喜欢去碰一个小女孩的脸，因为这个，雪淇让儿子反复做同样的练习。学习常常就是这样。也许小男孩们会在这个地方表现好一些，然后你就要努力把它推广到别的场所或是另一群孩子当中。雪淇对埃文说："不要碰小艾玛。"依据这条命令，他就会退回到他自己的空间里，不会再对艾玛怎么样，也不会去欺负其他的孩子了。这表明他开始自己推广这个"禁止接触"的理念了。这就是进步。

雪淇开始放心了。她学到了一套教育体系去教儿子如何表现得更好，但是不会感觉自己需要去彻底地改变他。她开始关注自己需要做什么，而不是别人认为她该怎么做。埃文还是总想去领导别人。他总想由他来编排游戏，制定规则以及分配玩具。这是他的天性，他永远都不会变成安静、顺从、遵守秩序的孩子。雪淇渐渐发觉，只要埃文能控制住自己强势的个性，说不定这会是一件好事。

校园小霸王

很多书里都提到了怎样去帮助那些在学校里受欺负的孩子，相比之下，很少有内容会涉及到如何帮助那些在学校里被称为“小霸王”的孩子。我治疗的很多孩子都有很强的个性，他们在学校惹祸后，家长就被老师叫去谈话。这时，老师或是学校的管理人员就会用“霸道”这个词去描述这类男孩的行为。不过，他们真正想说的可能是教室里的纪律问题；也可能是无助的老师希望寻求家长的一些支持，而使用这么一个爆炸性的词是引起大家注意的最好方法。

我们接着谈约瑟夫。在获得了“小霸王”的绰号之后，他在学校里过得更不自在了。虽然他在一年级是块头最大的男孩，但同时他也是年纪最小、在社交和情感方面发展最不成熟的孩子之一。很多像他这样的男孩都会经历这样一个发展过程。老师起初会认为他们是捣蛋鬼，然后就会把他们的行为称作“霸道”。不久以后，这些男孩就会在学校里被称为“小霸王”，或许在家里的情况也是如此。

在我们的一次谈话中，乔伊斯特别沮丧。她把手里攥着的那个小纸条递给我，说：“在公共汽车上，约瑟夫坐在一个小女孩旁边，那个小女孩让他去坐别的座位。他摘下棒球帽打了女孩的脸，结果使小女孩的脸上落了疤。纸条上说他永远都别想再坐公交车了。”

约瑟夫像一个刚刚崭露头角的辩护律师一样突然插话说：“她一直在烦我！”然后把那张纸条撕成碎片，转过身，脸冲墙低着头站在那里。

“上星期，约瑟夫因为一本书在课堂上和另一个男孩吵了起来。接着，他抓起其余的书把它们扔到了教室的另一边。他总是对别人颐指气使。老师说他是教室里的‘小霸王’。”

这里有很多因素同时存在。一是约瑟夫知道自己在学校里有麻烦，他可能不知道“小霸王”是什么意思，但是他知道这个词可以招来所有大人们的注意。第二，乔伊斯担心学校为约瑟夫下的判断是对的，而她没能给儿子塑造出一些最基本的好品质。很多母亲都怕她们家不服管束的小男孩永远都不会变成彬彬有礼、举止文雅的年轻人。我不得不告诉她们，这很可能还只是个开始。在表现得攻击性强、态度恶劣和不遵守社交礼仪这些方面，情况在变好之前会先变得更糟。他会进步的，但是那需要时间。同时，家长要保持冷静。

我诊治过很多只有三四岁大的小男孩，他们因为在幼儿园里打人、咬人、抢别人的玩具、捉弄别人，或者是他们天生专横而被认为是横行霸道的“小霸王”。这些单独的，或只发生过一两次的事件并不足以把一个小孩称为“小霸王”。很多孩子都会在不同的时候表现出这些举动，而他们当中的很多人具有所有以上这些行为。这些做法很消极，但却是很有效的社交工具。事实上，在短期内，这些行为的确会起作用。那些害羞、遇事爱犹豫的男孩很少这样做，而一些个性强的男孩子会更频繁地做这些事。不过，男孩们这些不恰当的行为和真正的霸道是两码事。

还有一些男孩之所以被称为“小霸王”，是因为他们情感控制的能力发展滞后，很容易感情用事。妈妈们跟我说，她们儿子的怒火就像是夏天的暴风雨，随时都有可能降临，而在他们发作之前一段时间看上去都挺不错。我告诉妈妈们，男孩和男人一样，他们会压制自己的情感，直到他们再也控制不住为止。男孩的控制能力比成年男人还要更差一些，在气消之前，他们都不会表现出任何即将要控制不住怒火的迹象。

就约瑟夫的情况而言，我们还要把他的体格加入到诸多的影响因素当中。因为他长得又高又壮，老师会对他在运动场上的表现给予更高的预估。尽管他是一年级学生当中年龄最小的孩子之一，但老师们会把他当成一个比他实际年龄大很多的男孩去对待。而且老师们总是告诉他，像他这样大块头的男孩不要去“招惹”那些比他弱小的孩子。按照老师的要求，他们得比运动场上任何一个想要打他或是捉弄他的孩子表现得更有礼貌、更成熟、更理性。有些孩子年纪比他大两岁，因此他们更善于语言表达，也知道怎么在运动场上调皮捣蛋最安全。这些孩子会取笑他，捉弄他，他们知道一旦他还击，老师就会把他叫到办公室去。我不是建议大家同情约瑟夫。这就是他的命运。他长得高大，一辈子都会是这样，现在他还不成熟，他的情感会以他自己的速度慢慢发展。我们所能做的就是教给他一些技能，帮他去应付在学校的这些年里有可能会出现的一些情况。

‖什么是“小霸王”‖

听到这儿乔伊斯还不太相信，我能理解为什么“小霸王”的绰号威力这么大。当老师们使用这个词的时候，很容易引起家长的重视。不过，我还是想让家长们明白为什么他们的儿子不会在这么小的年纪就成为真正的恶霸。这样在我和他们交流如何帮助孩子在学校里和运动场上更好地和别人相处之前，可以先减少他们的恐惧。否则，有很多与霸道的表现有重叠的行为会被混淆。

霸道是一个男孩（或女孩）内心深处缺乏安全感和自尊心不强的表现，往往是一个被严重伤害和忽视的孩子想要通过错误的——也许也是比较容易的方法，去虐待比他弱小的孩子来获取一些自信。他们会精心选择目标，使用言语和拳头去恐吓。他们之所以挑战其他的孩子，是为了让自尊心的缺乏迅速得到补救。他们会使用这种方法，再加上蛮横的暴力手段和恶劣的言词，也许因为他们自身就是受到了这样的教育。很多霸道的孩子本身往往就是家长和比他年长很多的哥哥姐姐的受害者。他们出身于不是很有教养的家庭，而有时家庭环境让他们缺乏安全感。他们所学到的就是，这个世界上只有一种权力，那就是称霸。

约瑟夫并不属于这一类。事实上，到我的诊所来的这些男孩都不属于这一类。我诊治的这些孩子只是在情感方面、控制冲动上或者领会社交暗示上有一些问题。他们还没有掌握控制自己行为的方法，不过他们已经做好学习的准备了。约瑟夫就是一个很好的例子。他并不是刻意去恐吓那些年龄小的孩子，他和其他孩子的争执都是随机产生的。约瑟夫在学校跟别人打架，是因为他相信在一些很重要的问题上他是对的。在他看来，他是在保护自己，保护属于他的东西。他的挫败感是突然的，不是事先计划好的。他的问题在于反应过度，不能恰当地表达自己的意思。虽然这不是霸道，但也是一种需要改善的行为。

约瑟夫的老师也敦促乔伊斯带孩子去做检查，看看他是否患有注意力缺陷多动障碍，她还提示说约瑟夫可能患有“反抗症”（oppositional disorder），因为他经常不服从老师在班里制定的一些制度，有时还故意打搅班上其他的孩子，比如抢走其他孩子正在做的试卷。临床上对反抗症的界定是很宽泛的，主要是指那些反对权威人物，对负责人做出公然违抗、拒绝和不友好的行为。这些人通常很敏感，他们痛恨所有的规章制度，花费很多精力去挑起事端。在包括约瑟夫在内的几乎每一个病例当中，我都认为在向医生寻求诊断，给孩子贴上患病的标签之前，我们应该先进行一次认真的尝试，去纠正他的行为。不过，我并不是在指责那位老师提出了这些建议。聪明的人喜欢去找寻问题的解决方法。他们通常把那些行为看成是一个谜，一旦找到了正确的记号就可以解开它。可是，对于小男孩们来讲，他们还不能很清楚地描述到底发生了什么，当然也说不明白这些问题暂时属于什么性质。

‖他为什么会这样做‖

“他为什么这样？”在孩子刚上学的那几年里，几乎每一位家长在被老师问到关于孩子的霸道或暴力行为时都会问这个问题。这里面包含两个潜在的问题。第一个是“我什么地方做错了”。几乎在每种情况下，答案都是“什么都没做错”。第二个问题是“难道他不应该懂得更多吗”。

这听起来似乎很有道理。“别的孩子都知道打人是不对的，为什么我的儿子不知道？难道一个6岁的男孩不应该知道打人是不对的吗？”是的，他是该知道，而且我估计他已经知道了。**很多这么大的男孩都知道自己的行为是错的，他们只是不能控制自己。**当你在很冷静的时候知道该怎么做，相比于你正怒气冲冲的时候知道该怎么做，这两种情况有很大的区别，甚至对成年人而言也是如此。而对于孩子们来说，怒火会先压倒他们，然后又在瞬间消失了。

对一个正在发展语言能力的小男孩而言，则会更加吃亏。如果有同学抢了他的东西还对他说一些刻薄的话，他的脑子里并不会有一个小声音教他去要回他想要的东西或是去为自己争辩。当有人侵犯他的权利，让他灰心失望的时候，他也不能迅速地说“住手”，甚至连“不”字都说不出来。他平时很少说话，因此他不能用语言去表达他的感情，他可能甚至都不知道那些感觉是什么。当他的大脑发展得更完整一些，语言能力更强一些的时候，他的表现就会有所改善。攻击的行为很正常，而且会持续存在，他需要学习的是如何在必要的时候控制住自己。最终，他将学会如何把这种攻击性转换到其他的途径，从而把它发泄出去。

很多家长都没有意识到，就连成年人也需要不断地强化一些最基本的社会规则。我让妈妈们想象一下，如果她们生活的城市里没有法律，没有允许停车和不准停车的指示牌，也没有交通信号灯，哪怕只有一天，她们的生活会是什么样。试着想象一下，如果一场高级联赛（任何一个体育项目）没有裁判员会变成什么样子。如果不是留意到银行里“请先取号”的指示牌，很多人可能都不会去排队。我们每天都需要数千次的提醒去做我们该做的事，所以，就请家长们给那些学龄前和低年级的男孩一次机会吧！他们当中绝大多数孩子的身边都没有写着“不要抢”；“拿小朋友的东西之前要先征得人家的同意”的牌子。学校也不会给他们这些提示，但是家长们可以。

如何在学校里给男孩划界线

乔伊斯已经开始教约瑟夫在家里尊重人与人之间的界线了。约瑟夫开始学着做眼神交流，更多地使用语言表达自己的想法，他明白了他抢来的那件东西并不真正属于他。他还要学着静坐 30 秒钟或是更长的时间。所有这些技能都会对他在学校的表现有所帮助。

在学校里，我们也要期待他能达到类似的水平，让他练习类似的技能。要让他知道，不在家的时候，他的行为也要遵守明确和严格的规定。对他来说，排除那些模糊不清的要求实际上是一种解脱，严格的规定在像约瑟夫这样个性很强的男孩身上可以起到很好的效果。让他的爸爸妈妈全都加入进来，一起帮他除去这个“小霸王”的绰号，这是应该优先考虑的事。

‖安排提醒：和老师一起努力‖

很多老师都愿意提供帮助。我们可以为约瑟夫在班里安排渐进的提醒。我并不是想用它们为老师增加负担。幼儿园和小学一年级老师们的工作非常辛苦，不仅要教授一些核心技能，包括孩子们在整个学习生涯中都离不开的阅读能力等；还要整天和一群没有耐性、吵吵闹闹又坐不住的孩子打交道。不过，如果约瑟夫的妈妈想让他在某个星期里练习一种技能，可以请老师帮她在每个小时里和约瑟夫说几次类似贴在汽车上的标识那样的话来提醒他。

我认识一位很棒的老师，她会很自然地提醒那些在行为上存在问题的孩子。

比如，每年都有一些孩子有不注重他人私人空间的这类问题。他们拉扯别的孩子的头发和衣服；拥抱得太猛；喜欢慢慢地推开别人——更确切地说，是用身体靠着其他的孩子把他们挤走。对于那些没有留心观察的大人们来说，那看上去不像是推，而是一个明显的身体阻挡。如果有以上这些情况发生，这位足智多谋的老师就会喊出那个冒犯别人的孩子的名字，然后告诉他："请进入你的盒子里。"她已经和孩子们讲过，说私人空间就像一个看不见的盒子。每个人都有他自己的空间，我们都待在自己的盒子里。在一学年刚刚开始的时候，她每个小时要说好几次"请进到你的盒子里"，但是到学年快结束时，她基本上就用不着说了。

如果乔伊斯想要和约瑟夫坐下来，给他讲一些他需要努力学习的观念，比如，想要什么东西时要先开口问，而不是直接用手抓；如果他不喜欢在他身边发生的一些事，他应该说"停下"而不是去推别人，那么他的老师可能很乐意每天对约瑟夫做几次这方面的强化。在每一项活动开始的时候，她都可以说："约瑟夫，先询问。"如果约瑟夫又直接伸手乱抓东西，她可以再说一遍："先询问一下。"如果约瑟夫在学校表现得很好，可能就会得到一些特别的奖励。如果他回到家之后，听父母的话，控制住自己不去乱抓东西，也不怎么欺负别人，那么也会得到奖赏。如果有可能，乔伊斯、约瑟夫的老师和那些一起帮助约瑟夫的大人们，最好都使用相同的语言和提示词。

最后，我要敦促约瑟夫的老师去做的一件重要的事情——让约瑟夫在学校里获得一个全新的形象。"小霸王"的绰号很难摆脱，老师可以让约瑟夫帮她完成一些工作，跑跑腿儿，帮忙做一些重要的日常事务，从而向其他的孩子传达老师重视他、喜欢他甚至信任他的信息。她可以让约瑟夫和另一个在某方面有困难，需要帮助的孩子结成对。要让大家以一种全新的方式去看待这些已经被贴上"小霸王"标签的男孩们，否则这些绰号会让他们停滞不前。如果班里的孩子都把约瑟夫看成是"小霸王"，那么就算他一直在努力去改变自己具有攻击性的行为，同学们也不会给他这个机会。这样一来，约瑟夫过不了多久就不想试着去改变，因为那样做不会有任何进展，从而促使他屈服于同学们对他的预期。我们称之为"自我实现的预言"（self-fulfilling prophecy），即别人对我们的预期会在无意中驱使我们做出我们不想做的行为。

冷静练习

男孩需要练习的另一项技能是，延长从对一件事很生气到他们做出反应的时间。对于这个年纪的小男孩来说，生气真的像是一道闪电，来得快，去得也快。

我还听说有位老师使用“闻花香”（flower breathing）的方法在一些男孩身上起到了不错的效果。这种方法是鼻子用力吸气，好像在闻一朵花的香味，然后用嘴巴吐气。无论是沮丧、生气或是失落，都可以这样做。一开始，它可以把注意力从强烈的感情上转移开，这样可以给大脑留有赶上来的时间，以控制情感。当这个老师的班上有学生情绪低落的时候，她就说这个提示语：“闻花香。”现在孩子们除了扔玩具和打架之外，又有一件事干了。

我认识一个男孩，每当他生气的时候，都会把双手紧握在一起然后放在大腿上。这对约瑟夫来说也是个不错的方法。那些体格健壮的男孩精力充沛，会把他们强烈的感觉转化为一种实际行动。活动肌肉可以让他们感觉到他们正在做着什么，并不仅仅是攻击别人或打碎什么东西。可以先教约瑟夫在家里这样做，然后慢慢地扩展到学校，这需要花一点时间去做很多次练习。当他在家里生气的时候，家长要教他应该怎么做，在他情绪低落的时候也鼓励他那样去做。这会成为帮助约瑟夫顺利度过每一天的一个小妙招。在男孩长大一点之后，他们可以运用想象力，在情绪失去控制的时候想象一些特殊的画面。比如，想象在棒球比赛里打出了全垒打、他们最喜欢的玩具或是最爱去玩的地方，这样就会把那些消极的情绪转化成积极的。当他们感到情绪将要控制不住的时候，可以学着向大人们求助。我不会向大多数 6 岁以下的男孩介绍这个方法。他们可能要到 7、8 岁或是更大一点的时候，才有能力借助他们的思想控制情绪。

要有耐心

我给乔伊斯以及任何一个想要帮助儿子摆脱行为困扰的家长的最后一条建议是：要有耐心。

在孩子情绪低落的时候，你要冷静下来，使用恰当的语言，给儿子树立良好的自我控制的榜样。和我们给他们讲大道理、冲他们大喊大叫相比，在这种情况下，孩子们可以更好地观察我们，向我们学习。记住，对于很多小男孩来说，抑制自己去抓推的冲动不是一种本能。这需要有人教他，而且他需要不断地练习。先教孩子一两项技能，在他们牢牢掌握住这些技能之前让他们反复地练习，然后再教他们学习别的技能。

很多家长都希望男孩学得比他的正常发展速度更快。这些家长被男孩的力量、强壮的体格以及在其他方面的聪明机智糊弄住了。他们以为儿子接下来可以很快学会新的自我控制技能，就像掌握一项体育运动或是学习数数一样。家长们用他们自己，或是大一点没有被这些行为所困扰的孩子作为参照，这样是不对的。永远都不要被聪明伶俐的孩子所迷惑。他们仍然需要时间去辨认、破解、处理、储存和练习，这样才能掌握一项新的技能。在你的耐心和引导之下，你的孩子会不断学习，不断进步。

THE WAY OF BOYS

男孩心理学

- 对那些个性很强、更具有攻击性的男孩培养社会意识的方法，就是当场制止他们，让他们暂停一会。
- 如何培养孩子的界线意识？我们给孩子设置一些区域，规定哪里能去，哪里不能去；什么东西可以碰，什么东西不可以碰。很多男孩的确会对这些界线有所回应。
- 男孩极易受到感官的驱使，他们渴望去亲身体验这个世界。
- 在孩子们小的时候不要对他们期望过高。男孩们甚至到了六七岁的时候都不会表现出很多的共情力。
- 分享和共情在孩子们身上确实存在，但是发展很慢，他们手头上最重要的任务是——去探索世界、不停地四处走动。
- 那些被贴上"小霸王"标签的小男孩的共情能力通常发展得很晚。
- 冗长的思想道德课不管用，他根本不会理你。相反，给他摆事实，向他问问题，这样可以让他自己去思考一个不一样的行为表现方式。
- 游玩聚会和运动场的游戏时间，是妈妈们当众管理儿子的一种社交经历。
- 家长应该关心，教儿子如何表现得更好，但是不会感觉自己需要去彻底地改变他。应该开始关注需要做什么而不是别人认为你该怎么做。
- 霸道是一个男孩（或女孩）在内心深处缺乏安全感和自尊心不强的表现。
- 对于这个年纪的小男孩来说，生气真的像是一道闪电，来得快，去得也快。
- 对于很多小男孩来说，抑制自己去"抓"和"推"的冲动不是一种本能。这需要有人教他，而且他也需要不断地练习。

05 THE WAY OF BOYS

他一刻也坐不住

多动男孩 VS 运动

RAISING HEALTHY BOYS
IN A CHALLENGING AND COMPLEX WORLD

大卫是一个精力旺盛的6岁男孩，他换过的保姆比社区里任何一个孩子都多。他是个小帅哥，黑眼睛，黑色的寸头，一笑起来还有一对酒窝。大卫总是到处乱跑，大喊大叫，还经常划花家具，他还喜欢两只手抓着栏杆来回荡。如果他看到有意思的东西，比如一把小刀，一片生肉或者一个放在热炉子上的平底锅，他会直接伸手去抓，而不是先问问那个东西是什么。在父母和老师看来，大卫的好奇心和体能似乎无穷无尽。两年前，他的爷爷从巴西过来探亲。有一天，他看着爷爷爬着梯子上了屋顶，他也顺着梯子一直爬到了屋顶上，把大家都吓坏了。他母亲的神经永远是紧绷着的，她已经习惯于密切注视儿子的一举一动，甚至常常在儿子要去做任何看似危险的事情或是去碰他知道自己不该碰的东西之前大喊一声“不”。

大卫5岁那年就被诊断出患有注意力缺陷多动障碍。尽管这个诊断是有效的，但这个标签并不能帮他应付幼儿园那些让他安静地坐着听讲的要求。大卫在学校里经常惹麻烦，因为他总是挥舞着胳膊又蹦又跳，侵犯别的孩子的空间。此外，他的母亲也不能因为注意力缺陷多动障碍的诊断就去强制执行一些日常的安全条例。在家里，大卫喜欢把收音机的声音开得特别大，然后他就会跟着音乐像跳舞一样抽搐着、蹦蹦跳跳地在原地打转。他已经因为割破前额进过一次急诊室，当时他在客厅里做了一个侧手翻，结果撞到了玻璃制成的咖啡桌上。给他缝针的急救医生暗示说，他可能会向社会事务部报告这个情况。

大卫的母亲感觉儿子疯狂的举动已经把她牵制住了，而且她特别担心孩子在学校的情况。她担心儿子会因为坐不住而落在别的同学后面。很多母亲跟我说，她们 3 到 5 岁的儿子患有注意力缺陷多动障碍，因为他们总是坐立不安。她们认为药物可以帮助孩子们平静下来，真的是这样吗？不是的。这个年纪的男孩之所以会烦躁不安、到处乱跑、大声尖叫，像个小疯子，是因为这样做可以释放一些情绪，帮助他们冷静下来。对一个这么大的男孩来说，帮他摆脱身体里逐渐积累起来的那些极度不耐烦的情绪的唯一方法，就是通过活动去慢慢地削弱它、摧毁它。那些疯狂的舞步、原地蹦跳和摆动可以帮他理清思路，为他稍后集中注意力做好准备。体育活动比药物更有效，起作用的速度也更快。如果家长们想让孩子心智正常，最好做好鼓励他们又蹦又跳和乱扔东西的行为的准备。这些都是健康和正常的举动。在孩子长大一点以后，他可以先去外面练 40 分钟的投篮，跟别人玩传接球，或者对着墙打网球，然后再回家做作业。不过现在，这些小家伙还不具备这些技能，也没有自由去那样做，他只能用尽一切办法赶走那些焦躁不安的情绪。

像大卫这样被贴上了“注意力缺陷多动障碍”标签的男孩特别渴望大量的运动。将大量的运动加入到大卫一天的生活当中，或许会对他的行为产生巨大的影响。有些被诊断为患有注意力缺陷多动障碍的孩子觉得在学校里特别难熬，但是如果允许他们站起来倚着桌子写作业；或是让他们坐在一个大健身球上，一边保持平衡一边做功课，他们烦躁不安的情绪就会迅速减少。

有些家长说，他们让儿子坐在大健身球上做作业的效果还不错。健身球一直在刺激孩子的大脑，让它处于低度兴奋状态。因为，为了能坐在球上不掉下来，他得不停地调整平衡。这种刺激和放背景音乐的效果类似。事实上，很多这样的男孩在高中和大学里边听音乐边做功课的效果会更好。

那些在集中注意力方面有困难的男孩可以通过这种方式专心做功课。我觉得家长可以使用任何一种类似的方法，但是在如何使用它的问题上要特别小心。同一种解决办法并不是每次都好用。我听说有位母亲总是因为同样的原因罚她的儿子在餐桌旁边坐在健身球上吃饭。她觉得这是可以让儿子老老实实地坐在桌子旁边专心吃饭而不去动来动去地搞破坏的唯一办法。问题是，现在她的儿子都快 11 岁了，只要没有健身球他就不坐下来吃饭。很显然，在学校里他不需要健身球。要是他把健身球滚到学校的食堂，就会被同学们笑话。他已经因为吃饭的问题把父母折腾得一点办法也没有。如果你已经向儿子伸出一根拐杖，让他扶着它前进，那你就得制订一个计划让他尽早摆脱这种依赖，越早越好。

有很多种可行的方法能够帮助容易分心的男孩集中注意力。比如，在活动的过程中休息一会儿，花几分钟的时间让他这儿走走那儿看看，这样可以消耗他的一些能量，在稍后的活动当中能更好地帮他保持注意力的集中。有一些专家提出，定期的体育锻炼可以治疗注意力缺陷多动障碍。著名的哈佛大学精神病学专家、《分心不是我的错》（*Driven to Distraction*）[①] 的作者之一约翰·瑞提（John Ratey）认为，体育锻炼对大脑有益，可以产生更多有助于提高注意力、自制力和学习能力，减少不安情绪的化学物质。瑞提还推测，如果孩子们能够进行足够的高强度的体育锻炼，可能就不需要服用药物来治疗注意力缺陷多动障碍。现在我们就能明白为什么每天强迫学生坐在学校里听上 6 小时的课对大多数男孩不起作用的原因了。

学会安静

我们面临的首要问题就是，如何消耗掉一个男孩过剩的能量。在 30 年或更长的一段时间以前，家长会让孩子们到户外去玩，希望他们在外面待上一整天，自己找些事情做，不管是不是家长允许的事。很多到我这来的孩子的父母，都怀揣着小时候整个下午或是一整天在外面玩的甜蜜回忆。如果是住在郊区，他们就在公共的后院玩飞碟游戏、橄榄球、捉人游戏，或是一些借助任何可用的东西自创的游戏，比如踢可乐罐。如果是住在市区，他们就和大孩子们一起去公园或是运动场玩，或是在午饭或晚饭之后和其他的孩子们聚在街上玩。

① 本书由约翰·瑞提与全球最具影响力的分心研究者爱德华·哈洛韦尔（Edward M. Hallowell）合著。爱德华·哈洛〔韦尔还著有〕《分心也有好人生》（与约翰·瑞提合著）、《分心的孩子这样教》（与彼得·詹森〔Peter S.Jensen〕合著）、《分心也有好婚姻》（与休·哈洛韦尔〔Sue George Hallowell〕合著）。以上这 4 本关于分心的书，是爱德华·哈洛韦尔关于分心领域研究的集大成之作，均由湛庐文化策划出品。——编者注

有一位父亲的话让我想起了一个复杂的反弹球游戏——把球投到前门门廊的台阶上弹起来再接住。和住在郊外的孩子不一样，他们家没有后院，也没有社区里的孩子跟他一块玩。于是，孩子们发明了一个可以检验他们传、接球能力的游戏，叫作“垒球”。在这个游戏当中，控制球的男孩是击球手，另一个男孩要做好防守的准备。每个台阶都有特别的意义：如果击球的一方将球抛出去，击中了最上面一级台阶，就是本垒打；如果击中了最下面那一级，就是击球未中。两个孩子一起玩的游戏规则和三个孩子一起玩的规则并不一样，年龄大一点的孩子玩的游戏规则和小孩子之间的规则也有所区别。关于这个游戏的所有规则，这位父亲都记得。

现如今，很多男孩都不能在没有人看管的情况下在户外玩很长时间。家长们认为他们得看紧儿子，他们也是这么做的。问题是，家长每天腾不出 8 到 10 个小时的时间监督孩子们做游戏。最终的结果就是，那些学龄前儿童所有的体育活动只能在运动场或是体育课上，在大人们的监督下进行，一般只能持续 40 分钟到 1 小时。这还不足以消耗一个小男孩在身体和感情上所产生的能量，结果是所有这些被抑制的能量就会被当作是注意力缺陷多动障碍之一的注意力缺失的早期症状。

我知道那些被贴上“注意力缺陷多动障碍”标签的孩子渴望有大量的体育运动时间，他们需要多跑跑，至少是一些活动的空间。有些妈妈告诉我，她们出去给患有注意力缺陷多动障碍的儿子买了一个迷你蹦床（包括所有安全保护设施），孩子在后院只蹦了几个小时，看上去就变得平静、警觉多了，而且对父母也更加顺从。这说明通过体育运动来消耗过剩精力可以对孩子的行为有很大影响。

什么迹象表明他运动得还不够

你是不是每两分钟就得在儿子身后追着他，让他慢一点？是不是房间里所有的东西他都要摸一摸，动一动？他是不是总不安生，吵吵闹闹地让人心烦，而你总是在叮嘱他让他别闹了？他会不会无缘无故地、歇斯底里地哭闹？之所以会这样，也许是因为他这一天运动得还不够。

对于那些在集中注意力方面有障碍、在学校里坐不住或是在家里的房子周围疯跑的男孩的家长，我首先要说的一件事是，要在儿子的日常活动中安排更多的运动时间。有时家长们听到这里就会想：“好吧，我给儿子报个名，让他参加少年棒球联盟或者迷你足球队。”我要说的不是这个。有些可以帮助男孩们平静下来的运动，比那些大众性的活动要原始得多。而且，在一个男孩的发展过程中，和大多数大众性活动允许参加的年龄相比，这种运动也开始得早得多。

首先，让我们把运动拆解成一些最基本的要素。不要只考虑那些只适合 2 岁到 4 岁小男孩的活动，想想那些运动幅度大的活动。孩子需要通过一些方式释放能量，练习活动腿和胳膊。他们通过走路、跑步、跳跃、翻跟头和踢腿来锻炼下肢的大块肌肉；通过扭转、投掷（稍后还有接住的动作）和其他一些手臂的大幅度运动来锻炼上肢的肌肉。我们应该鼓励这个年纪的男孩抱着好玩又有趣的心态去随意地运动，可以玩球，也可以玩类似海绵球拍或是飞碟那样既简单又安全的东西。他们需要探索的空间，可以在草坪和运动场的安全器械上，或是在铺着地毯的宽敞的地下室和游戏室里活动、玩耍，但不管怎么样，都应该让他们按照自己的天性，自由地活动。

我认识一位母亲曾经发现儿子用手抓着浴室里的毛巾架。他紧紧抓着它，然后把两条腿往上抬，这样就可以挂在上面。儿子这样做让她有点不高兴，因为毛巾架马上就要被他从墙上拽了下来。于是，这位母亲买了个合适的栏杆，把它暂时装在门口，就是大男孩们用来做引体向上的那种。她跟我说这件事的时候有点不好意思，她的儿子倒是挺高兴的。“他是想做引体向上吗？”我问。她摇了摇头。“你知道，他只是在那吊上一会儿，”她说，“他每天都会做。他说这样感觉很好。”对她的儿子来说，锻炼肌肉、克服重力的感觉可能真的不错，哪怕只有短短的几分钟。

‖适合小男孩的活动‖

我听说有一位母亲每天都带着她 3 岁和 5 岁的两个儿子去外面玩，不管遇到什么天气。哪怕是在下雨天和下雪天，他们三个还是会出去。在下雨天，他们会去踩那些小水洼，根本不在乎衣服是不是被溅湿了。最近一次在外面玩的时候，她的大儿子头朝下栽进一个特别深的水洼里，就像是在垒球比赛当中滑入二垒一样。后来她跟我说：“呃，我知道他顶多也就湿成那样。”唯一一个潜在的问题就是，邻居家的孩子会透过窗户看见这一切，然后跑去问父母是否也能这样出去玩。在冬天，他们会在雪地里“行军”，搭建碉堡。如果是刮风天，他们就只在院子里跑几圈。

我认识的另一位母亲，会在儿子跑步时给他数圈数。她让儿子从后院的一头跑到栅栏边然后再跑回来，与此同时大声地给他数着圈数。她的儿子喜欢跑步，4岁的时候就能为自己跑得特别快而洋洋得意。这样反复地跑四五个来回，当儿子跑得气喘吁吁时，她就知道是时候让他进屋，玩几分钟安静的游戏了。

为了让男孩消耗更多的能量，家长们需要做的就是用幽默感来面对孩子那些古怪的行为。很多小男孩会无缘无故地在沙发上乱蹦，像螃蟹一样横着走，在原地转圈儿、蹲跳或是做一些奇怪的动作。我记得我曾经诊治过一个男孩，有一天，他一拐一拐地走进我的办公室，看上去挺滑稽的。我发现他在走路的时候，两个膝盖中间夹着一个空的果汁盒。我问他的妈妈，他是从什么时候开始这么走路的，她说他是在我诊所外面的停车场捡到的这个空果汁盒。我的诊所在三楼，他爬了两段楼梯，经过大厅才进到我的诊所里。他摇摇晃晃地走到垃圾桶跟前，松开膝盖，把盒子丢了进去，然后跳到我面前来跟我击了下掌，这才准备坐下跟我谈话。

我的建议是，只要他做的不是危险的或惹你生气的事，那就让他做吧。消耗能量就像我们想去除多余的卡路里一样——每运动一点都会有所收获。

跳舞是一项不错的运动，对特别小的孩子来说也是如此。已经有些针对学龄前儿童的电视节目会在节目的间隙插播一些舞蹈，这样孩子们就不会在整整一个小时的电视节目时间里像“沙发土豆”一样坐着一动不动（这是它们能为孩子们做的最起码的事）。你也可以用自己的方式鼓励孩子跳舞。男孩通常喜欢很大声的、“砰砰”响的音乐，放一些这样的音乐，给他做个示范，看看他会不会跟你一起跳。我诊治过的一个小男孩喜欢跳一种被他称为“空手道舞”的舞蹈。他母亲说，那基本上就是一串他自己胡拼乱凑的武术动作再加上一些发狂似的舞蹈动作组合而成的。就算最后他累得有点气喘，只要他高兴，而且又不会划花家具，我觉得那就没问题。最好在家里或是后院给孩子指定一个安全的跳舞区，可以用蓝色的油漆胶带或是枕头清楚地标出界线，这样他就不会因为出界而伤到自己。

唱歌和跳舞一样，是一种很自然且容易普及的方法。它包括胸部的运动、呼吸以及声音和面部肌肉的控制，能很好地起到放松情绪的作用。在男孩们进入青少年时期，在拿起吉他和架子鼓组建车库乐队之前的这段时间，我们应该鼓励他们唱歌。给他们一个东西握在手里，假装那是麦克风，指定一个区域作为“舞台”，让他们为你表演节目，边唱边跳。

迷你蹦床也是帮助孩子消耗过盛能量的一个很不错的工具。要挑选一个符合儿童使用标准、满足各项安全指标的产品，包括衬垫，不能做得太高，还要有安全网。当孩子在家里捣乱或情绪低落时，让他做类似的运动通常要比跟他生气、花上好几个小时去哄他的效果更好。他若是在家里胡闹，则说明他需要释放一些能量。

适合稍大的男孩的活动

6 岁的布莱恩来到我的诊所，他被医生诊断为患有轻微的亚斯伯格症候群和注意力缺陷多动障碍。他的母亲艾伦希望能寻求一些指导来帮助布莱恩更好地和别人相处。他的社交能力没有得到充分发展，甚至比同龄的其他男孩还要差。艾伦告诉我说，布莱恩的协调性不太好，也不太喜欢运动。“老实说，我和他爸爸也是这样，”她笑着说，“我们俩都像是书呆子。我丈夫讨厌体育运动。我在上高中的时候打过曲棍球，那时候你只要有根球杆就能加入球队。”她说他们夫妇俩最近给布莱恩报名参加了软式垒球队，“我们镇上的大部分孩子都去了，这应该是一个让他结交朋友的好机会。但是，结果却不是这样。很多孩子——特别是男孩，看似已经知道怎么去用球棒击球，他们显然已经练过了。我们俩之前没怎么和孩子一起在后院玩过传接球游戏，所以他现在一个球也打不着，但是，呃……这还是值得一试的，您不这样认为吗？”

我很欣赏艾伦愿意尝试新事物。我说：“这是一个接受的过程，让他继续练球吧。我们要乐于做试验，不管是软式垒球还是足球，你不试试怎么知道他行不行呢，对吧？”关键是要去尝试。很多事情在最开始的时候都有可能不会成功。那又怎么样呢？不要太在意了，可以再去试试其他的，这对人生来说未尝不是一个好的模式。一旦孩子的技术和协调性有了新的进展之后，也许他又会愿意再次尝试软式垒球，甚至少年棒球和足球了。

我和艾伦谈了关于团体性体育运动的选择。我告诉她，柔道比较适合孩子的成长，因为它不会对孩子有那么多的刺激。像布莱恩这样的孩子通常会被打垒球时不停地满场跑和别人大声的叫喊弄得不知所措。想象一下，孩子们、家长们、教练都在尖叫。就算这些都是对他的鼓励，也是很多噪声在同时攻击他的大脑。当听到这些喊叫的时候，他要知道该怎么去处理这场正在进行的比赛。当同伴抛出的球朝着他飞过来的时候，要想出办法应对，他要知道怎么把球接住，然后往哪投。要是他没做好，那每个人都会知道他搞砸了。如果把很多团体性体育运动对运动员的要求分解开来看，你就会意识到那些运动有多复杂了。持续的目光接触、迅速领会队友的意图并做出回应、改变主意、移动身体、快速的起跑反应，所有这一切都很重要。

艾伦接受了我提出的练习柔道的建议。尤其让艾伦满意的是，布莱恩可以在小团队当中做运动，看着指导老师站在前面一步步地做动作示范，然后他跟着重复那些动作。布莱恩喜欢做重复动作，因此并不会对柔道课上那些需要反复练习的动作感到厌烦。他还会在家里练习，这样就不需要身边有别的孩子陪着。随后，我和艾伦讨论了今后柔道会给布莱恩带来什么好处。我告诉她："柔道可以教会大一点的男孩如何更自信地运动，以及如何更好地控制自己的身体。"

我认为，对于那些不能从有组织的活动当中获得很多乐趣的大一点的男孩来说，练柔道是个不错的选择。他们可以学习如何更积极、更自信地表达自己的意见，听从指导，遵守规则。好斗的男孩会认识到要收敛自己的攻击性；害羞的男孩则可以学会如何保护自己，从中感觉到自己很强壮并证明自己的能力。男孩们可以学会尊重他们的同龄人（通过鞠躬、尊重别人的私人领地，以及使用适当的语言 / 肢体接触），并从中了解到在社会团体中是有等级之分的，只有柔道教练一个人有控制权。通过练习柔道，孩子们的身体状况也会得到改善，并能从中形成对力量的健康认识。

我知道的那些坚持练柔道的男孩们似乎很擅长控制自己的攻击性，也可以很好地避开那些"小霸王"。当别的孩子取笑他们的时候（所有的孩子都会在某个时候互相嘲讽），也不会轻易被激怒。他们也很少参与打架，即使打过架，也会比别的孩子少。这些都是良好的潜在的长期收益，但是我提醒家长们，任何一种运动的近期目标都应该是让男孩尽可能地得到最健康的肢体锻炼。如果他把所有多余的能量都消耗掉了，他就不会那么调皮了。或许当他需要在课堂上坐着好好听讲的时候，他会变得比以前更专注，同时也有助于他在晚上睡得更香。

我提醒艾伦需要注意的一点是，在给布莱恩报名之前一定要先了解课程的设置。有很多课程的设置并不规范，还有一些更像是“综合格斗”，它的准则就是让孩子们互相搏斗。特别小的男孩们接受不了这个。遗憾的是，由于终极格斗在成年人和媒体中间很受欢迎，因此这种“综合格斗”已经逐渐成为一种趋势。

在男孩长大一点之后，就有能力去学习一些新的更加结构化的运动。在给孩子报名参加体育活动的课程时，要根据课程的介绍确定它确实会给孩子安排很多的体育活动。站在教练周围听他讲话或是在球场上等着轮流去打球，这样的活动都不叫体育运动。如果你真的给儿子选择了一项运动，那一定要确保那个课程当中包括肢体的活动。有时家长最爱选择的那些体育运动往往最不适合孩子。以软式垒球为例，我在当地的公园里见到过 25 个年龄在 4 到 6 岁的小男孩在一起玩垒球，他们穿着队服，家长们站在场外给他们拍照。这看起来很温馨，很传统。可是，当我朝场内看时，我发现孩子们都在那站着不动。外野手在望远，各个垒上的男孩也都站着踢土玩。投手是个成年人，其他的男孩则在排队等着击球。

排队并不是一项体育活动。更糟糕的是，那些男孩看起来很无聊，很不耐烦。我知道用不了多久，教练就很难让他们乖乖地排队了。很快，家长们就会在场外大喊：“集中精神！眼睛看着球！你在那儿干什么呢？”这样并不能激发孩子们对垒球的热爱，也不能造就任何一项团体性的体育运动。更重要的是，它并不能教这么大的孩子学会那些重要的技能，比如对身体的控制、平衡性、协调性和自我约束力。和这个场景形成鲜明对比的是，在柔道馆里，孩子们的大部分时间都在做着一些被称为“套路”的仪式化动作；在游泳课上，孩子们可以学会用优雅的肢体动作在泳池里轻轻地滑过。在这些课程当中，他们从头到尾都在活动。足球也是一项很受欢迎的运动，可以消耗很多能量。为孩子选择运动课程时最关键的是，要确保孩子在上这些课程时做大量的肢体活动。当家长们让我推荐几个孩子课后活动的去处时，我试着让他们考虑一些除了传统的团体性体育项目以外的运动。

游泳就是一项很不错的运动。尽管对于大一些的孩子们来说，它是一项竞争性很强的团体性体育运动，但是在练习的初期，游泳是一种可以让男孩活动全身肌肉、训练身体的控制能力和协调性的很好的方法。让孩子接受一些培训，并尽可能多地给他安排下水的机会，如果有可能，每天都去游一游。如果孩子还小，可以让他参加团体课程或是亲子课程，等孩子长大一点便可以自由活动。众所周知，游泳是最好的体育运动之一，是孩子一生都可以做的运动。

有一些社区为孩子们提供基本的体操培训课，专门有男教练给男孩们上课。在这些课程当中，孩子们可以锻炼上肢的力量，学会做一些自由体操、翻滚、双杠、鞍马，甚至跳马和吊环等最基本的技巧。这些有助于男孩增强力量，建立自信。不要担心他究竟是不是个体操运动员的好苗子，重要的是让孩子不断地运动，尝试新的东西，并从中得到快乐。

年龄大一点的男孩可以用更加结构化的方式重新看待舞蹈这项运动。有的男孩特别喜欢跳舞。我认识一个 7 岁的小男孩，有一天，他在观看交谊舞的电视节目时，被舞蹈的音乐和那些旋转、托举的动作吸引住了。然后就问爸爸妈妈，他能不能学这个。他的父亲是位石匠，还是位黑带级的柔道专家。他喜欢儿子想学习交谊舞的想法。“为什么不呢？”最近他跟我说，“练交谊舞对锻炼他的协调性有好处。他想随着音乐翩翩起舞的主意不错，非常有创造性，另外，”他笑着补充道，“有朝一日，在他六年级上舞蹈课时，他就不会因为害羞而被大家忽略了。”

这位父亲认为交谊舞个不错的想法，但是孩子的爷爷奶奶曾经很严厉地批评过他，因为他们觉得男孩子不应该去学跳舞。这个男孩的父亲给我留下了深刻的印象，他把交谊舞看成是一种训练：一步一步地学习，发展身体的各种技能和自制力。他已经发现，舞蹈对儿子提高其他体育运动方面的能力会同样有所帮助。

团体运动的误区

很多母亲仍然会对我说："难道他不用去练习如何成为团队的一员吗？要是他在运动的过程中跟不上其他的孩子，会不会受到排斥呢？这样一来，他在今后的人生中该如何保持健康呢？"我知道人们会出于本能让男孩有一些运动的经验，这样能帮助他们适应以后的学习和生活。然而事实上，你没法逼迫他成为团体性体育运动的健将，也不能逼他成为一个球队的队员。很少有男孩会在上中学的那几年里这样去做，更少会有人不顾父母在这些课程上所付出的时间和金钱，一直坚持练到自己高中毕业。

大部分社区中的团体性体育运动的竞争性都很强。过去通常只是高中的体育运动队会通过竞争性很强的选拔赛、教练的压力战术和队里不同水平的运动员之间严格的等级制度来刺激队员努力训练。现在，那些年龄很小的孩子们参加的俱乐部球队和镇上健身中心的球队也已经开始这样做。他们早早地就给这些小运动员们灌输队员的流动性和技术性位置的理念，有些孩子还会遭到教练粗野的态度和其他队员的公然诽谤。

有很多男孩跟我聊到他们受到教练的严厉批评和队友的羞辱，在一旁关注体育赛事的父母给他们的压力，以及在团体性体育运动当中经历的其他一些不好的事情。等他们到了十几岁，就不得不努力去做得越来越好，因为只有这样才能获得成功。大部分城镇的球队和联队里的竞争都在变得越来越激烈，挑选队员也越来越严格。孩子们不管年龄大小、水平高低，只是为了好玩，随便凑在街上玩棍子球游戏的时代几乎要结束了。今天，那些年轻的体育运动队规模都很大，很有组织性，而且高度专业化。在中学阶段，你得很认真地投入到这些运动当中，然后经过几年的努力训练才能加入一支队伍，并感觉到自己可以胜任那个位置。很多参加体育夏令营的孩子都具备很专业的运动技术（击球、传球、滑冰等），这已经不足为奇了。如果你的孩子能经受住这些训练，这倒也不错。不过根据统计，大部分男孩都达不到这一点。想想看，一个男孩在球队里打得很棒，可以胜任的概率有多小吧。在一个赛季里，仅仅有少数几个孩子能包揽大部分的得分，也只有少数几个位置有向别人展示成功的机会。

如果你能找到一个可以给你的儿子提供积极、健康的环境，让每个孩子都能学到一些东西、都有机会上场的运动队，这样当然最好。不过，为什么不去扩展他所有的能力呢？你在让儿子去参加团体性体育运动的同时，也要让他有机会参加一些个人的体育项目，去按照他自己的速度提高技能。

家长们经常会问："难道他不需要去竞争吗？那些诸如垒球和青少年足球的联赛对他不好吗？"我告诉他们，只有在一些小团体当中的少数的竞争才是好的。有研究表明，大多数人都不会在比较大的团体当中去努力竞争。如果发现成功的机会很小，人们就会撤出来。如果孩子们处在竞争很激烈的球队里，有很多其他的孩子彼此互相竞争以便能得到教练的注意，他们也许会有所退缩。在这种环境中，男孩们是不会竭尽全力的。不只是在团体性的体育运动当中会这样，很多母亲告诉我，在游泳课或是柔道课上，当有很多孩子都较着劲想引起某个教练的注意，得到他的表扬时，孩子们就会失去学习的兴趣。当你为孩子选择体育运动或团体活动时，最好考虑那些人数少一点、竞争小一点的团队。注重娱乐性、发展孩子最基本的运动技能的项目，才是最好的。

关于这一点，有的妈妈说："他喜欢竞争，什么事情他都喜欢争先。他喜欢赢。体育运动不是正好适合他的天性吗？"她们说得没错，但是不要忘了，**尽管这么大的男孩眼下有想获胜的欲望，但是他们还不能明白团体性的体育运动是如何运作的。**诸如忠于团队、球队的排名、加时赛，甚至是让比赛顺利进行、和队友一起配合得分这些理念，对于这个年纪的男孩来说，就像是天外之物。这么大的男孩唯一能真正理解的就是，他每时每刻在做着什么，以及教练和周围大人们的反应。即使当他们看上去好像领会了一些团队理念，他们也很可能是为了取悦大人而在模仿我们说话。

对于"把团体性的体育运动作为表达对运动的崇尚的唯一方法"这种观念，我最后想说的是，我们要考虑到大部分人不可能一生都能保持着适合参加团体性体育运动的体能。在上了年纪之后，就很难为了保持体形去组织一个团队打篮球或是踢足球。真正能让我们在成年时期保持健康的，是那些能让身体的循环系统正常运转、让肌肉结实又灵活的体育运动，包括健身、游泳、自行车、跑步、步行，或者是其他一些简单的，像网球、壁球、柔道和瑜伽这样的个人体育项目。对于大多数的男孩来说，如果他们长大以后想要了解曲棍球比赛中的中场设陷战术或是棒球里的双杀，唯一的原因就是他们在看电视上正在播放的团体性体育运动的比赛。

安静地坐着：男孩需要学习的技能

一旦你给儿子提供了消耗多余能量的机会，接下来你就可以专心教他什么时候应该安静地坐着，以及如何坐着。孩子应该学会这个，这样在他长大一点以后就能越来越多地坐好了。

THE WAY OF BOYS
男孩的故事
RAISING HEALTHY BOYS IN A CHALLENGING AND COMPLEX WORLD

有一位我诊治过的患儿的母亲，几乎一直在和她的丈夫因为这个问题争吵。一到吃饭的时候，塔尼亚的儿子斯宾塞就会坐在他的小椅子上往后仰。他经常一点一点地向后靠，试着保持平衡，在感觉椅子快要翻过去的时候就赶紧把身体向前倾，用手抓住桌子。他的椅子每个星期至少有一次会摔到地板上，他会在椅子倒地前从椅子上跳起来，并为自己的逃脱感到欣喜若狂。塔尼亚的丈夫已经受够了。他会对着斯宾塞大喊，斯宾塞会老实一小会，然后就又开始把椅子往后倚了。“就像他不知道自己在那样做似的。”塔尼亚觉得斯宾塞除了他自己之外不会伤到其他人，所以她想随他去。不过，她的丈夫认为斯宾塞会把椅子弄坏或是磕到脑袋，而且，他被弄得快要发疯了。他希望斯宾塞坐在桌子旁边吃饭的时候能守规矩。她的丈夫说得有道理。

就像我赞成让男孩自由地动来动去、四处跑跳，消耗能量一样，我也知道男孩需要学习自律。**我提倡男孩做大量运动的原因之一是，运动可以帮助他们准备好学习人生中其他重要的技能：安静地坐着，集中注意力。**不能因为孩子有那种冲动就想玩就玩，想动就动，想跳就跳，想唱就唱。在很大程度上，成熟意味着能够控制自己在不恰当的情况下不去摸想摸的东西，不去说想说的话，不去做想做的事。对于很多小男孩来说，在他们有想跳和大叫的冲动时让他们老老实实地坐着，就像是让他们在被胳肢得很痒痒的时候屏住呼吸一样。他们只能坚持一两秒钟，因为他们大脑中的冲动太强烈了。尽管如此，他们还是要学习如何去控制这些冲动，并通过练习做得越来越好。就从训练他们安静地坐着开始吧。

安静地坐着也是一项技能，同样需要练习。你不能期望孩子好好坐着的时候会百分之百地一动不动，但是你可以期待随着他一点点地长大，每隔几个月他都会比之前做得更好。对于那些3到5岁的小男孩，一开始时要慢慢来。首先，在一天当中安排一个时间或是一项专门的活动，让孩子可以练习坐着的技能。很多父母选择了糟糕的晚餐时间。如果你有耐心和时间专门帮助孩子做练习，那当然好。如果还有3个孩子在周围乱跑，还有一个小婴儿需要照顾，这时电话铃也响了，而你又正准备做饭，那这就不是最佳的练习时间。找一个你可以关注他的时间，在他练习这项技能的时候好好鼓励他。

告诉他，他会得到一个特殊的奖励，一些特别的东西，比如一小块曲奇饼干或者是从罐子里拿出来的一块钱。不要给他太大的奖励，因为你会用到很多次这样的奖励。在他能看见的地方放一个计时器。如果你有一个鸡蛋形状的计时器，或者是一个他能拿在手里、把精神全都集中在那上面的东西就更好了。我的诊所里一直放着这么个东西，用来指导妈妈们怎么去做这个练习。它真的会让男孩觉得他要征服的这一小段时间就在他握着的这个小东西里面。如果他坐满了一分钟——我的意思是，他很安静地待在椅子上，那你就给他一点奖励，并不停地夸奖他。然后马上让他再试一次。在第二天晚上，或是他下一次练习好好坐着的时候，你还要给他类似的奖励，而且要把时间延长一分钟。如果他做得比之前一次更好，就继续给他奖励，并好好地表扬他。每间隔一小段时间，就把练习时间延长一点。有的孩子只能忍受每次增加30秒钟。

记住，不要期待孩子会有完美表现，他会有很多次什么奖励也得不到。如果有一天晚上他在练习的时候表现不是很好，也不要小题大做，告诉他可以过一会儿或是明天再练，之后继续帮他做这个练习。你可能会想把孩子几个星期以来取得的成功都记录下来，这样你应该可以看到他安静地坐着的能力在逐渐增强。一时的失败是正常的。他可能会有几个晚上表现得不好，坐在桌子旁边吃饭的时候突然发脾气，把豌豆和胡萝卜弄了一地。如果是这样，马上带他离开桌子。记住，如果他在学习安静地坐上几分钟的过程中偶尔有这样的失败，他的能力就会迅速回到之前的水平。他已经学会了这项技能，就在他的脑子里，这有点像练习骑自行车，你不需要再从头开始训练他。

不过，像安静地坐着这样的技能不会自动地被带入到一个新的环境。成年人可以很轻松地做到，但是小男孩们通常做不到。在每一种需要坐着的新环境当中，你得使用同样的训练策略去教他。好消息是，他可以很快地把以前学到的东西和新的环境结合起来。也就是说，一旦他在家里做得非常好，比如在餐桌旁边，他就应该学着在新环境当中更快地坐好。但也不是每种情况都是一样的。坐在教堂、儿童图书馆里或是生日聚会上也许会更难或是更容易，这要取决于那里有什么人，发生了什么事。关键是，在练习的时候，只要孩子取得了一定的进步就要马上给他一点小奖励，就像是在家里那样。

到户外去

在这里，我要为户外活动做一个简短的宣传。在当今社会，由于上课的时间更长，老师对作业的要求更高，有更多的电子设备，家长们更加担心外面的世界不安全，所有这些导致孩子们待在室内的时间更长。我认为我们应该给男孩们更多的自由出去到处走走，探索家里的后院和附近的街区，去露营、远足，发现家以外的世界。参加户外活动，享受自然光照，体验像风这样用电视、电脑不能复制的景象和感受，自然的声音和感觉有助于压力的缓解和心理健康状况的普遍提高。当人们脱离了人类应该接触的自然环境时，很多人会感到空虚、消沉。对于小男孩们来说，待在屋里会增加他们的压力，降低他们承受挫折的能力。四处走动和探索是人类的天性，男孩在这方面有更强的欲望。

有研究表明，当那些被诊断为患有注意力缺陷多动障碍的孩子更多地处在自然环境当中时，他们的症状会明显地减轻。**让你的儿子在户外仅仅玩上20分钟，就能让他在随后的几个小时里更好地集中注意力**，这样做的效果和服用中枢神经兴奋剂所带来的效果一样，甚至比它还要好。这其中重要的因素，似乎是大自然本身。不管是什么原因，这种**“绿色优势”**已经引起了人们的注意，并被运用到帮助人们改善情绪控制和减少攻击行为上来。小男孩们天生更好斗也更活跃，当然也就需要每天有更多的时间到户外的公园和其他的“绿色休憩区”去玩。

他为什么总是动来动去

时常有家长问我，孩子为什么总是动来动去，焦虑不安。“这是怎么回事？为什么男孩这么活跃？他乱抓、乱推、咬自己的衣服、挥舞胳膊、原地乱跳。这是不是说明他有大脑方面的疾病呢？”不是这样的。这些动作当中的绝大部分是因好奇心和创造力所引发的。想一想那些探险家、勘探人员、考古学家，以及各个领域的科学家，他们经常要到处游走、探索，在工作当中像纯真的孩子一样具备充沛的能量。他们小时候很可能会因为自己被压抑，希望去做点什么事情，才一直惹父母生气。

当然，在年龄很小的时候具有这样的能量很糟糕，也很烦人。我们可能很难想象年轻的雅克·库斯托（Jacques Cousteau，著名的海洋探险家）和尼尔·阿姆斯特朗（Neil Armstrong）每天吃晚饭的时候一直坐在那儿晃来晃去，但是我敢打赌，他们小时候肯定是那样的。

THE WAY OF BOYS

男孩心理学

◆ 每天强迫学生坐在教室里听上 6 小时的课对大多数男孩都起不了作用。

◆ 那些学龄前儿童所有的体育活动只能在运动场或是体育课上，在大人们的监督下进行，一般只能持续 40 分钟到一小时。这还不足以消耗一个小男孩在身体上和感情上所产生的能量。

◆ 应该让他们按照自己的天性自由地活动。

◆ 为了给男孩一个消耗能量的机会，家长们需要做的就是用幽默感来面对孩子那些古怪的行为。

◆ 我的建议是，只要他做的不是危险的或是惹你生气的事，那就让他做吧。消耗能量就像我们想除去多余的卡路里一样：每运动一点都会有所收获。

◆ 当你为孩子选择体育运动或是团体活动的时候，最好考虑那些人数少一点，竞争小一点的团队。那些注重娱乐性，发展孩子最基本的运动技能的项目是才最好的。当孩子们在一个竞争很激烈的球队里，男孩们是不会竭尽全力的。

◆ 尽管这么大的男孩眼下有想获胜的欲望，但是他们还不能明白团体性的体育运动是怎么运作的。和队友一起配合得分这些理念对于这个年纪的男孩来说很难理解，这么大的男孩唯一能真正理解的就是在做什么，以及教练和周围大人们的反应。

◆ 安静地坐着也是一项技能，同样也需要练习。

◆ 对于小男孩们来说，待在屋里会增加他们的压力，降低他们承受挫折的能力。四处游走和探索是我们的天性，特别是男孩在这方面有更强的欲望。

◆ 让你的儿子在户外仅仅玩上 20 分钟就能让他在随后的几个小时里更好地集中注意力。

◆ 为什么男孩这么活跃？他乱抓、乱推、咬自己的衣服、挥舞胳膊、原地乱跳，这些动作当中的绝大部分是由好奇心和创造力产生的。

THE WAY OF BOYS 06

他不听管教

难以驯服的男孩 VS 自控力

RAISING HEALTHY BOYS IN A CHALLENGING AND COMPLEX WORLD

当我问梅根，她儿子瑞恩在家里的表现时，她告诉我的头一件事就是，"'暂停法'（time-out，亦称暂时隔离法）的惩罚方法不管用。"她沮丧、无助、困惑不已，感到所有的育儿书都欺骗了她。书上说，在房间的角落里放上一把椅子，让她的儿子坐上一段规定的时间——孩子几岁就坐几分钟，来反省他所犯下的错误。这个方法听起来不错，但是像瑞恩这么大的3岁男孩是不会老老实实地在椅子上坐着的。他只会从上面下来，然后跑掉，片刻都不肯待。

男孩受他们体内的引擎——大脑的驱使，游走、探寻、抢夺、拆解周围的一切。他们的行为完全受大脑的支配，以至于会对父母的反对不屑一顾。他们看起来并不感到羞愧，常常在寻觅一些东西的时候忽略非言语社会暗示。因此，那些维持秩序和纪律的大部分招数对他们都不管用，男孩根本不予理会。家长们不得不认输，通过吓唬或者请求让孩子们承认、遵守家规。这当中最糟糕的，是传统的惩罚王牌——"暂停法"的体罚方法，在绝大多数男孩身上都不好使。

有一次，梅根特别英勇地对儿子强制执行了"暂停法"的体罚，那可能也是一次让她精疲力尽的尝试，当时她还不知道那样做根本不管用。她让儿子坐在椅子上，然后按住他，让他在上面待了3分钟。这样做的效果更差，因为在瑞恩看来这只是一场摔跤比赛。梅根越来越生气、沮丧，而瑞恩只是坐在那一边大笑一乱动。对他来说，这3分钟根本不是惩罚，而是一场可以让妈妈充分关注他3分钟的游戏。更让梅根生气的是，她最好的朋友领养了一个漂亮的小女孩，名叫波莉。

每当手里不吃饭，不愿意坐进车里或是不肯放下手里不该拿的东西时，她的父母只要数数就可以了。梅根告诉我："他们只需要数到3，就会起作用，我亲眼见过。"梅根的朋友经常向她暗示，女儿之所以这么听话是因为她那套直觉育儿法更胜一筹。我忍不住问梅根，在波莉的父母数到3之后发生了什么。"没有人知道，"梅根说，"他们从没数到过3。"

我对这个故事并不感到吃惊。波莉听起来像是一个非常顺从、有一定社会认知的小女孩。她会研究父母的面部表情，寻找赞同或不赞同的信号。通常，在这个年龄段的女孩子能更好地察觉别人的情绪，逐渐把社会规则当作一种擅长且喜欢的游戏来理解。并不是她们比小男孩更听话，只是她们知道父母的不赞同意味着什么，而且她们也不喜欢那样。对于大多数女孩以及仅仅一少部分男孩的妈妈来讲，她们非常幸运，仅仅通过使用失望和羞愧的武器就可以迫使孩子们服从。

然而，很多男孩并不是这样，他们不明白社会结构的复杂性。同亲身体验、研究、尝试、重建周围世界的内心需求相比，诸如与人分享、排队等候、向初次见面的人问好、在玩耍中与他人聊天这些社会规则让他们感到莫名其妙。正如一位母亲告诉我的："就像是笼罩在他大脑那个部位的雾气还没有散去，他还不会从社交的角度去看这个世界。"的确如此。这些男孩正忙着其他的事，比如构建空间意识和探测物理界线，这就是为什么他总是把家里弄得一团糟。**在他们3~4岁，甚至5岁的时候，妈妈的规则只相当于减速带，却根本不能让他们停下来。**家长一遍又一遍的训斥和叫喊对这些主意正又天不怕地不怕的男孩根本不起作用，斥责无济于事。也因此，"暂停法"的体罚方法对很多这类男孩都不起作用。

"暂停法"奏效的前提

作为惩罚，让孩子待在一个地方不动需要假设一些前提条件。

第一，假设你的孩子有能力坐在某个位置不动，但大部分这么大的男孩都做不到。有研究项目绘制了一张刚学会走路的孩子在一间房间里的运动轨迹图。研究人员把孩子的每一次移动在图上标注出一个点，当他们把所有的点连接起来之后发现，孩子的踪迹遍布房间的每一个角落。特别是这个年龄的男孩，比女孩要活跃得多，几乎每个孩子都是蹦蹦跳跳地从一个地方跑到另一个地方。只有当他们再大一点的时候，他们中的大多数人才能一次在一个地方坐上几分钟，专心干一件事。因此，你没有理由在孩子具备这种能力之前就要求他固定地在某个地方待上一段时间。

第二，"暂停法"的体罚方式需要假设你的孩子能感觉到你不赞成他的行为，且想要避免这种情形。很多男孩在 3 岁甚至 4 岁的时候还没有这种能力。感同身受他人的情感也是一种倾听。一个在家里疯跑、总是忍不住去乱摸、乱拆东西的小男孩不会听你的话，也不会注意观察你的非言语暗示。他强烈的情感在脑袋里嗡嗡作响，以至于他根本无法注意到你的情绪。就算他能感觉到你的怒气，可能也只会把它当成会游戏或者测验的对象。为了能让他注意到你在生气，你通常需要对孩子大发雷霆，但是没有一个人想要成为那样的家长。

第三，"暂停法"的体罚是一种社会仪式。在体罚当中，家长把"去坐到墙角去"的象征性的惩罚、一种特权的丧失强加给孩子。而实际上，这种惩罚根本不算什么。它只代表孩子将会有短短的几分钟脱离他的社会群体，或有可能会错过小伙伴的一次活动。如果他乖乖接受体罚，不管他有多么的不情愿，都是为了赢回回到家庭、社会核心集团的待遇。最后，一切又会从头开始。

问题是不是每个孩子都已经准备好去加入这个仪式。家长们跟我说："要是我现在不能让他老老实实地做'暂停法'的体罚，那我以后还怎么管理这个家呢？"他们说的没错。现在教孩子们学会这种社会仪式至关重要。如果现在你不教他，等他再大一点之后，就很难再训练他了，也不能因为他不听话就没收他的自行车、摩托车、手机或者是汽车钥匙。而诀窍就是，要在他愿意学的时候教他。

让孩子看到后果

在小男孩准备好学习一种对他们有效的"暂停法"的体罚方法之前很长一段时间（稍后我会谈到这个问题），需要接受能够帮助规范他们行为的训练。**男孩需要马上看到他们的行为所带来的后果。**2~3 岁甚至 4 岁的小男孩不怎么在意语言，当然，他们明白你在说什么，但对他们来说，语言是最后的求助手段。他们通常直接伸手去抓，而不是先开口问；直接推或打，而不是说一声“不”。当你想和他们交流的时候，也要遵循同样的次序。先告诉他们后果，然后再把规矩讲清楚。你用不着生气，也没必要大喊大叫，而是马上行动起来。在孩子做错什么的时候，马上拿走一些东西，不管在什么情况下都是如此。

我曾经见过一位幼儿园老师是如何处理班上几个总爱“咯咯咯”傻笑的 3 岁男孩的问题。他们用杯子喝果汁的时候往里面吹泡泡，还把果汁洒在衬衣上。老师拿走了他们手里的杯子并告诉他们：“只要你们这样做，我就把杯子拿走。”她把杯子放到了架子的高处。男孩们眼睁睁地看着杯子被拿走了，他们试着伸手去抓，又哭又闹。老师说：“不行，杯子是用来喝水的。”她就说了这么多，没有喊叫，没有训斥，只有一个明确的结果。今天不会再给他们杯子——他们的行为马上就会带来相应的后果。在这之间不会有 1 个、2 个或 50 个提示来表现出不恰当的行为和它所带来的消极后果之间的联系，这是最关键的策略。把一种行为产生相应结果的时间尽可能地缩短，这样可以让孩子更好地理解自己对外界环境的控制。他会想，如果我做了 1，那我就会得到 2，每一次都是如此。当大人们的反应始终如一的时候，这个世界对于小男孩来说就清晰了。所有的规则都会清楚，他知道他的行为会影响到接下来发生的事情。

有些母亲会瞄准一件孩子心爱的玩具之类的东西，把它加入到“暂停法”的体罚当中，可能是他喜欢的玩具熊，或者是他的毛毯。有位母亲的目标是她儿子的棒球帽。这个小男孩特别喜欢戴他这顶帽子，就连午睡的时候也要戴着它。当他欺负他的妹妹或是朝妈妈扔玩具的时候，他的妈妈就会伸手摘下他的帽子。他抓着光秃秃的脑袋大喊“不！求你了，把帽子还给我”的时候，他的妈妈就会说：“不要打妹妹。你一打她，我就把你的帽子拿走。”这么说非常好，因为这当中并没有一句训斥孩子的话。**你的儿子会先体验到后果，然后听到规则。**

后果可以是拿走他特别喜欢或者是正在玩的玩具。你可以用这些东西替代体罚，把它们放在他可以看得到但摸不到的地方。如果他正在搞破坏或是用玩具打人，那就对那个玩具进行“体罚”。有时你可能会需要一个很大的空间去放所有那些被用于体罚的玩具。这么做没有问题，是在向他表明一些规矩。不好的行为会让他失去一些东西，等到他顺从的时候再把东西还给他。给孩子一个全新的开始，要是他又犯老毛病，就再把那样东西拿走，而且这次没收的时间要更长一点。

关键是，你的反应必须前后一致。但对大多数家长来说，保持前后一致是最困难的。例如，惩罚通常会导致孩子的情感爆发，甚至是剧烈的爆发。有的父母，特别是那些从小受过严格管教，或是生长在一个没有人会大喊大叫的相对祥和的家庭里的人，可能会在这方面退缩不前。他们向往贺曼式的教育——给孩子耐心地讲每一件事，孩子泪眼汪汪地点点头，大家互相拥抱，每个人都学习了，成长了。然而现实是，当你把三四岁的儿子心爱的泰迪熊放到冰箱上之后，他一边打你一边尖叫着："我讨厌你！"你可能感觉这个不像是孩子的进步，但它确实是。秘诀就是要迅速地做这一切，不要夹杂任何感情在里面。如果可以，可以试着立刻走开。

有时你可能会想，我现在处理不了这件事，我太累了。"他一整天都在调皮捣蛋，反正现在也快到睡觉时间了。他只是打碎了个花瓶，我会把碎片打扫干净的，然后再告诉他我很生气。"我把家长的这种想法看成是一种教育疲劳（discipline fatigue）。遗憾的是，那些不愿意惩罚孩子或是受不了孩子受罚之后朝他们乱发脾气的家长，为日后家里的混乱打下了基础。家长们在管理孩子时往往会由于疲劳或者沮丧而犯下一些典型的错误。这些错误可能包括以下几种。

- 过度地警告而不采取实际的惩罚措施。"我已经告诉过你了，让你不要扔玩具。要是你还那样，我就把你关进你的房间。我不是在开玩笑。"
- 解释规定背后的规则和原因，而不是立即对孩子的行为给予恰当的结果。"你这样尖叫的时候，妈妈真的很伤心。亲爱的，现在我们要离开运动场是因为午餐时间到了。你不想去吃饭吗？"
- 口头问几个问题而不去处理孩子的行为。"你没看见我正在打电话吗？你为什么总是这样呢？你以为我喜欢清理你的脏东西吗？"
- 避免对孩子进行惩罚，或者中断惩罚，尽力去弥补孩子或是为生气而道歉。"你没事吧？你知道妈妈为什么这么生你的气吗？"
- 禁不住怒气冲冲地骂人。"你是个坏孩子，离我远点儿！我连看都不想看你了。"

这些做法的效果都不太好。这样的教育方法表明你没有能力通过你的行为去控制局面。如果你使用这些方法，那么很有可能你是在循环使用这其中的几种方法，这样会更加削弱你的教育效果。在很多家庭里，妈妈使用这种育儿方法而爸爸却使用另外一种。这就是为什么父母最后会互相吵起来，而不是共同帮助儿子成长的原因。

冲突延迟：新的“暂停法”

明确你的反对态度会在短期内对孩子的行为产生直接的影响。家长们把它看成是一种灵丹妙药，在它还管用的时候好好享受吧！男孩长大以后，他们挑战权威的能力也会随之增强。他们会在每一次的冲突当中增加筹码，这种行为大概开始于 4 到 6 岁的时候。这意味着他们会故意不守规矩并嘲笑你，然后观察你的反应。当你要惩罚他时，他根本不会听你的，也许还会奋力反抗，或者大吵大闹一番，直到把全家人都搅得不安为止。为什么呢？因为他想看看这么做后会发生什么。

接下来应该发生的是，让他回自己的房间去。你可以让他自己走回房间去，或者带他回去，要么就把他抱回去。关上房门，让他一个人在里面发脾气，在这期间不要开门。大多数父母都会问他们应该让儿子一个人在房间里待多久。答案是，让他待在那儿，直到他不哭不闹了为止。冲突延迟（detention）也是一种“暂停法”的体罚方法。

出于某些原因，家长们被告知对孩子实施体罚的时间长度应该是固定的。他们认为对孩子实施体罚的时间应该随着他的年龄每增长一年延长 1 分钟。如果照这样算，4 岁的男孩就要接受 4 分钟的体罚，5 岁的男孩就是 5 分钟。这看起来很符合逻辑，特别是对于那些只想把每件事情做对的家长而言，但是它在感情上讲不通。你的儿子不是一只火鸡，他要接受的惩罚也不是要经过固定的几分钟的烹调。一个 5 岁的男孩可能只需要 2 分钟的时间就能让自己冷静下来，也或者他需要更长的 6、7 分钟。另外可能的情况是，在回去继续玩玩具或坐下来吃饭之前，他要花 15 分钟的时间控制住自己的情绪。重要的是，不要通过谈话让他再次兴奋起来，不要在他发脾气的时候跟他说话，比如问他“你现在没事了吧”，这就好比火上浇油，会再次挑起矛盾，并会延长平息它的时间。

‖“带走”，比“暂停法”更有效‖

你可能会纳闷：如果“暂停法”的体罚方法对很多男孩不起作用，那它是如何成为一个权威的理论的呢？我也有过这样的疑问，但是在做了一些研究以后，我发现了一些令人惊讶的信息。人们在几十年前发明的“暂停法”的体罚方法非常适用于男孩。它本是用来帮助一个自闭症患儿的，治疗的效果让男孩的主治医生也感到吃惊。

早在 20 世纪 60 年代，行为心理学家阿瑟·斯塔茨（Arthur Staats）提出了“暂停法”的体罚方法。后来，他的助教墨托斯·沃尔夫（Motrose Wolf）研究、发展了该方法。

THE WAY OF BOYS
男孩的故事
RAISING HEALTHY BOYS IN A CHALLENGING AND COMPLEX WORLD

沃尔夫应邀给一个住在精神病院里的 3 岁男孩治疗。这个孩子叫迪基，患有自闭症，脾气非常暴躁，常常会伤着自己。沃尔夫认为，大人的注意是控制孩子行为的基础。大人们对孩子的不良行为的注意会在不经意间鼓励他们，是对他们的一种奖赏。沃尔夫相信，医护人员越想去惩罚、控制迪基，他们就越是在鼓励他的坏脾气和不良的行为，这对鼓励他说话和正常地社交没有任何帮助。

沃尔夫的解决方案是，只要迪基一发脾气就马上带他离开那个房间。迪基被关在自己的房间里，没有人训斥他，甚至没有人和他说话，他要在那里至少待上 10 分钟，直到他气消了为止。这个方法非常有效，迪基很快就能一整天都老老实实地待着，也不再乱发脾气。他开始好好地戴他的眼镜，而不是像以前一样把它扔出去。通过转移开对迪基不良行为的注意，医护人员会在他表现很好、试着去社交和沟通的时候关注他。他们那种互相对抗的心理已经完全转变了。

在沃尔夫之前，从未有儿童专家研究过这种使用社会隔离取代身体上的惩罚，从而让孩子离开一个地点的方法。沃尔夫决定为这种方法起一个新的名字。当行为学家用鸽子做实验的时候，只要它们做错了，或者它们做的不是科学家们想要的，科学家们就会把灯关掉几分钟，以将这个动作从鸽子的记忆中抹掉。短暂的黑暗会让鸟类迷失方向，会让它们忘记刚刚做过的事，这就叫“暂停法”。沃尔夫也这么称呼迪基在自己房间里度过的那段时间。

有趣的是，迪基所住的那家医院里的医护人员不赞同这个方法，尽管它很有效。他们说这不能算是一种惩罚，因为迪基喜欢回自己的房间，他常常坐在里面一边哼着歌，一边愣神，直到“暂停法”的体罚结束。那些医护人员强迫沃尔夫答应让他们对迪基的不良行为进行惩罚，他们认为这样可以教会迪基应该怎么做。沃尔夫勉强同意让他们试一试。不过很不幸，这些惩罚的手段没有取得任何效果，反倒是鼓励了迪基更多的坏脾气和不良行为。医护人员希望使用这种方法惩罚迪基，其实更多的是想要发泄他们自己的愤怒，而不是去规范迪基的行为。事实上，医护人员把大量的注意力集中在了他们想要惩罚的那些不良的行为上，这样反而更强化了这些行为。沃尔夫断定，迪基之所以在他单独待在自己房间里的时候表现更好，是因为那里可以帮助他减压。在沃尔夫的报告当中，他极力主张把他的方法应用到对患有严重阅读障碍的儿童的治疗上，它的效果比惩罚的手段（特别是身体上的暴力惩罚）要好。

几十年过去了，“暂停法”这个词几乎获得了所有家长的普遍应用，但是在实践当中，“暂停法”的体罚和当初沃尔夫的理念大相径庭。大多数的家长让他们的儿子坐在椅子上，或是坐到墙角去，这些还不足以远离父母的注意。这样的情况会建立一种动态平衡，你得一直监督孩子的行踪。他是待在墙角吗？现在到 3 分钟还是 4 分钟了？他仍然能影响到房间里发生的事。他可以哭，可以尖叫、打断你们的谈话、大声地叫你，甚至是抱怨。所有这些都会越发引起父母的注意，从而强化他的不良行为，而不是起到相反的作用。男孩需要真正独处的时间，有的孩子需要的独处时间不仅仅是几分钟。这时，可以替代“暂停法”体罚的是另一种我称之为“带走”（Time-Away）的关禁闭的方法。

在“带走”的关禁闭的方法当中，让儿子回到他自己的房间，关上门，在里面待到他不再哭闹，会好好听话的时候为止。在我讲解这个方法的时候，妈妈们有时会变得很着急。要是他在里面玩起来了怎么办？要是他尖叫着大喊他讨厌我怎么办？要是他在里面待了一个小时呢？要是他感觉不到是在受罚呢？这个办法还管用吗？管用。“带走”的关禁闭的方法不仅仅是让你的家恢复正常秩序、让你那个无法无天的儿子不再控制别人的最好的办法，而且它还可以在你和孩子之间建立一种教育的动态平衡，并一直持续到他十几岁以后。（是的，妈妈们，你们还可以在孩子 16 岁的时候让他回到自己房间去。现在就开始习惯这个方法吧。）

‖要是他不肯待着不动怎么办‖

有些男孩不肯在“带走”的关禁闭时间待在自己房间里，他们会跑出来冲着妈妈大吼。我告诉家长们，可以站在卧室门外拉着门不让他打开，他的怒火很可能会更旺，可能会哭着砸门，但是如果你不理睬这些，他最终会让自己冷静下来的。（当然，你要确定他以前从来没有做过伤害自己的事，比如用头撞墙或咬自己，只有以此为前提你才能这么做。）

在他安静下来之前，不要和他说话，也不要对他的言行做出任何反应。在他冷静下来之前，什么也不要问，什么也不要说。通过不断地练习，久而久之，他就不像以前那么爱发脾气了。他会学会自己乖乖地回到房间去。要有点耐心，保持镇静。这需要时间，但是你的努力完全是值得的。

‖“野兽出没的地方”‖

如果你想知道儿子一个人待在自己房间的时候都经历了什么，可以读读莫里斯·桑达克（Maurice Sendak）的那本儿童图画书《野兽出没的地方》（*Where the Wild Things Are*）。有时候我会认为，这本书更多的是为家长们写的，在管理野性难驯的男孩的方法上为他们提供了一些见解。

THE WAY OF BOYS
男孩的故事
RAISING HEALTHY BOYS IN A CHALLENGING AND COMPLEX WORLD

在这个故事当中，小男孩马克斯经常在家里搞破坏。当妈妈让他停下来的时候，他就像野兽一样朝妈妈大吼，然后妈妈就让他上床去（因为不听话）。他在房间里大发脾气，想象着自己的房间变成了一片丛林，有一条船载着他来到了一个野兽聚集的地方。马克斯野性十足，那些野兽把他奉为它们的国王。然而过了一会儿，他闻到了妈妈为晚餐准备的饭菜的香味，他就又坐着船回来了，尽管那些野兽恳求他留下来。

> 当他回到家的时候，他的房间就不再是丛林了，他又变回他自己了。

尽管马克斯的母亲没有出现在故事当中，但是她的作用是至关重要的，是她让马克斯开始了他的旅程。马克斯的母亲做对了几件很重要的事情。

1. 她没有朝他大喊或是去训斥他

家长的情绪失控会给那些由于还没学会如何控制冲动、因不知该如何描述自己的感情而不知所措的小男孩传递错误的信息。冲他大声喊叫、按住他、责备他，这些都是额外的刺激，会让他更加灰心，更加困惑。

2. 她把他带回他的房间

在这个故事当中，马克斯的房间里没有堆满游戏、玩具和一些让他分心的东西。在这个安静的地方，他可以一个人发泄他的愤怒和能量。在这儿，他可以想象各种可怕的事情，比如，他独自一个人在荒凉的野外，或者他的父母离开了他。孩子通常会特别生爸爸妈妈的气，会去想象一个没有他们的世界，接着去体验那个世界，然后他会想再回到现实中来，因而不得不在离开他的房间之前接受父母的规章制度。当他闻到了饭菜的香味，意识到他想和家人在一起的时候，他就准备好要回来了。

3. 她没有去检查他

检查，是那些害怕惩罚孩子的家长最爱用的方法。他们把儿子关进房间，过了几分钟以后就去敲孩子的房门说：“亲爱的，你没事吧？”如果你是想确定孩子没有不高兴，那么你就是试图在感情上控制矛盾冲突的残局，但是你根本控制不了，因为控制权在孩子手里。当他不再生你那些规矩的气，准备要好好表现的时候，他肯定会回到你身边的。他要进行一系列思想斗争，考虑到底能不能放下那些怒气。如果他不是一个人去处理这些，那他就不会成长，也学不会如何控制自己的愤怒。

4. 她没有生气

当马克斯回到自己房间的时候，餐桌上已经摆好了他的晚餐。家人也准备好欢迎他从“野兽家园”归来。一切又都是崭新的了。

作为家长，你要去赢得你的权力。当你不知所措的时候，你会很容易自责，会想："他是故意这样对我的，他是在设法惹我生气。"是的，他是在设法惹你生气。他想看看接下来会发生什么。这时候你可以通过不因为他的不良行为和他冲你发脾气而生气来赢得主动，你应该像做实验那样去处理他的行为。一旦他越过了界线，就让他看到后果：把他"带走"关禁闭，或是把他的玩具拿走，用哪种方法都可以。不过在这个过程中不要对他大喊大叫，并控制住自己去"检查"和补偿孩子的欲望。

‖这不仅仅是惩罚‖

每当孩子不能控制自己、情绪濒临崩溃或是过于兴奋的时候，就可以使用这种方法，让他回自己的房间。这可以让他练习在受到过多的刺激之后离开那个地方，让他有机会到一个安静的地方让自己冷静下来。这也是一项技能，与其他那些技能一样，需要花时间去学习。**一个男孩能够学到的最重要的东西就是，当他感到不知所措的时候，他有能力去控制自己，照顾自己。**

正如一位母亲跟我说的："真是不可思议。有一天，我儿子感到很沮丧，心烦意乱。然后他就自己走回房间，把门关上。他在屋里郁闷了一阵子，我能听得到。大概 10 分钟之后，他从房间里走出来，情绪又恢复了平静。他学会了如何冷静下来。真是不可思议。"

这确实很令人吃惊，而且这也是"带走"关禁闭的方法所要达到的目的之一。你可以通过这种方式让他明白他可以控制自己的情绪。他可以在一个安全的地方把不安的情绪释放出去，让自己平静下来，这会让他的一生受益。

从长远考虑：愤怒不重要

如果现在你不对孩子的行为给出一个明确的结果，不让他回到自己的房间一个人发泄怒气，他就不能学会如何控制自己的愤怒，也不会明白他得听你的。10 年之后，当他成长为一个少年的时候，你就得去建立这个体系了。你需要花几年的时间去规定那些制度和纪律，因为某一天，当你让他回到自己房间的时候，他会说"去你的吧"。我告诉妈妈们，有一天他会长得比你高大，现在，趁他还是个小男孩的时候，你就要确立你的权威，把“让他回到自己房间”建立成一项常规。当他再大一点的时候，你同样有能力没收他的汽车钥匙。

我想起一位身材瘦小的母亲告诉过我，在她发现她那个大块头的儿子盖比从冰箱里偷拿了几瓶啤酒，然后开车带着这些酒和他的朋友们一起去参加派对以后，她是怎么教训他的。之后盖比大声嚷嚷着，把车钥匙扔在地上，回房间的时候还说了几句脏话。盖比回到家的时候肯定是野性十足的，但在几个小时之后他从房间里出来，他变得更有礼貌了，坐在那儿默默地吃晚餐，然后就回房间去了。与此同时，他的妈妈知道不管儿子多么生她的气，现在他已经回到世界上最安全的地方——他们的家里，他自己的房间里。和他的安全比起来，他的愤怒根本不算什么。

THE WAY OF BOYS

男孩心理学

- 很多男孩还不明白这个世界的社会结构的复杂性。和他们自己亲身去体验世界，去研究它、掌控它、重建它这些内心强烈的需求相比，那些诸如与人分享、排队等候、向初次见面的人问好、大家一起玩的时候要互相聊天的社会规则他还很难理解。
- 在他们3岁、4岁、甚至5岁的时候，妈妈的规则只相当于减速带，根本不能让他们停下来。“暂停”的体罚方法对很多这类的男孩都不管用。
- 一个在家里疯跑、禁不住去乱摸东西、乱拆东西的小男孩不会听你的话，也不会注意观察你的非言语暗示。
- 2岁、3岁甚至4岁的小男孩不怎么听话。当然，他们明白你在说什么，但是对他们大多数人来说，语言是最后的求助手段。
- 先体验到后果，然后听到规则。
- 一个男孩能够学到的最重要的东西就是当他感到不知所措的时候，他可以有能力去控制自己，照顾自己。
- 他可以在一个安全的地方把不安的情绪释放出去，让自己平静下来，这会让他的一生受益。

THE WAY OF BOYS 07

他总要赢

好胜的男孩 VS 面对失败的能力

RAISING HEALTHY BOYS IN A CHALLENGING AND COMPLEX WORLD

当我听说5岁的加雷斯钟爱赛车比赛时一点也不感到吃惊。他常常和父亲一起观看比赛，还去过几次赛车场，见过一些车手。一个人玩的时候，加雷斯自己举办赛车比赛，看看他的那些玩具小汽车哪一辆跑得最快。

他事事都痴迷于获胜，几乎到了让他妈妈和3岁半的妹妹发疯的程度。他整天都嚷嚷着他赢了，他是获胜车队的车手。吃饭的时候，他总让妈妈给他红色的盘子。在妈妈把红盘子给他之后，他就对着妹妹说："耶，我有红盘子。我赢了！拿到红盘子的就是第一名！"他这样自然会把妹妹气哭。当父母送他们去上游泳课的时候，加雷斯会跑到最前面去抢车里那个红色的儿童防护座椅。抢到之后他就会说："我赢了，谁抢到红色的座椅谁就赢。"这样又会把他的妹妹弄哭。

加雷斯的妈妈觉得她得去调解一下谁拿到红盘子，谁抢到红色座椅的问题了，因为这似乎已经成了一种公平和规则。"上次是谁抢到它了？这一次呢？"加雷斯创造出了只有他自己能赢的游戏。"谁摸到灌木就算谁赢。"说着，他用手抓住了灌木的枝子。更糟糕的是，他看上去好像已经失去了和妹妹一起做游戏甚至是和幼儿园的小伙伴们一起玩的能力。不管干什么、不管玩什么游戏，他都要赢，否则他就会大发脾气，把玩具狠狠地摔在地上。

他做兼职律师助理的母亲说，她觉得自己的工作环境中都是性急的、争强好胜的人，她不希望看到自己的儿子也变成这样。她很气愤地跟我说："加雷斯会作弊！如果他把所有的一切都弄得像噩梦一样，那他怎么能交到朋友呢？家人又怎么在晚上一起玩游戏呢？"

竞争：男孩的游戏

做游戏是促进男孩们发展社交和认知能力最强有力的工具，竞争则是催化剂。男孩们喜欢游戏，他们想看看自己和其他人比起来究竟怎么样，大部分男孩都想要赢。男孩渴望学习各种各样的游戏——棋牌类游戏、田径赛，甚至是自己编造出来的游戏。事实上，游戏本身并不重要。它就是一件道具，一辆安全的可控汽车，让玩游戏的人互相竞争。

游戏是我的训练当中最基础的部分，不只是因为男孩们喜欢它，它还是为男孩建立自信、让他们懂得后果、给他们示范应该怎么对待沮丧的有效方法。一开始，像加雷斯这样的男孩只会对战术和"只有一个人是赢家"感兴趣。他们想要自己操纵结果，这样就能获得一点点的力量感（尽管这不是真的）。最后，除了那些维护秩序和公平的规则以外，他们还会对实际的游戏、技能和策略感兴趣，但并不是在5、6岁这个年龄，发展到这个阶段还需要时间。

男孩天生具有去竞争的动力。参与竞争、成为最好的这种需要推动着他们去学习和训练新的技能，不管那是不是会让周围的人感到不舒服。两眼紧盯着棋盘或者等着轮到他去做一件事不是男孩的天性，但如果有希望获胜，那么他们也许会很乐意去做这些事。

当小男孩在做游戏的时候，他会开始注意除了他自己以及他和妈妈之间这种一对一的关系之外的事物。在大约3岁之前，男孩被局限在一个很小的范围里，几乎只限于母亲的关注。慢慢地，随着大脑的发展，他会扩大自己的活动范围，开始注意到其他的孩子。他会直接比较：和我比起来，那个男孩跑得有多快？他能把球投多远？男孩在3到5岁这么小的年纪喜欢做的很多事情都会建立在比较的基础上，在意谁做得更好。他们可能会比较谁懂得更多：我懂得一些你不懂的知识；我能拼出自己的名字，你能吗？他们还会比较体能：谁跑得更快；谁的秋千荡得更高。获胜的一方可以赢得吹牛皮的权利。

传奇足球教练文斯·隆巴迪（Vince Lombardi）说："胜利不是全部的意义，而是唯一的意义。"也许他是对的，至少在关于小男孩方面。**对他们来说，胜利虽然不是一切，但却是唯一的。**问题是，大多数母亲和老师习惯于把竞争和胜利，以及胜利之后跟别人逞威风的行为看成是错误的。妈妈们希望每个孩子都能公平、友善，特别是男孩。她们希望孩子们获胜的次数可以均等，每个人都能坦然地面对输赢。这样一来，对于男孩来说，输和赢就会变得毫无意义。事实上，这些试图去监督或者遏制竞争欲望的做法也许弊大于利。

我跟加雷斯的妈妈强调的是，她儿子这种把竞争挂在嘴边的状态并不反常，这是他感觉自己可以控制周围环境的方式。此外，他可以用这种方法去探索力量，几乎所有的男孩都沉迷其中。当孩子开始玩一些更正式的游戏，有更具体的事情去竞争的时候，那种把一切都转变为竞争的需要很快就会改变。我告诉加雷斯的妈妈，不要限制孩子这样说话，除非情况失去控制，引起了打斗或导致情绪的严重崩溃。当加雷斯使用这种说话的方式去嘲笑妹妹没有抢到红盘子和红色座椅的时候，我建议他的妈妈不要介入。告诉孩子们，让他们自己去解决问题并让他们回自己房间（或者去家里不同的地方），直到他们能自己把问题解决为止。

适合各个年龄段的游戏

在男孩们准备好和其他孩子一起做游戏之前，他们会先自己玩一些最基本的游戏。在我的办公室里，他们会玩"连接猴"游戏，还会跟我炫耀一共能串起几只猴子。他们每次都想连上更多的猴子，并想从我这里得到认可。他们会举行模拟的赛车比赛，驾驶着两辆小汽车在想象中的赛道上你追我赶。在这个游戏当中，男孩要控制比赛的结果，给两辆车分出胜负。先让孩子在家里培养做这类游戏的能力很重要，可以为他在准备出去和别人玩、体验真正的竞争之前建立自尊。

那些 2 岁半到 3 岁的男孩在做游戏的时候还不能像我们想象的那样遵守游戏规则，按照次序轮流去玩。在那么小的年纪，男孩最感兴趣的是控制和表现能力。没有必要要求这么大的男孩现在就学习等待轮到他玩游戏或坦然地面对失败，不管他们做什么，就让他们在幼年的时候体味一下成功吧。

三四岁的男孩可以玩一些简单的棋盘游戏。不过家长们要明白，这些孩子会设法去作弊。他们加塞、跳过其他的棋子，这样就能解决所有的问题，最后每次都是他们赢。这不算是一件很糟糕的事情，就让他们作弊吧。相反地，这是一件好事,可以让孩子从胜利当中获得自尊。以后他们还有很多时间去学习严格的规定，学习遵守秩序。关键是，在最年幼的时候，他们是在获得控制的能力，在享受快乐，和别人一起度过一段美好的时光。

当男孩们长到了 4 到 6 岁，他们开始明白什么才是真正的游戏。游戏把一些条件强加在他们想要成为最强的、最棒的这一没有止境的欲望当中。为了能加入一项游戏，他必须要知道如何遵守规则，如何和大家互相谦让。在男孩的发展达到这个水平之后，他们才开始明白，为了让游戏能够顺利进行，游戏的规则必须始终保持不变：在玩钓鱼的纸牌游戏时，最初手里有几张牌；每次被别人问到是不是有某一张牌的时候，都应该诚实地回答。不过，这并不意味着你的儿子会一直遵守这些规则，尽管他在这个年纪已经理解它们。记住，他是一位科学家，会一遍又一遍地检验那些规则。

保持趣味性

THE WAY OF BOYS
男孩的故事
RAISING HEALTHY BOYS IN A CHALLENGING AND COMPLEX WORLD

我认识一位母亲，他的儿子想玩一个叫“抱歉”的棋盘游戏，可是连最开始的几轮他都通不过，这让他的母亲很苦恼。他乱走棋子，还想加塞。他的妈妈花了半个小时告诉他游戏规则，一遍又一遍地解释给他听。“亲爱的，还没有轮到你呢。”“不，这张牌的意思是你得后退 4 步。”她不停地解释，她的儿子则特别不耐烦，两个人都玩得很不高兴。

"抱歉"游戏要求玩家抽牌，读懂牌上的指令，然后按照指令挪动棋子。同时，它也允许玩家把对方的棋子送回起点。尽管这个 6 岁的小男孩能读懂牌上那些字的意思，但是他还没有准备好去接受它们。这里面有太多的刺激，太多的失意，也有太多的东西要记。

我经常向家长们强调，最开始的时候不要花太多的时间去演练那些规则，告诉孩子游戏应该怎么玩。和他们玩规则最简单的游戏，或是把复杂的规则修改到孩子能够理解的水平，这样往往是最好的。后来，这位母亲的做法是，让儿子一个人扮演所有玩家。他真正想要做的，就是在属于他自己的这场小小的竞争当中移动棋盘上的彩色棋子。在这种规则下,他可以控制比赛的结果。在比赛的过程中，他还配上大段的解说。多棒的解决方法啊！在这种情形下，他就成了规则的主人。

当男孩们开始使用在棋盘游戏中需要的思维能力和认知辨别能力的时候，让他们去控制游戏实际上对他们来说是一种解脱。你要从孩子的角度去考虑这些具有代表性的棋盘类游戏。和他之前玩的那些出于本能的，通常是身体上处于动态和具有探索性的游戏不同，这类游戏要在一个平板上玩。他不能像以前那样无拘无束地动来动去，而是要安静地坐着，把注意力集中在诸如塑料棋子、弹珠、卡片或是图片这些小物体上面；他也不能按照自己的想象很自然地做动作，而是要加入到一个模式当中，那就意味着他要按次序轮流玩，还要注意其他玩家的动态。

如果一个男孩具备了做这些事情的能力，就表明他在社交和成长方面取得了巨大的飞跃。在这个过程中，最大的挑战就是遏制住自己乱抓、动来动去或者让游戏按他的想法进行的天性。有些游戏还要求孩子具有认识物体或颜色，知道应该把棋子移动多远或是拿走几个棋子的认知能力。有的游戏要求孩子能读懂字母或单词。给家长最好的建议就是，把这些规则划分为几个层次，让孩子随着时间的推移慢慢地掌握它们。你不用担心他不能去准确地执行游戏的规则，这需要时间。记住，游戏应该是充满乐趣的，你应该让孩子在刚开始做游戏的时候享受这个过程，这样他就会一直玩下去，并在今后的游戏中很舒服地遵守那些规则了。

如何面对输赢

很多家长觉得他们的儿子还不够成熟，不能好好地玩游戏。他们担心孩子长大以后会变成骗子，或者缺乏毅力，因为他们不能大大方方地赢——更不用说输了，而且他们会在做游戏的过程中发脾气甚至情绪失控，还总是为了一些傻事没完没了地争来争去。（我还没见过哪个男孩在哪个时候没做过这些事。）游戏其实是非常复杂的微型社交情境。很多男孩需要通过它去学习日后在学校和人际交往当中所需的各种类型技能。当我在办公室里用游戏教孩子们这些技能，或是给他们做示范的时候，我会注意在做游戏的过程中一步步地加入输和赢的概念。

让他先输几次

THE WAY OF BOYS
男孩的故事
RAISING HEALTHY BOYS IN A CHALLENGING AND COMPLEX WORLD

我给小男孩艾伦治疗了好几年。我们第一次见面的时候，他4岁。那时艾伦是个特别腼腆的男孩，他的视力在出生时就存在一些问题，他已经接受过两次矫正手术以帮助他恢复视力，而且日后还需要再接受几次手术。艾伦戴着一副厚厚的矫正眼镜，那副眼镜在他的小脸上显得特别大，用一条松紧带捆在了他的脑后。他在适应那些医学治疗的过程中有困难，这就是他的母亲带他到我这里来的原因。

没多久我就发现，“糖果乐园”游戏让艾伦很恼火。在这个游戏当中，玩家们先抽牌，然后在棋盘上的彩色方格之间挪动棋子，看谁走得快，第一个走完全程进入姜饼屋的人获胜。艾伦是一个杀气十足的玩家，在我们之前的会面当中，每次玩游戏都是他赢。现在，“糖果乐园”游戏要根据从一摞牌里抽出来的牌上的指令去走棋，这完全是靠运气。为什么之前每次玩游戏都是艾伦赢呢？因为我是故意输给他的。每隔几轮，我就偷看一下那摞牌，抽取那些会让我后退或是被隔过一轮的牌。艾伦在视力方面的缺陷让我很容易做到这个，根本不会被他发现。关键是我想先让他赢几次，然后再考验他承受失败的能力。

让一个男孩在刚刚开始玩棋盘类游戏的时候先赢几次是个不错的主意，在家里玩的时候也一样。当家长们告诉我，他们 4、5 岁的儿子不是个有风度的失败者时，我经常建议这些家长让孩子在家里再多赢几个月，或者让他们赢的次数比输的次数多。要让他们赢，让他们心满意足，且务必在游戏的最后一轮让他赢。记住，当孩子输给大人的时候，后果会很严重。当一个男孩和他的哥哥姐姐或是同龄人玩游戏的时候，没有人会让着他，他没有其他的选择，只能承受游戏的结果。让他们在那些场合去学着大大方方地失败吧。当他和父母一起玩的时候，让他控制局面的时间更长一点。等他长大以后，他就会想让游戏更具有挑战性，那就意味着他偶尔可以冒险输一次了。

艾伦已经从这个游戏当中学到很多了。在我们一起玩的时候，他学会了坐下来，眼睛盯着棋盘，尽管他的视力有障碍。他学会了按次序轮流抽牌，学会了去读牌上的字，还要搞清楚他的棋子接下来应该移动到什么位置。和我比起来，他更喜欢去跟进自己棋子的行进情况。我很清楚这些，因为他总是提醒我说他就要赢了，他还差“这么远”就赢了。他肯定也知道游戏总要有一个胜利者和一个失败者。我告诉妈妈们，在我们培养孩子良好修养的过程中，不要去掩盖以上这些重要的技能。不久，我们又一起玩了一些其他的棋盘类游戏，包括掷骰子和转盘游戏，但我还是大部分时间都让他赢。

当一个男孩真的赢了的时候，他就会知道做胜利者是什么样的。男孩们必须在尝到失败的滋味之前先体会到胜利的感觉。艾伦不是一个优雅的胜利者。每次他都把两个拳头举到空中大喊“我赢了！我赢了”，然后围着屋子跳一段胜利的舞蹈。而我做了些什么呢？我给他示范一个好的失败者是什么样子的。我称赞他的技术，并承认输了的滋味很不好，但是我玩得很开心。我问他要不要再玩一次，但他只想因为我的失败而幸灾乐祸。这样过了几个星期之后，我找到了一个机会告诉他，他那段胜利的舞蹈带给我的感受是什么，这和训斥他为什么不该幸灾乐祸是不一样的。相反，我说：“就像我为你高兴一样，当你像那样在我周围跳来跳去的时候，我有些为自己感到难过。我在考虑，我是不是还应该再玩一次。”

我知道艾伦在幼儿园里和他的朋友们一起做游戏有困难，因为他的眼睛看不清楚。他在幼儿园做游戏的时候总是输，因为他跟不上其他的孩子。在我的办公室里，我向他表明了两件事：第一，我在给他机会让他控制游戏的局面，让他做最好的。这对任何一个这么大的男孩来说都有很大的好处。第二，他会了解到他失败之后的感受就是他赢了的时候对方的感受。这样可以帮助他建立和别人之间的换位思维。

‖第一次失败‖

最终，艾伦要去了解一个关于竞争的不可避免的事实：他在做游戏的时候不能每次都赢，哪怕是在我的办公室里玩的时候也是如此。在他过了 6 岁生日的几周后我们会面时，我不再哄着他让他赢了。他先赢了一两局，后来不可避免的事情发生了——我们进行了一场势均力敌的比赛。最后，我把骰子丢出去，按照掷出的数字，我的棋子超过了他的，并且到达了游戏的终点。艾伦盯着棋盘看了一会儿，好像根本不能相信似的。他从地上站起来，走到沙发那儿一屁股坐下去，眼泪从他的大眼镜底下流下来。“那不公平！”他一边抽泣一边冲我大喊，“我不想让你赢。”

这时，大多数母亲会出于本能冲进来安慰孩子，用拥抱和大量的谈话来化解他的痛苦。接着，责备就会随之而来：你不是每次都能赢；你必须要适应；要是你这样表现，那就没有人会跟你玩了；如果你更努力一点，下次你会赢的。

在这样的情况下，你的儿子很可能不会去理会这些话。艾伦想要弄明白一个新世界的秩序——他可以输给一个之前一直都被他打败的人。我把这种气愤和悲伤的表现视为艾伦一个重要的发展阶段。他得让他的大脑接受新的信息：他可以失败。现在他进退两难，不希望世界以这样的方式运转；相反，他想让一切回到从前，那时他总是最棒的。他想让我对他说：“这一切都是个错误。你还是最棒的，我不应该赢，你每次都能赢。”但是我没那样说。我说：“我输了的时候也很不舒服。”

他内心的改变需要一些时间。不过，他不得不应对失败带来的不愉快，为了成长，他还要应对这个世界新的运转方式带给他的苦恼。几分钟之后，艾伦不哭了。我问他是不是想玩一个别的游戏。他说除非他能赢，否则就不玩。我告诉他，他有可能会赢，也有可能会输，这就是游戏。我告诉他，我输了之后也觉得很难过，但是我和他在一起很开心，也很高兴能有个朋友跟我玩。我提醒他说，在有些事情上我比他强，同样有些事情他要比我强。

在这个单方面的对话当中，我很小心，没有告诉他他应该是什么感觉，只是告诉他我失败时候的感受。艾伦要在输了游戏之后完全改变他的世界观，这是一项非常富有挑战性的任务。他需要有人帮他处理一下刚刚发生的事情，而不是责备他应该如何面对失败，该怎么适应，或者怎么像其他人期望的那样去表现。

那些想要帮助儿子应对失落情绪的家长们应该把这个作为一个范例。当儿子没被球队选中，没有赢得比赛，或是在运动会上表现很糟糕的时候，很多家长特别希望试着通过谈话来消除孩子的痛苦，甚至会去告诉他们怎么做才能让父母感觉好一点。家长们会说："别灰心。""没关系。""没有人想看你哭鼻子。""别再哭哭啼啼的了。""下次会更好的。"

家长的另一个选择是让孩子自己去和挫折作斗争，只是简单地对他说："这以前也在我身上发生过，当时我也很难过。"或者只说一句："我也很难过。"就停留在那一刻，把注意力集中在刚刚发生的事情上，因为他还没有能力去关注生活的教训。就和他待在一起，不要努力去改变。当孩子在处理他的失落情绪时，一些简单的、鼓励的话语就是他所需要的一切。

大大方方地面对失败

男孩们在失落过后会想出一些应对失败的办法，有些是积极的，但有些却不是。在艾伦第一次失败之后的几个月当中，他答应和我做游戏，但是为了赢我，他会采取作弊的方法。只要一觉得有可能会输，他就不玩了，或者在提出重新开始之前"不小心"把棋盘打翻。

接下来，他开始为规则做补充。如果抽到了一张不喜欢的牌，或是掷出了一个不喜欢的点数，他就会为它补充一条规则。"好吧，当你抽到一张绿色的牌，那就表示你得再去抽一张。”然后他连看都没看我一眼就又去抽了一张牌。有一次，他以为我没在看着棋盘，就偷偷地把我的棋子往回挪了几步。所有的男孩都会有这些行为。他们总是想赢，为了赢，他们会采取作弊的方法，因为“胜利”和“做最棒的”的诱惑实在是太大了。

我告诉妈妈们，与其因为儿子的欺骗行为去责备他，倒不如去给他示范好的行为。男孩们认为他们必须赢，但是如果别的玩家退出，他就赢不了了。每次艾伦作弊之后我就说：“喂，那不公平。咱们俩都公平地玩吧。”我告诉他，除非我们两个人时不时地都能赢几次，要不然我就不玩了。话虽如此，我也承认我的确还是让艾伦赢的次数多一些。在我们会面的过程中，我总是设法在玩游戏的时候让艾伦在最后一个游戏或是在游戏的最后一轮中胜出。我觉得这个方法很不错，家长们也可以在家里使用。小男孩们确实需要赢的比平均的次数更多一些。记住，年龄大一点、更有经验的玩家一般都更擅长玩游戏。如果孩子觉得灰心丧气，就不想再玩了，你也就无法教他和棋盘游戏相关的社交能力。

久而久之，男孩们会认识到，尽管他们不喜欢输（谁喜欢呢），但他们喜欢玩游戏，喜欢游戏给予他们的获胜的机会。他们学会了接受这个事实：当你和朋友一起玩游戏的时候，你们俩是在一起冒险。你们一个会赢，另一个会输，但是通过这次冒险，你们两个人都经历并分享了游戏带来的兴奋和面临失败的打击。通过一次又一次地冒险，他会意识到冒险是一件令人兴奋的事，并让他更有能力去承受生活中不可避免的风险，比如尝试新的活动，结交新朋友。

艾伦的确改变了，而且他可以运用这些胜利和失败的经验去应付生活中其他领域的成功和失意。这些经历帮助他面对挫折，容忍自己在学校犯下的错误，也让他在努力结交新朋友的时候更有耐心。它把艾伦的期望变得更现实了，让他明白了不是每件事都能按照他的方式进行。

与失落作斗争

家长们经常问我，他们的儿子需要多久才能明白在玩游戏的时候作弊和乱发脾气是不对的。潜台词是：他什么时候才能不再那样做？他什么时候才能成为一个正直的孩子，在玩游戏的时候遵守规则，不管赢还是输都表现得特别有风度呢？对于这些疑问，我总是想问：你见过专业的运动员比赛时的样子吗？在那些大的联赛当中，发脾气是常有的事，而且所有裁判员一直在场上跑来跑去也是有原因的。

在男孩的一生中，竞争会是一个始终存在的因素。这种竞争会随着他年龄的增长变得越来越多。他总是特别想在游戏的规则面前，在你面前，在他的老师、朋友和身边所有的制度面前强调他的优势。你要做的就是把这种优势压下去，要让他知道欺骗和不良行为的后果。遵守规则，有时甚至对大人们而言也是个难题。

THE WAY OF BOYS
男孩的故事
RAISING HEALTHY BOYS IN A CHALLENGING AND COMPLEX WORLD

我曾经治疗过一个名叫大卫的男孩，他喜欢把国际象棋的棋盘从屋子的一边踢到另一边，而且如果事情不按他的意愿进行，他就会气呼呼地走开。我没有跟他发脾气，而是尽可能平静地把当时的情况描述出来。我经常会使用一点幽默来缓解紧张的气氛。“哇，我猜棋盘刚才就决定要摔到地上去了！它只想让你赢。”还有一次他想要作弊，把手悄悄地伸到桌子的另一边去偷拿一个棋子。我先是开了一个玩笑：“等等，大卫，等等。我是不是看见那些棋子神秘消失了？你有特异功能！我的一个国王现在在你的手里呢！难怪一直都是你赢。”我的目的是让他意识到他要改变规则，而我已经发现了。

很多家长对欺骗行为的反应很强烈，认为它是一种品质问题。它确实是，但在这个年龄不算。在他能弄懂欺骗是不对的之前，首先要明白欺骗是很容易被识破的。对方会发现他在作弊，并去提醒他。

在和年龄大一点的男孩玩游戏的时候，我会更强硬也更直接，告诉他们如果他们作弊或是改变规则，我就不玩了，但是我不会训斥他们。相反，我会向他们提问题：“我从来都没有赢的机会，这样公平吗？如果我用作弊的方式赢了你，你会是什么感觉？”我用和蔼的、鼓励的语气，而不是带有一丝失望或是气愤的口吻问他们，所以他们很容易就能听得进去。这时，男孩们通常会试着跟你商量让他获得一些不公平的有利条件。我记得大卫拿起我的几个棋子说："好吧，让我把这些棋子放回起点，然后咱们接着玩。"还有一次，他提出如果他的棋子能不按规则走他就跟我玩。对于这个要求，我说："不，我现在不想玩了。也许下一次吧。"我知道，他想玩游戏的愿望最终会战胜他去作弊的欲望的。

当他决定再玩一次，并且是公平地玩的时候，他用不着被训斥就可以学到一些东西。他会注意到我的社交暗示、肢体语言和我说话的语调，如果他是在和另一个与他年纪相当的男孩一起玩游戏，他也会注意到这些的。

‖作弊：一种社交练习‖

有些母亲抱怨说，作弊成了一种游戏。当男孩们试着去作弊，而他的妈妈、爸爸或者兄弟姐妹说"这不公平"的时候，他们就只是大笑。这时家长们会真的感觉到他们的儿子的发展正处在某个消极的轨道上，但是我不同意这种观点。有很多很多次，在我和一个小男孩在办公室里玩游戏的过程中，他知道他在作弊，但是他以为他的动作在我看来不那么明显。随后，在某个时候，当他的社交能力有了一些发展，并能读懂我的暗示的时候，他就能意识到他被逮到了。我并不是在男孩们每次作弊的时候都提醒他们。毕竟在会面的过程中，我们经常要讨论其他一些更紧迫的事情，有时我只是用游戏来分散他们的注意力，让他们的大脑在谈论其他问题的时候能一直保持运转。不过，有时候我还是会提醒他们。有趣的是，这些男孩觉得他们能在我没有反应的时候侥幸作弊成功。这意味着，他们以为我没发现。

在稍后的某个时间，男孩们才明白我一直都知道我的棋子应该放在什么位置。他们已经发展到了一定的水平，能够读懂我的肢体语言，知道当他们把我的一个棋子藏在自己手里的时候我脸上的一丝笑意和我扬起的眉毛是什么意思。有趣的是，欺骗并没有停止。即使在他们明白了这些之后，他们通常还是会在做游戏的时候继续那样做，看看如何才能更多次地侥幸得手。这对家长们（特别是妈妈们）了解男孩的游戏规则是很好的经验教训。挑战极限是这些小家伙们和别人一起玩或是和别人比赛的一部分。

合作与让步、捉弄和试着胜过你的朋友，是男孩——甚至是男人游戏的一部分。母亲们则往往会选择更强硬的立场，这样也没有错，有时，玩那些具有侵略性的游戏会让她们觉得不舒服。如果你不能很舒服地玩那些游戏，你也不用勉强自己。你可以告诉儿子，在和他玩游戏的过程中你期待什么。在他去和同龄人一起做游戏的时候，这些技巧他都需要掌握。

有些家长告诉我，他们不能让儿子去欺骗："要是他一直都想赢，那将来他如何在生活中和别人相处呢？"我提醒他们，在现在和将来之间还有很长一段距离。而且当他赢了的时候，他从游戏中学到的不仅仅是胜利。

我们需要记住的很重要的一点是，随着孩子认知能力的逐渐发展和他对这个世界越来越了解，对人们应对复杂情况的方法知道得越来越多，他对待那些游戏的态度会以令人惊奇的方式发生转变。

‖同龄人比赛‖

THE WAY OF BOYS
男孩的故事
RAISING HEALTHY BOYS IN A CHALLENGING AND COMPLEX WORLD

很多男孩还很难适应体育比赛当中那些死板的规则。我认识一个名叫凯莱布的小男孩，他和爸爸在后院做游戏的时候产生了严重的分歧。爸爸给他买了个棒球手套，想要教他棒球比赛的规则。然而凯莱布只有 6 岁，还没准备好去接受那些规则。他想去击球，如果不允许他那样做，他就不想玩了。当家人聚在一起的时候，年龄大一点的孩子在一起玩威浮球或者踢足球，玩得特别开心，而凯莱布则只是躲在旁边看着，不肯和大家一起玩。有的时候他会进入到游戏当中，悄悄地把球拿走或是在本垒板附近走来走去给大家捣乱，但他就是不玩。

凯莱布的父亲总因为这个说他：你什么时候才能去试着玩一玩呢？现在你为什么不出来呢？咱们一起玩吧？他的母亲觉得这种责怪已经永久性地毁掉了凯莱布对体育运动的兴趣。我的建议是，不要再讨论这个话题了。告诉凯莱布，在全家人出去郊游的时候，他得自己决定要不要去做游戏。他不一定要参加，但是他不能去打扰那些做游戏的人。更重要的是，我告诉凯莱布的父母，给他一个机会去玩他自己喜欢的游戏。在那个时候，他喜欢玩捉迷藏，还喜欢在后院和他的爸爸赛跑（只要总是他赢）。给他机会去玩这些游戏，把棒球或威浮球之类的东西统统丢到一边去。

他们确实这么做了，尽管他们并不喜欢这么做。凯莱布的父母都将在后院踢足球和打棒球视为家庭社会化的重要部分，他们不想让儿子成为家里那个扫兴的人。

后来发生了一件有趣的事。凯莱布参加了一个日间夏令营，他整天都在那里和别的孩子一起玩。他们玩躲避球和捉人游戏，这些凯莱布以前从来没玩过，而且他发现自己玩得还不错。他跑得很快而且思维敏捷。夏令营的辅导员还介绍孩子们玩威浮球，在第一周的周末组织大家来一场真正的棒球比赛。在第一天的夏令营结束之后，凯莱布回到家，开始缠着爸爸问打棒球的事。他想赶快学会，这样就能和他的伙伴们一起玩了。

同龄人群体的推动让凯莱布发生了改变。来自同龄人的压力不一定总是坏事，就凯莱布的情况而言，他想成为那些男孩中的一员。如果他想让自己被接受，并且和大家合得来，就得去适应他们。他的同龄人不会像很多父母那样去娇惯或是去帮助一个男孩。他们只会要求你要么跟他们一起玩，要么离开。对于妈妈们来说，这一点很重要。如果你发现和儿子的同龄人相比，你为他做得太多了，那就往后退一步，看看他能不能自己来。当他准备去加入一群新朋友的时候，他会遇到挑战，也会遇到困难。你可以通过鼓励去支持他，但是要让他找到他自己那一套和大家融洽相处的办法。

对抗竞争的大男孩

我治疗过一个男孩，8 岁的克莱夫。他在足球场上总是控制不住自己的情绪。不管他的生活中发生了什么事，他的反应都特别强烈，一生气就会大发雷霆，哪怕是小小的失望也会让他忍不住哭起来。他被诊断出患有注意力缺陷多动障碍，而且正在服用一些药物帮助他提高集中精神的能力，让他在学校里能保持冷静。和那些因为患有注意力缺陷多动障碍而服用中枢神经兴奋剂的男孩一样，你所能期待的效果是有限的。实际上，这些药物通常是一把双刃剑。当它的疗效逐渐减弱的时候，克莱夫就会变得更容易发脾气，而且他的愤怒会比以前更强烈。

幸运的是，克莱夫在学校里的表现比以前更好了。随着他逐渐成熟，他的极端情绪也慢慢平静下来了。对于很多存在强烈的情绪反应的男孩来说，在他们长大一些之后，这些反应就会趋于平静。大脑皮层——允许我们控制感情的大脑的一部分，会在整个童年和青春期继续发展。尽管大脑完全发展成熟了，但是学习，或者说修复神经元的工作从来不会停止。在大脑发展的众多区域里（包括这个区域），有些男孩天生发展滞后，但是它们极有可能会随着时间的推移慢慢地弥补这个差异。

克莱夫的情况仍然没有好转的一个地方就是他在足球场上的时候。他是队里踢得最好的球员之一。可是在每次比赛和训练时，每当对手得分或者他自己犯了错误时，他都会大发脾气，让他的队友、教练和父母很难堪。他对裁判特别不礼貌，还辱骂其他队员，朝场边的长凳上扔东西。而且，他对自己和对别人一样粗鲁。如果他错失了一场比赛他就会骂自己，或者，如果他搞砸了一次传球或是把球踢出了界，他就会突然大哭起来。有时候，我会朝家长那边望一望，看看这种行为是不是得到了他们的鼓励。然而，家长既没有鼓动他去踢足球或是从事其他运动，也没有逼他在球场上一定要表现得很完美。克莱夫的行为让他们很困惑（也被吓坏了），他们根本没有为他的行为找借口。

只要克莱夫一踏上足球场，治疗注意力缺陷多动障碍的药物就完全不起作用了。这是一个充满刺激和强烈感情的真实场景。教练已经警告过他，如果他的状态没有改善，就会被踢出球队，镇上的联赛也别想参加了。作为一名优秀的球员，克莱夫不应该在每次比赛的时候都给球场带来那么多的麻烦。

克莱夫告诉我，他真的想要改进，他想继续留在队里踢球，这对他来说比什么都重要。我们制订了一个简单的改善行为的方案。首先，我得说服他和他的父母，让他自己决定要去做什么，体验真正的后果有助于解决问题。我们俩一起仅仅通过两场比赛就把问题解决了。

我们先弄清楚他在干什么，然后把他的行为按等级归类，把它们分为“初级”、“中级”和“高级”。我告诉克莱夫和他的父亲，克莱夫可以对比赛当中发生的事做出初级和中级的反应，但是不可以做出高级的反应。我们为此制定了严格的界限。例如，朝队友或者对方的球员大喊属于高级反应；用脚踹草坪和用拳头猛击自己的手掌属于中级反应；噘嘴生气属于初级反应。我告诉克莱夫的父亲，在下一场比赛开始的时候提醒他，一旦他做出高级反应他就得马上退出比赛，离开赛场，坐上车直接回家。没有任何警告，也没有第二次机会。家长们在不过多地责备孩子的情况下，成功地对他们的行为立刻给出实实在在的后果是至关重要的。就克莱夫的情况而言，由于他的运动天赋，他没有因为他的行为而得到过真正的后果。教练一直给他机会，其他的队员都谅解他，他的父母也是这样。只要取消他的这种特殊待遇，他的行为就会改变。

在下一场比赛中，克莱夫在上半场表现得很好，后来他就控制不住自己了。他的父亲说到做到。他让克莱夫退出比赛并把他带离赛场。克莱夫求父亲再给他一次机会，并做出了各种承诺，但是他的父亲表现得很坚定，一句话也不说，开车把他带回了家。后来克莱夫从朋友们那里听说，他们的球队输掉了比赛，原因之一是他的缺席。克莱夫哭了，撅着嘴，看上去让球队输掉比赛对他的打击很大。不过在下一场比赛中，他做好了上场的准备，而且在比赛的过程中没有出现任何问题。在那个赛季的每一场比赛之前，克莱夫的父亲都会像这样给他打气，但是他再也不用把克莱夫从比赛当中拖出来了。

几年之后，我在当地的报纸上看到了一则新闻，是关于一个深受大家喜爱的高中棒球代表队队员的，我一下子就认出了那个名字。克莱夫已经长大了，他擅长很多种运动，包括棒球。不过那时，他的肩部受了伤，迫使他结束了高中的运动生涯。尽管这非常令人失望，但克莱夫把他对于体育的热情转移到了球队里一个新的角色当中。每次比赛他都会穿戴整齐，坐在场边的长凳上为队友们加油鼓劲。他学着去协助教练，成了球队一笔巨大的财富。

事实上，男孩从来都不会放弃他们内心深处想要成为“最棒的”的欲望。很多男孩总想要通过击败另一个家伙来展现自己的能力更强。处在初中、高中和大学年龄段的孩子都梦想着成为专业的运动员、摇滚歌星和千万富翁，想象自己站在聚光灯下，向全世界展示他们是最好的、最快的、最聪明的、最酷的、最大的、最强的。比其他所有人都要好的基本渴求永远都不会消失，只是会因为社交能力的发展而有所缓和，并在以后的生活中，灌输到辅导、教育和培养孩子的过程中，继而把这种能力传给下一代。

THE WAY OF BOYS

男孩心理学

◆ 一个男孩在 3~5 岁这么小的年纪喜欢做的事情当中有很多都会建立在比较的基础上，强调谁做得更好。

◆ 对大部分男孩来说，胜利虽然不是一切，但却是唯一的。

◆ 当一个男孩真的赢了的时候，他就知道做胜利者是什么样子的。男孩们必须在尝到失败的滋味之前先体会到胜利的感觉。

◆ 在男孩的一生中，竞争会是一个始终存在的因素。这种竞争会随着他年龄的增加变得越来越多。

◆ 很多男孩还很难适应体育比赛当中那些死板的规则。

THE WAY OF BOYS 08

他就想当“坏人”

“黑暗男孩”VS 奇幻思维

RAISING HEALTHY BOYS IN A CHALLENGING AND COMPLEX WORLD

托马斯，一个5岁半的小男孩，完全被电影《星球大战》迷住了，和他的哥哥一起看了好几遍。他的母亲说他把全部6集电影的情节全都记住了，还问了很多和电影有关的问题。他对一个被岩浆吞没的人物，还有一个手臂被砍掉的角色念念不忘。这部电影成了他和别人聊天的话题之一，也是他玩角色扮演游戏时唯一的灵感来源。托马斯喜欢表演电影里的情节。他像挥舞一把光剑一样耍着一根棍子，还配上了怪异却又很逼真的声音效果，假装像电影里的情节那样在和敌人作战。电影中的人物达斯·维达给他留下了很可怕的印象。托马斯甚至还编出了一些可能会在电影里发生的故事情节。

他的母亲萨默对流行文化持怀疑态度。萨默说，自己的父母是“讨厌的、只认识钱的人”，她不想跟他们一样。她对我说：“我试着与电影里那些打打杀杀的内容保持一定距离，但是我做不到。”她曾试着限制托马斯谈论那部电影，告诉他关于这部电影的话题每次只能说上几分钟，但是这样的限制让托马斯感到焦虑不安。那些问题对他来说很重要，尽管它们让萨默感觉很不舒服。托马斯问：“为什么坏人想去伤害好人？为什么会有坏人？坏人比好人多吗？我们怎么才能阻止坏人做坏事？”萨默表面上装作可以忍受，但是她心里真的恨透了《星球大战》。她觉得这部电影太暴力了，而且对于像托马斯这样的小男孩来说也太成熟了。她说这部电影和托马斯对它的痴迷已经毁了这孩子，让他变得更好斗却更胆小了。

我经常听到这个年龄的男孩的母亲说起这些，但是对于喜欢坏人，或者是一般的暴力冲突就会让男孩变得焦虑、胆小甚至好斗这样泛泛的结论我却不敢苟同。我认为倒过来说也许是真的。孩子与生俱来的对现实世界里的危险的焦虑，激起了他对这类电影及其中的恐怖主题的痴迷。这类电影里的情节，在那些孩子和家长喜爱的童话故事里都可以找得到。我们会很惊奇地发现，比如，《汉赛尔与格蕾特尔》（*Hansel and Gretel*）是一部关于遗弃子女、谋杀甚至是人吃人的童话，而《三只小猪》（*The Three Little Pigs*）是讲述一只来到你家门前的大灰狼把你们的房子拆了，这样它就可以吃你的故事。这些故事会让孩子想象那些不可思议的事，而且他们对这些已经不感到稀奇了。对于男孩们来说，战争片和那些描述超级英雄的电影没什么两样。

为什么喜欢做坏人

有很多家长都见过儿子在玩角色扮演游戏的时候表演那些特别阴暗的或是具有攻击性的虚构的故事情节，他们担心这类游戏会很危险，或是会证明他们作为家长对孩子做错了什么。很多妈妈对我说："如果他喜欢超人、蜘蛛侠或是其他类似的人物，这倒没什么，但是他为什么崇拜达斯·维达和虎克船长①呢？"

的确，男孩喜欢坏人。作为成年人，我们经常会把戏剧或是小说里的某个人物说成是"他会是一个让你讨厌的人"。不过，男孩们不是这样。他们不讨厌坏人，他们喜欢坏人。在他们的角色扮演游戏的剧情里，他们模仿坏人的行为，那就意味着，他们会谈论（并且配上声音效果）去摧毁一些事物，窃取一些东西，拯救世界，杀光其他人物。女孩的扮演游戏里也包含戏剧和矛盾冲突，但是主题是完全不一样的。

① 电影《虎克船长》中的反面角色，由史蒂文·斯皮尔伯格导演。——编者注

我认识的一位母亲无意中听到她的两个孩子在做游戏，当她给我讲他们是怎么玩的时候，差点笑得眼泪都出来了。她 6 岁的儿子表演海豚杀手把从桥上掉到大海里的人吃掉的情节。在这个剧情当中，行星坠落，熔岩从海里喷出，剧情非常复杂。儿子给剧中的每一个角色都配了音，所以他说的话不多——当然，除了那些从桥上掉下来的人在求救的时候发出的尖叫声。与此同时，她 4 岁的女儿正在设法加入到剧情当中，所以她扮演了猫咪救援队里的母亲和女儿这两个角色。猫咪和海豚杀手不一样，有很多话要和桥上的人说，它们母女之间也有不少对话。这两只猫咪一边奋力地解救桥上的人，一边聊着为了救人应该买什么样的鞋。它们问海豚杀手，如果不吃桥上的人，它喜欢什么样的甜点。

不是所有的女孩都喜欢一边表演一边说，但是有不少男孩喜欢一边表演一边把故事叙述出来。不过，很多男孩编排的剧本都钟情于阴暗的、具有破坏性的主题。他们喜欢加入刺激、矛盾、争吵，甚至暴力。实际上，矛盾的升级、人物之间的互相争斗通常才是剧情的重点。

这两个孩子表演的是风格完全不同的剧目。一种风格倾向于通过谈话来消除危险；另一种风格倾向于用声音增强表演效果，把人物置于更多的危险当中。不过，这两种表演的目的是一样的。两个孩子都在通过装扮游戏来消除他们内心的焦虑。对于一个孩子来说（在这种情况下是女孩），这场戏就是尝试去把事情变得更好，去解救桥上的人，喂海豚吃一些社会更能接受的食物，以及愉快地购物。然而，另一个版本里发生了所有这些大事件——可以融化你的岩浆，从太空坠落的会砸到人的东西和残暴的动物，就像是真的一样。在这里，男孩设计出了一个荒唐的、充满暴力和敌意的世界，以此来解决他担心有时会发生不好的事情的焦虑。那些事可能会发生在他的身上，也可能会发生在他爱的人身上。

很明显，家长们接下来要问的是：“这种焦虑是从哪儿来的呢？为什么这个世界让他感到这么忧虑，这么沮丧呢？为什么他要在那出戏当中设计出混乱和危险的情节呢？”答案是，因为他长大了。现在他已经成熟到可以明白他不能控制一切（他的父母也不能），而且在他的家之外存在着一个巨大的、可怕的世界。他对这些主题感兴趣并不能说明他正处于暴力的环境当中，或者你不是一个好家长，而是意味着现在他的大脑能够理解更大的主题，比如，好人想帮助别人，而坏人想伤害别人。

身为成年人，我们也有焦虑，我们是怎么处理它的呢？通过看报来更多地了解世界，这样我们的恐惧就不会变得那么夸张。我们还会读书、去电影院或剧场，这就是我们的幻想剧的版本。大人们有很多的工具来应对自身的恐惧。男孩们的工具没有这么多，但是他们会非常有创造性地使用那些工具。

角色扮演游戏

在角色扮演游戏最基本的形式当中，坏男孩的剧本是对力量和具有力量的剧中人物的一种迷恋。这就意味着，超人会和坏人作斗争。一个 3 岁大的男孩会设置剧中的角色,那些角色往往分为两种——坏人和好人。男孩们不会只是演“警察”，而是会演“警察与强盗”。“在戏里，我是一个人物，你是另一个。”用这种方法，男孩组建出不同的队伍,并选择加入哪一方,然后把表面的矛盾冲突进行到底。“我想偷东西，然后你就会想把我送进监狱。”在这样的表演当中，男孩会学到分类、对立、强大的力量，以及和这些一起到来的矛盾冲突。他在用戏剧的方式和朋友们一起编排一场战斗，并控制战斗的结果。在男孩设计的剧情当中，好人并不总会赢，就像在现实生活中一样。他们会一遍遍地表演这些情节，而且每次出现的不同结局取决于男孩在想什么、担心什么，或是在设法搞明白他周围复杂的新世界里的某些事情。

男孩对坏人的喜爱并不意味着他永远都不想成为超级英雄。那些反面人物也很有意思。在这几年里，孩子的想法会变来变去，既想当坏人，也想当英雄。他会轮流尝试每个角色，探究自己不同的几面—— 一个无私地保护别人的英雄的一面，以及一个更具有破坏性的、愤怒的、以自我为中心的坏人的一面。这两面都很平常，存在于每个人的性格中。孩子在游戏当中安全地去探究和理解自己阴暗的那部分是一种健康的行为。

此外，他的大脑已经准备好去思考现实生活中那些可怕的大事情了。在剧目当中使用这些主题和人物，可以让他以安全、快乐的方式去应付这些念头。这个年纪的男孩具有非常强烈的情感。正如我之前谈到的，由于他们往往不会说出自己的感觉，因此这些情感有时就被压制住了。通过在他的幻想剧当中练习不好的行为和那些坏人的做法，他可以预演世界上那些可怕的事情是如何产生、如何发展的，还可以安全地疏导其中的一些事。同时，他也是在享受每个人都具有阴暗的那一面的力量，不管我们愿不愿意承认。这就是为什么在他编造的故事当中他想要当坏人的原因。

有时候，他看起来好像在这个无尽的幻想剧当中迷失了自己。不用担心，等他长到七八岁的时候，他对电影里反面人物和超级英雄的喜爱就会有所减弱，他的兴趣会转移到更现实的英雄身上，比如，运动健将和职业摔跤手，他也会喜欢一些更讲求策略的游戏，包括国际象棋、纸牌和一些体育运动。

像萨默这样的妈妈们应该知道，并没有一个年龄限制说，在那个年龄阶段的男孩太小，还不能扮演反面人物。他们一懂得好人和坏人的概念，就马上会对它们产生兴趣，要去探索这两个角色。坦白地说，有的时候坏人看起来更酷一点。他们长着绿色的皮肤，披着黑色的斗篷，留着蓬乱的头发。当这些特征激怒了妈妈的时候，这个形象就到位了。而且，坏人的样子越可怕越好，就像万圣节的面具。扮一个能让别人害怕的人，会让人觉得自己很强大。

暴力玩具

很多母亲不喜欢给儿子买那些具有攻击性和暴力意味的玩具，当亲戚们把这类玩具作为生日或是节日礼物送给孩子的时候，如何委婉地拒绝让她们特别发愁。很多父母不允许孩子玩玩具枪，你当然可以选择让儿子玩什么样的玩具，也可以用任何你认为恰当的方式去约束他。不过我得提醒你，不让孩子玩玩具枪并不能阻止他去假装朝别人射击。男孩可以把一根棍子、一本书、一片面包或是一只泰迪熊当成枪。

最近，一个3岁男孩的母亲告诉我，她的儿子喜欢用手指着她，并发出断断续续的声音，听起来有点儿像激光枪在开火。这位母亲告诉我，她的儿子从来没见过玩具枪，也没有玩具枪，当然他也从来没见过真枪。他第一次做这个动作的时候，妈妈问他："你在干什么？"这个男孩回答："我在朝你开枪。"她看着儿子空空的手问："用什么？"他说："我的武器。"这个小男孩甚至都不知道"枪"这个词，所以他自己编了一个。

家长们应该去关注孩子用武器发明了什么样的游戏，而不是担心他是不是在玩假枪。我指导母亲们，如果这种类型的游戏吓到了其他人或者它越过了儿童应该具有的良好的社交行为规范，就该限制孩子去玩。也就是说，他只能和愿意一起玩这种游戏的孩子玩。他不可以端着一只大水枪从灌木丛里跳出来，对走在街上的女士大喊"砰！你死了"。就算他不扣动扳机也不行，因为那位女士不是在和他一起做游戏。告诉男孩们，他们只能对同意和他一起玩的小伙伴那样做。

小男孩们总是会因为用手指着大人，假装朝他们开枪而冒犯他们。这样做一点也不可笑，也不可爱，因为有很多人因为枪击失去了亲人。家长们应该给孩子讲清楚这种装扮游戏怎么玩，在哪里、和谁一起玩。在这种游戏得到了良好的限制之后，它就能发挥积极的作用，帮助小男孩们处理他们对世界上那些不好的事情的焦虑，慎重对待具有杀伤力的事物。

男孩的奇幻思维

男孩渴望了解那些不好的、可怕的事情的程度远远超出家长们的想象。我认识的一位母亲，在儿子从幼儿园回到家，问她泰坦尼克号上死了多少人的时候，她感到很震惊。他还想知道那些冰山有多大，他能不能看见一座。这位母亲向老师询问具体的情况。老师解释说，是因为另一个孩子上幼儿园的时候带了一本关于泰坦尼克号的书，并在班上朗读。那不是一本为成年人写的书，它是针对小读者的，可是里面确实提到船沉了而且有人死了。在后来的几个星期里，班上的男孩们一直在争着看幼儿园的图书馆里有关泰坦尼克号的书。男孩对自然灾难有很强的好奇心，对他们来说，这一场灾难包括了一艘甲板上有游泳池的大轮船，还有一些穿戴滑稽的人。

不过，这并不意味着所有的灾难和那些可怕的真实故事都适合小男孩。孩子们需要循序渐进接触到这些事情。小男孩，特别是不足 5 岁的孩子，还不能理解很多种暴力发生的原因或背景。那些在深夜播放的家长指导级或 13 岁以下儿童观看需要家长陪同的，包含枪战、打斗和其他残忍镜头的电影或电视节目会让他们接受不了。

大部分小男孩理解暴力或灾难的经验不是很多。更重要的是，这些男孩对概率没有真正的了解。如果你的儿子看到了关于洪水或火灾的新闻，他就会问这个什么时候会发生在他的身上。等他再长大一点，在他上了小学以后，他就有能力提醒自己不好的事情不是经常发生，尽管人们总是在担心它们的到来。小时候，他对自己害怕的不好的事多久会发生一次没有概念。

3 岁至 5 岁的男孩仍然处于被我们称为"奇幻思维"（magical thinking）的年龄。这种思维通常会持续到他们上小学的时候。在那之前，孩子们很难区分什么是真实的，什么是虚幻的。他们相信事情之所以发生，是因为他们在想着或者盼着它发生。对他们来说，怪物和梦境都有可能是真的。

家长们可以记住一条非常好的建议，那就是，尊重和鼓励儿子提出的问题，以及他对一些事情天生的好奇心。如果他问起一场真实世界里的灾难或是一个动荡的历史时期，这就是他给你传递的信号，说明他已经准备好去听一些这方面的事情了。给他提供一点信息，告诉他一些事实，让他慢慢去接受。另外，还要加上一些修饰词，比如，"这发生在很久很久以前"，或者"那不会发生在你身上"。他很可能会把这些信息加入到他的幻想剧当中。当他准备好接受更多信息的时候，他会向你问更多的问题。

‖加入他们的游戏‖

在我的鼓励下，萨默最终向儿子托马斯喜欢的电影《星球大战》投降了。她买了两把充气式的光剑，一把给托马斯，一把给他的妹妹。问题是，仅仅进行了几次决斗之后，他的妹妹就对它们感到厌烦了。于是，托马斯求妈妈跟他一起玩。萨默确实那样做了。他们俩挥舞着这两把软软的充气光剑，在客厅里打来打去，玩得特别开心。萨默担心托马斯会用棍子、铅笔或是铲子真的去打架，于是她给托马斯定下了规矩。然而，托马斯在家里整天跟在萨默屁股后面，求她再玩几个回合，再多打一会。这让萨默觉得有点儿烦，但是她也真的喜欢看到儿子很兴奋、开心大笑的样子。在“战斗”了几分钟之后，托马斯会举起两只胳膊，装作晕倒在地毯上。“你在干嘛？”萨默问。“我死了，”托马斯闭着眼睛说，“你杀了我。”“我要用我的特异功能把你唤醒。”她说，然后对他挠痒痒。当然，这时托马斯开始大笑，然后他坐了起来，马上要求再玩一局。“这次你死，”他说，“我要在你身上使用我挠痒痒的功能。”最后，托马斯想到了另一个可以把妈妈唤醒的特异功能——他想用“凉手功能”的方法，即掀起妈妈的衬衫，把他的两只凉手放到妈妈的肚子或者后背上。后来，他又想使用“放屁功能”。

“我告诉他不能使用放屁的方法。”萨默说。没过多久，其中一把光剑就破了洞，后来两把剑都不能用了。托马斯还是想玩，而且他很乐意用虚拟的光剑玩。对他来说，打斗的动作，尽管手里有武器但还是朝对方挥胳膊，以及完成代表胜利的仪式或者死后复活，所有这些都比武器本身重要得多。所以，他们用无形的剑来比试剑术。萨默唯一的麻烦是，托马斯总是想玩打仗。有一次，她正在叠衣服，可是托马斯不让，缠着她跟他玩打仗。萨默说：“等叠完衣服之后我就跟你打。”于是托马斯决定帮妈妈叠，这样她们就能快点开始玩了。他从一堆衣服里刨出了他的衬衫，把它们叠起来（叠得很糟糕，但是他尽力了），然后抱着衣服回到自己房间，把它们放进抽屉。“我简直都不敢相信。”萨默说。

‖加入的规则‖

我鼓励家长加入男孩的“坏人游戏”。以下的几条规则，可以让游戏始终保持积极、有趣。

1. 保证安全

你应该确保在玩打仗的时候使用柔软的玩具而不是像棍子那样的东西。它们的确会戳到眼睛，或者对你自己和儿子造成身体上的伤害，也有可能会破坏你的家。

2. 定规矩

玩这类游戏应该被限制在家里的一个区域当中，在那里，你们不会碰到锋利的物体或是打破东西。在游戏室里或者家具特别少的地方玩是最好的。确保孩子在玩的时候能遵守你的规定。如果他使用暴力或者有伤到自己或他人的危险时，你要立即停止游戏。

3. 设定时间限制

男孩很容易迷上这类游戏，永远都不想停下来。如果你们事先说好一起玩多长时间或者玩几个回合，你就会比他更容易退出游戏，去继续教育孩子或者干别的事。你可以用一块钟表或计时器来计算时间。他很难去求一块钟表再多让他玩一会。

4. 不要做评判

你可能想把这种游戏变成一堂道德教育课，对你的儿子说“好吧，打完仗之后我们应该和好，重新做朋友”，或者“我们应该轮流赢”，抑或是“打架不是解决问题最好的方法”。不要当个扫兴的人。记住，对他来说，作战的程序和冲突当中角色的扮演是最重要的，这是纯粹的虚构和想象的结果。只要安全，他怎么想的就让他怎么演吧。

‖如何划界线‖

有时男孩玩这种游戏的时候会特别兴奋，以至于会变得很暴力，这不是因为他们想去伤害妈妈或是他们的玩伴，只是他们不记得自己是谁了。

有位妈妈告诉我，她的儿子在玩角色扮演游戏时，有时会有真正的暴力内容。她说：“有时他会打我，尽管不是很使劲，但是当他试着假装和我打仗的时候，他确实打了我。”她的儿子喜欢安排妈妈饰演剧中的人物，很多孩子都这样。在这个例子当中，男孩会说：“咱们来一场恐龙大战吧！我是那只大恐龙。”然后他就跳到妈妈身上。“这让我感觉不对劲，”她告诉我，“对我来说有点可怕。”

这个例子很好地反映了具有攻击性的行为跳出了虚构的角色扮演游戏时的情形。当你不再是他的玩伴，恢复了妈妈的角色的时候，这个问题就很重要。如果他对你表现出了攻击性，那么他也会对他的朋友们这样做，这样他在学校或者幼儿园里就会有麻烦。我认识的很多男孩在他们玩得很兴奋的时候，确实会被他们具有攻击性的想法过度刺激。开始时还很健康的游戏，有可能会逐渐偏离它的轨道（由假装用刀剑作战演变成用棍子或玩具猛戳）。在那时，你得在游戏进一步升级之前介入进去。你需要再重申一下游戏的界线，告诉他如果他打人，就不能玩恐龙、刀剑、鲨鱼游戏和其他任何游戏。

男孩们对简单规则的反应很不错。“不经允许不能乱碰东西”、“不能打人”、“除非你的朋友同意，否则不能和别人玩摔跤”。我提醒妈妈们，她们需要给各种形式的“打着玩”定规矩。否则，两个很乐意打着玩的男孩会在打得兴高采烈的时候伤到对方。他们需要知道，即使是假装的打仗也要有限制。“不能伤到彼此”、“不能碰到脸和眼睛”、“不能用手挠”、“一有人喊停就要马上停下来”。只要他违反这其中的任何一条规则就立即停止游戏，让他休息一会。我告诉家长们，如果孩子违反了一条安全规则，他就需要休息很长一段时间，如果只是停下来几分钟根本起不到作用。你得把游戏的情节，包括所有的道具，先放起来几个小时，或者一直放到第二天。如果他喜欢这些游戏，他就会遵守规则。同样，这并不是允许你或任何一个大人在孩子们身边转来转去，每次在他们稍微吵几句、叫得大声了一点，或是假装掉眼泪的时候就一下子冲过去。如果你的儿子正在和另一个孩子一起玩，你要尽量退后几步，如果可能，先让他们自己和平地解决问题。

尽管有这些规则，争吵还是会发生。男孩们总是无法无天的，很容易忘乎所以。

THE WAY OF BOYS
男孩的故事
RAISING HEALTHY BOYS IN A CHALLENGING AND COMPLEX WORLD

最近，我一直在治疗的 5 岁男孩布兰登，在一次做游戏的时候惹了点小麻烦，这让他的母亲西沃恩很担心。布兰登当时正在和他的同学詹姆士一起玩关于恐龙和消防员的角色游戏，两个人都特别兴奋。布兰登的妈妈说，客厅里一直充满了尖叫声、警报声和爆炸声，听起来就像是一部可怕的电影，但是她并不介意，因为正如她所说的：“他们是在发泄过剩的精力。”

不过，詹姆士的妈妈终止了他们的游戏。起初，布兰登不想告诉我为什么，他的母亲西沃恩道出了事情的原委。她说，上个星期，詹姆士过来找布兰登玩，两个孩子开始玩布兰登的爸爸给他买的一个玩具工具箱。“当他的爸爸在房子周围修理东西的时候，布兰登就用这个小工具箱。他们俩紧挨着干活，看上去很可爱。”西沃恩说。她解释说，这些工具是用塑料做成的，但是锯子很锋利，足以切开硬纸板。

“我应该把它存起来放到一边的，”西沃恩说，“我不知道他把它拿出来了。当时我在厨房。”

詹姆士一看到这些工具就想把它们当作战斗中的武器。布兰登成了蝙蝠侠，詹姆士则成了一个坏人。刹那间，布兰登手里的锯子从詹姆士的头顶上划过，把他的头皮割破了。血流的到处都是，把两个孩子吓坏了。西沃恩打电话叫来了詹姆士的母亲，并用一块布堵住了他的伤口，而布兰登则一直吓得蜷缩在角落里。那个伤口并不深。医生用一个蝶形绷带包扎了詹姆士的伤口，但是詹姆士的母亲并没有原谅他们。“我能理解她的担忧，”西沃恩说，“我不应该让这件事情发生的。可是，她的话听起来像是在说布兰登需要找个医生看看，他是个坏孩子。可是他不是。”

我同意西沃恩说的。从统计数据来看，男孩进入急诊室的概率远远大于女孩。他们会发生更多的意外，因为他们需要运动和强烈刺激，还经常玩强硬的、充满打斗动作的游戏。在这种情况下，他们会特别兴奋，把手边所有的玩具都用到他们反复排演的好人对坏人的剧情当中。如果在游戏中出事，是因为所选的玩具和当时的情境不匹配。锋利的玩具都应该被藏起来，只有家长在旁边监督时才能拿出来。

不过，詹姆士的妈妈可能是被这件事吓坏了。如果两个男孩的关系很亲密，西沃恩应该给詹姆士的妈妈大约一周的时间去冷静下来。然后她可以打电话问问詹姆士怎么样了，为两个孩子能否再在一起玩摸摸底。她应该保证以后好好看着他们。这样，布兰登就不会因为他和詹姆士共同犯下的错误而失去一个朋友。如果两个男孩又能在一起玩，那么西沃恩应该让他们坐下来，给他们讲讲安全的问题。他们两个都能从这次经历当中学到一些东西。

当他越过界线的时候

THE WAY OF BOYS
男孩的故事
RAISING HEALTHY BOYS IN A CHALLENGING AND COMPLEX WORLD

我认识的一位母亲把 6 岁的儿子泰勒送去同学家参加生日聚会，泰勒玩得很开心。同学的妈妈给在附近的公园里玩打仗的每一个男孩都发了一支水枪，他们拿着水枪朝彼此的脸上喷水。当其中的一个孩子靠近泰勒并朝他喷水的时候，泰勒狠狠地朝那个孩子的胸膛推了一把，把他推倒了。他的这个举动把其他的孩子都吓着了。

"我不知道该怎么办，"泰勒的妈妈对我说，"那不是我的聚会，但是我觉得我得说点什么。"她把泰勒叫过来，狠狠地批评了他一顿，告诉他不要伤害其他的孩子，并跟他讲明如果他不能控制自己被水喷到之后的反应就不能再玩了。她还让儿子给刚才被他推倒的那个孩子道歉。我向泰勒的妈妈保证，这种攻击行为并没有过头，而且让一群特别兴奋的 6 岁大的男孩在端着水枪玩打仗的同时还要控制住自己不去推人、打人，实在有些过分。不过，她向儿子表明态度，告诉他推人或打人的行为和做游戏不一样，这些真正的身体接触在那种情况下是不被接受的。

男孩确实会监督彼此的行为，可以在不用成年人干预的情况下自己解决问题。一旦某个孩子违反了规则，把一场有趣的游戏变得很暴力，其他的男孩就会大声谴责他的"罪行"。那时，他就能真正学会不去那样做，因为他想要回到他的群体当中。与此同时，如果他的妈妈想要教他一些东西或是警告他即将导致的后果时，就得采取强硬的态度，而且要在他打了别的孩子之后马上就这样做，让他尝尝其他的孩子都不想跟他玩是什么滋味。没错，让他退出游戏，给他一点时间站在场边冷静下来。简单明了地告诉他下次他可以做什么：“要先开口说话”、“告诉另一个男孩，不要那样做”。

如果你想教儿子在激烈的好人或坏人游戏里不跨越界线，就得按照一个简单的计划来进行。

1. 在你给孩子立规矩之前，先让他尝到后果

让他退出游戏或者马上终止游戏，不要给他第二次机会。让游戏停止通常包括拿开主要的玩具，比如一个球，一把塑料剑或是一把水枪。你这样做了之后，就可以给他讲规则了。

2. 把他做错的事情告诉他

向孩子重申他违反的那些规定。你的声音要很坚定，很冷静，这样才能显得有权威。另外，还要和他保持目光接触，得体的姿势和放松的面部表情也能表现出权威。你没有必要皱眉头，或是表现出气愤、羞愧和失望。想象一下当警察让在公路上超速驾驶的司机靠边停车时是怎么做的吧，这是个很好的范例。他不会去训斥那些司机，而是直接、坚定、平静地把话说出来。你也可以跟儿子说：“现在你失去了玩的权利，因为你刚才的动作太危险了。现在游戏停止，你去歇会吧。”不要去讨论对与错，或是跟他谈公平的好处。这些词他已经听了几百遍，现在已经可以充分理解这些概念了。如果你愿意，你可以说“我们不打人”，或者给他指出他违反了哪几条规定，但是不要单靠语言来教育他。他能记住的是你终止游戏并把玩具拿走的这两个动作。

3. 等他冷静下来

有些男孩会因为你把玩具拿走或者让他退出游戏而大发脾气。在他准备好回应你之前，你不用在意他的这种表现。要是他哀求你不要这样，或者发脾气，不要理他。如果你现在投降，对他说“好吧，我再给你一次机会”，那你就是在强化他最初的不良行为，以及他的哀求和哄骗。你在创造一个“社交怪兽”。如果他不断哀求你，你就要考虑如何让他在玩具或者游戏上面失去得更多。否则，你会在无意中教他在每次得到相似的后果的时候都去跟你哀求或者抱怨。

4. 在你把玩具还给他或者让他回去继续做游戏之前，让他告诉你为什么你会那样做

这样他就会大声地重复整件事和那些规则，并记住它们，这也是让他对自己的行为负责的一种形式。不能让他耸耸肩这件事就算过去了。不要再用你的陈词滥调去给他解释那些规则了，他已经都明白了。直接让他按规矩去做。如果他不愿意，你就对他说："好吧，你需要更多的时间去回想这件事，等你想起来我为什么终止游戏的时候再过来告诉我吧。"然后强行把他带走。这时他的记忆力会奇迹般地恢复过来。有些不听话的男孩会去试探你的底线在哪里，你要表现得很坚定。他确实知道为什么玩具会被拿走，而且很可能会把这件事记得特别清楚。

5. 让他告诉你，如果再违反规则会怎么样

如果下一次他打算要遵守规则，他就应该能预料到自己的行为会带来的后果。当他这样做的时候，他是在把未来的不好的行为（打人）和在未来他不希望发生的事情（失去快乐）联系起来，而且他的大脑会在这两者之间建立起更强的联系。这样，当他要做出另一个不良行为的时候，也许在 1 个小时或是 1 天之后，他的大脑就会发出正确的指令，抑制住他的冲动，让他能表现得更好。

‖为什么"后果"最有用‖

可能这看似是一个过于简单的方法。家长们也许想知道他们的儿子如何只通过他们把玩具拿走就能从中汲取教训。家长们真的希望孩子的性格可以更成熟，希望他们能够表现出同情心，成为周围最好的男孩。不过我们不要忘了，男孩是靠经验来学习的。失去玩他钟爱的游戏机会会迫使他去调整自己，在游戏当中抑制住自己具有攻击性的冲动。总有一天他会明白，如果想让朋友们一直围在身边，他就得公平地对待他们，在考虑自己的感受和需要的同时也要考虑到他人的。不过，男孩主要还是靠直接的经验和结果来学习，在发展的过程中缓慢地前进，而不是通过大人们反复地提醒、提示或者是在他们关于对与错的长篇大论中有所收获。

不管你做什么，都不要阻止孩子玩某种游戏或者给它贴上不好的标签。不要说“你怎么又在玩那个间谍游戏了”、“你为什么不玩一些比互相射击更好的游戏呢”这样的话。他的确是在玩那种“坏男孩的游戏”，这是他的想象力在发挥作用，而且使用想象力来处理他高强度的思考和恐惧在某些方面适宜他的发展。

如果孩子乱用他的武器或玩具，那么他应该有多久不能碰它们呢？这取决于他的年龄和当时的情况。年纪小一点儿的男孩在几分钟或者一个小时之后就能领会，年纪大一点的男孩则可能需要你把他的东西拿走一整天。如果你让他从一场正在进行的游戏当中退出来，比如生日聚会上的游戏，那么也许几分钟就足够让他冷静下来，并想想自己是因为什么原因而被拽出来。

不过，你不要指望他会为自己所做的事情感到悔恨。你将会看到的是，他对那个让他失去玩乐机会的结果感到心烦，但是也正是那些结果给了他改变自己行为的动力。

‖他还没准备好‖

不是所有“坏男孩的游戏”和那些玩具对每个男孩都适合。仅仅因为你儿子的朋友们在扮演角色、展开水枪大战或者比试剑法的时候没有惹出麻烦，并不意味着你的儿子能很好地控制自己。男孩们在做游戏和参与角色扮演游戏的时候，可以不顾自己是不是能控制住自己的情绪。特别是当他们第一次玩一个游戏的时候，他们可能没有能力做到让自己像在玩游戏之前那样冷静。

如果你的儿子在游戏的过程中一直违反规则，或是展现他“坏孩子”的一面打兄弟姐妹、骂脏话，或者，如果他看上去像是对一个游戏着了魔，一玩起来就特别兴奋，不愿意再去参加其他的活动，那么这个时候你就需要介入了。当他第一次碰到一些东西的时候，对他来说它们的刺激性太大了。这时你可以对他说“你还没准备好去玩这个玩具”或者“你还没做好扮演海盗的准备”。告诉他，没有做好准备没关系。你没有必要因为孩子还没有那么成熟而生他的气，他很快就会长大的。你要告诉他，他在可以玩这件玩具之前还需要一点点时间。给他一个几天的时间表，或者如果需要，列一个几星期的时间表，告诉他晚一点他就能再试一次了。几天、几星期、一两个月的时间，可以让孩子存在的差距通过成长、发展赶上来。

当他着迷的时候

很多妈妈告诉我，她们的儿子对某个虚构的坏人故事的情节着了迷，我经常听到诸如“他迷上了《星球大战》”，或是“他迷上了《蝙蝠侠》”。家长们往往会在他们觉得这部电影对孩子的影响超过了他们所希望的程度时使用“着迷”这个词。男孩们在想要知道某些事情的时候会特别坚持。他们会仔细观察一部电影、卡通片或者一个故事的每一个细微之处，直到他们觉得自己已经掌握了它，并知道每件事发生的原因为止。大部分家长都没有耐心回答 50 个一连串的关于电影里的一个人物为什么会有如此表现的问题。但是男孩是缺乏想象力的。他们之所以连续问很多问题，是因为他们在试着去搞明白这个世界——甚至是一个虚构的世界是如何运作的。他是在学习，而且是在非常努力地学习。他仿佛是在强迫他的大脑接纳新的思想。相信我，接下来，他就会问一些让你心烦的关于汗是从哪儿来的，为什么太空里很冷，以及云是什么做的这类的问题。他会把兴趣转向其他的话。他的痴迷——如果你称之为“痴迷”的话，是他注意到很多事情都有一个原因或者一种解释的能力的表现，他马上就想知道那些原因。

尽管如此，如果一个男孩在装扮游戏当中扮演了某个英雄或是坏蛋之后变得更加忧虑、更加兴奋，如果他的问题听起来很过分或者问题的答案让他感到焦虑，那我们就该对他的游戏设定限制。有些母亲告诉她们的孩子，每天可以在某个指定的时间玩某种游戏，比如在放学以后，或是晚餐开始之前。如果他一下子提出了太多关于《星球大战》的问题，你可以告诉他，他可以一次问 5 个或是 10 个问题，不能再多了。或者，他只能问 15 分钟的问题，不能超过这个时间。那是你的家，规矩应该由你来定。他也可以在某个房间里表演影片的某个情节，可以在自己房间里玩那些《星球大战》里的人物模型，但是不能在家里的其他地方玩。这样你相当于又给他设定了限制，教他在玩这种游戏的时候控制住自己。制定这种限制不会遏制孩子的想象力或者伤害他的自尊心。

坏小子和恐惧

7 岁的阿尔伯特特别怕黑，甚至害怕晚上在自己的小床上一个人睡。白天，他是个自信、坚强的孩子，特别好动。他可以一整天都不停地跑来跑去，而且还是他那帮朋友里的头儿。他告诉他们去做什么，不管他想玩什么游戏他们都陪他一起玩。他们表演电影《哈利·波特》里的情节，还玩恐龙游戏，在这个游戏里大恐龙会把小恐龙吃掉。然而，一到晚上，他就由勇士变成了胆小鬼。他告诉妈妈说有怪兽，他怕它们。

他的母亲乔安想知道为什么阿尔伯特一到晚上就变得这么胆小、害怕。她认为她应该把《哈利·波特》的光盘和阿尔伯特喜欢的那些骑士和喷火龙的玩具拿走。我告诉她，恐惧和那些玩具之间没有太大的关系。大部分孩子都怕黑，很多大人也是这样。因为人主要是视觉动物，我们很自然地会在晚上变得更焦虑、更警惕。作为成年人，我们已经学会了在睡觉的时候排除那些轻微噪声的干扰，但是孩子们还不行。黑暗，加上和父母的分离，会给他们带来一种自然的恐惧。

在这个年龄，孩子对夜晚的恐惧是不断变化的。男孩通常会把这种总体的恐惧感说成是一种他可以理解的东西，比如怪兽。阿尔伯特所说的怪兽是他把自己的恐惧和脆弱以人类的形式表达出来的方式。他知道世界上存在像怪兽那样做事的坏人。从故事当中和偶然听到的一些事情里，他了解到会有强盗破门而入，有人会偷走孩子，也有人会伤害你和你爱的人。这些问题是不可避免的，而且需要我们去应对。

与设法让阿尔伯特远离危险的玩具相比，更好的方法是让他学着在睡觉的时候安抚自己的情绪，不要过多地忧虑。我们制定了一个积极的睡觉时的例行程序，阿尔伯特挑选一个乐观向上的故事，让妈妈读给他听。如果他能躺在床上好好听睡前故事，并在到了说晚安和关灯的时候乖乖听话就能得到奖励。只要他做到这其中的一点，就能在一张彩色的纸上得到一个小贴画。如果他一个晚上能做到所有的这些要求，他就能获得一次优待，比如多看一会他喜欢的电视节目，或者有机会和爸爸一起玩他喜欢的游戏——跳棋。

我们还想出了当他害怕的时候的应对办法，比如伸手去把他喜欢的动物玩具抓过来抱着；在床的周围和房间里摆上那些强壮的、看上去具有保护作用的恐龙玩具，让它们在夜里为他“提防怪兽”。这样可以把他的想象力和这些做法联系起来，让他的想象力按照有利于他的方式去发挥。

有趣的是，阿尔伯特开始喜欢在白天“害怕”了。他喜欢上了故事当中那些恐怖的片段，还想让大人一遍一遍地反复读给他听。童话故事《汉赛尔与格雷特》里面那个把女巫扔进火炉的可怕情节是他的最爱。这些故事让他获得了极大的兴奋，不管之前他已经听过了多少遍。在这里，阿尔伯特在用恐惧让自己开心，在每一遍的重复当中，当这些可怕的事情经过他的大脑时，他一边闹着玩，一边安全地、慢慢地习惯它们，或者说变得不那么敏感。从某种程度上说，他是在对真实世界里那些真正不好的事情的恐惧建立免疫。

‖坏男孩会长期玩下去‖

男孩最终会把他们在游戏里发现的以及从儿童书籍和电影里面学到的推广到现实世界中。他们开始问关于现实世界中的坏人的问题。他们会像这样问：“所有坏人的头儿是谁？坏人会来我们家吗？他们会偷走我们的东西吗？真的有战争吗？”他们会开始留意卡通片、漫画书、录像带和电脑游戏，以及电视剧里类似的话题，还会问那些是不是真的。他们的大脑就是这样去筛选那些复杂的好与坏、爱与恨的概念的。他们之所以能问出这些更重要的问题，是因为他们已经在游戏里面安全地预演过它们了。

人们有时确实会互相伤害，而且现实世界中的确会发生可怕的事情。在未来的几年里，孩子们就要去探索这个不幸但又最基本的事实了。很多母亲特别想保护儿子远离这个事实。请不要那样做。通过游戏和这些概念的逐渐暴露，他会更好地把自己武装起来，去应对未来生活中那些难过的事情以及真正的危险。就让他扮成坏人去无拘无束地玩吧，但一定要注意安全。这样，他就能学会去控制自己对世界的恐惧。

THE WAY OF BOYS

男孩心理学

◆ 七八岁的时候，很多男孩编排的剧情都钟情于阴暗的、具有破坏性的主题。他们喜欢加入刺激、矛盾、争吵，甚至暴力。

◆ 成为一个能让别人害怕的人会让孩子觉得自己很强大。

◆ 男孩对自然灾难有很强的好奇心。

◆ 小男孩，特别是那些年龄在 5 岁以下的孩子，还不能理解很多暴力行为发生的原因或背景。

◆ 3~5 岁的男孩仍然处于我们称之为“奇幻思维”的年龄，这种思维通常会持续到他们开始上小学的时候。在那之前，男孩和女孩很难区分什么是真实的，什么是虚幻的。他们相信事情之所以发生是因为他们在想着或者盼着它发生。对他们来说，怪物和梦境都有可能是真的。

◆ 需要给男孩各种形式的“打着玩”定规矩。否则，两个玩闹的男孩会在打得兴高采烈的时候伤到对方。他们需要知道，假装的打架也要有所限制。

◆ 男孩主要还是靠直接的经验和结果来学习。

◆ 尽量不要阻止孩子玩某种游戏。

◆ 男孩们在想要知道某些事情的时候会特别坚持。他们会仔细观察一部电影、卡通片或者一个故事的每一个细微之处，一直到他们觉得自己已经掌握了它，并且知道每件事发生的原因为止。

◆ 男孩是缺乏想象力的，他们之所以连续问很多问题是因为他们在试着去搞明白这个世界，甚至是一个虚构的世界是如何运作的。

09 THE WAY OF BOYS

突然脆弱

崩溃的男孩 VS 耐挫力

RAISING HEALTHY BOYS
IN A CHALLENGING AND COMPLEX WORLD

拉尔斯是他母亲口中的“一个窝囊废”。几个月前，他刚过5岁，看起来好像情绪崩溃了一样。现在每当他母亲为某些事惩罚他时，他都可怜巴巴地哭泣。然而在一些真正错误的事上，比如朝他妹妹的头扔玩具，他却往往在直接命中时大笑。他那“鳄鱼的眼泪”比他妹妹的真眼泪流得都厉害。当他被父母送回他自己的房间时，他畏畏缩缩，脸上的恐惧显得很夸张。不仅如此，只要被发现做错事，他就叫喊“你讨厌我”。当被问起他学校里的朋友时，他说“没人喜欢我”。当他在家感到厌烦时，他哭叫着抱怨“没人和我玩，你不喜欢我”。他坚持说他母亲最喜欢他妹妹。

他母亲安玻在决定待在家里照顾孩子之前是个小学教师。她那几年的教书经历使她习惯了男孩野性的行为，所以对她来说，拉尔斯在蹒跚学步时的行为没什么好惊讶的。例如，当事情不顺时，拉尔斯总是很容易情绪低落。当他的玩具不按他的意愿行事时，他就显得有些崩溃。在这些时候，他会尖声喊叫并试图打破玩具。在他不能用叉子叉起食物时，他会直接把盘子扔掉。如今，当他犯了错或每当有人纠正他的举止时，他就会哭。他父母想知道这种情绪什么时候能结束，以及他们如何才能帮助他平静下来。他好像脸皮太薄了，太容易感情受伤或发怒，以至于不能与这个世界和谐共处。

我从很多妈妈口中听到过这样的情况。昂首阔步走过蹒跚学步时期的小男孩们，突然间会脆弱几个星期或几个月。他们看起来好像在学校里四处碰壁，被社交场合吓着，没有哪一次接受任何形式的批评时不泪流满面或发一顿脾气。而另外那些男孩则在每一次挫折时都暴跳如雷，又是毁坏玩具又是叫喊“我讨厌你”。然而这些事件中的大多数都是正常的，不过是成长、发展过程中的飞跃即将发生的一个迹象罢了。

成长中的小故障

男孩们在学步时期过后确实会出点小故障。在小学低年级的那几年里，他们会更情绪化，每个男孩都有几个星期比较难应付。原因有很多，且每个原因都部分地与这些男孩体内进行着的巨大而艰难的发展进程有关。

父母需要记住，男孩的发展是不稳定的。这和我们想象的一帆风顺的过程完全不一样。这个年龄的男孩还在掌握学习新事物的工具。成年人通过在旧信息之上存放新信息的方式来积累新信息，并把已知的事实和概念联系起来。与成年人不同，男孩的大脑通过不断地重组以容纳新信息和新技能。他仍在思量如何学习、如何使用逻辑，而不仅仅是观察和直接体验。那种紧张且不断学习的过程要在几年时间里才展现出来。小男孩们想要吸收很多东西，他们也的确做到了，但他们在学习上也是笨拙的，就像他们在第一次社交和运动中表现笨拙一样。当他在学习上飞跃前进时，他会有退步，他似乎忘了有关他学过的某种特殊技能的所有事情，不论是系鞋带还是拼写他的名字，抑或是接住一个棒球。不要担心，他会重新振作的，但与此同时，要知道这些退步对你和他而言，同样会令人沮丧、精疲力竭。

大多数男孩在学习新技能时真的是向前走两步、向后退一步。不过他们还是在进步，即使他们看上去好像处于最糟的情况中。

THE WAY OF BOYS
男孩的故事
RAISING HEALTHY BOYS IN A CHALLENGING AND COMPLEX WORLD

我曾研究过一个小男孩，他患有脑瘫，直到过了4岁生日才能吞咽和咀嚼食物。在那之前，他通过胃里的一个管子进食，所以他一点都不知道如何在嘴里品尝或感觉食物。学习如何吃东西，他需要克服巨大的身体挑战。每一顿饭都是一场战斗，先要碰触食物，然后在不呕吐的情况下品尝食物，最后学习吞咽。

尽管他的母亲对他和那冗长而令人沮丧的喂食过程表现出难以置信的耐心，但她偶尔也会感到沮丧，认为儿子根本没有任何进步。她跟我说，会有一两次好的情况，儿子确实在努力并成功吃上几口，然而在下一顿饭时，他又会变得沮丧、崩溃，继而放弃。有几次，掉到地板上的饭菜比进入他嘴里的还多。我们一起记录了一张图表，记下他每顿饭能吃下几口。尽管对他母亲来说，每一天看上去好像都是无希望的，但我们在一个月后再看图表时，发现他在进步。随着时间的推移，他平均吃了更多口的饭，更多的食物。

这是一个关于如何学习的伟大模型，适合所有男孩。无论是拉上外套的拉锁还是读书，他很可能在某几天里表现出有很大的进步。紧跟着这些进步的，很可能就是真正的挫败、坏脾气和一些退步。只有当你回过头来检查他在几个星期或几个月来的进步时，你才会认识到，他真的在前进。你会从不经常见到他的亲戚那里听到，他真的有了改变。你之所以没看到这些变化，是因为你每天都在他旁边，被困在战壕里。因此，你要耐心。

作为父母，你的任务是保持冷静，不要反应过度。记住，男孩像小科学家。他们依靠经验来学习，他们想先用每一个错误的方法去做，这就意味着他们在学习时很可能要犯很多错误。他们往往以暴怒和崩溃这样的夸张方式来表现他们的沮丧。关注全局而不是那些小脾气才是父母的工作。其实，他一直在前进。

他想成为最好的

与持续不断学习新事物的挑战携手并进的，是男孩强烈的控制需求。男孩一直处于竞争之中——和他的兄弟姐妹，和他的同龄人，甚至和他自己。他想立刻成为在某些事上做得最好的人，但由于这项技能在开始时太难，而当他不能做到时，他就会被激怒或流泪。他渴望成功的动力很强，但他对失败的容忍度却很低。因此，在他成长的前几年时间里，他很可能在情绪上表现出崩溃。

不仅是在家里，在学校也很容易发生这类事。有位妈妈告诉我，她去她儿子的幼儿园做义务工作。在课堂上，学生们在纸上练习写数字。她儿子马修写了一个反方向的 2，然后意识到了自己的错误。在他放声大哭之前，没人对这个错误说什么或者注意到它。他的老师说："好了，亲爱的，只要再试一次就行了。"然后马修为他的哭而觉得不好意思，结果哭得更厉害了。这位妈妈为她的儿子感到尴尬，再三地试着鼓励他。她拍拍他的背，对他小声说话，但他用肩膀将妈妈的手顶走，哭得越来越厉害。这样持续了 30 分钟，直到他妈妈离开教室后马修才真正停止哭泣。后来，她问我他是怎么了。她真的想知道他是否不太适合学校。她担心如果他不能从一个简单的错误中振作，他就不能跟上他的同龄人——即使只是在幼儿园里。

我对她说，情况没那么严重。很多男孩都一直想精通每一项技能。我提醒她说，她儿子是班上最小的孩子之一。他刚满 5 岁，而班里其他小朋友都比他大几个月，甚至有几个男孩比马修大 9 个月。然而，他不知道这一点，他反倒在想：我是强大的，我想成为最好的，为什么我做不到？他因不能表现出色而感到窘迫不安。

父母们应该明白，他们能够在自己孩子身上引出最退步的行为，特别是在学校的环境中。你不在场的时候，你的孩子会在教室里表现得更好。在爸爸妈妈看着的时候，他更可能举止不当、烦躁不安。他很自在地向你表现出他所有的弱点，习惯于在你身边哭，用以向你发出他想要帮助的信号。当他在教室时，他做出选择并自己处理结果。对马修来说，一旦他妈妈离开教室，他就能够振作起来，继续做作业。

母亲的怜悯实际上对她处在这一阶段的儿子而言是一种干扰。记住：任何一个与犯错或学习一项技能较劲的男孩们，都不是在为莫大的痛苦而哭。我对妈妈们说，男孩的痛苦和成年人的不一样。我认识的妈妈们在养育孩子的同时，还要处理工作上的危机、年迈的父母、经济上的问题、兄弟姐妹或好朋友的突然患病。这些都是很大的问题。成年人在处理这些问题时会感到的悲伤和混乱，而这与你儿子试图用塑料块建造机器人时所感觉到的不是一回事。然而，父母却很容易过度怜悯他，允许他为造了一半的玩具而流眼泪，甚至尖叫。很多妈妈们跟我说，她们试着用拥抱、很多谈话和鼓励来平息这些声嘶力竭的哭喊。或者更糟的是，她们拿走引起不愉快的事物——需要系鞋带的鞋子、不太正确的图画、不断倒掉的塔，然后自己为儿子处理好。她们试图平息挫败。

以我的观点，这会起完全相反的作用，原因有几个。

第一，对孩子的过度怜悯剥夺了他感受合理情绪的紧张性刺激，以及处理它们并学会用更好的方法去应对它们的机会。如果他刚一哭喊你就拿走使他沮丧的东西，那么他就不会得到任何体会沮丧的实践，当然也没有机会去尝试用新的和更好的方法来处理在成长中等着他的成千上万次的挣扎和失望。

第二，你在向孩子传达一个信息：你不认为他能独自完成任何事。“来，让我来做吧。”这是在告诉他，他没能力。男孩的信心之源来自父母的期望，期望他能做困难的和令人困惑的事。最好是不要管他的沮丧，或者等着他来求助。这会用更长的时间，他会吵闹个不停，但是如果你走到一边，让他自己解决一些事情，他就会获得信心和自尊。如果你干涉或指导得太多，那么任何成功都是属于你的，不是他的。让他拥有所有这一切，不论成功还是失败。

最后，由于不断地关注他和他的挫折，反而意外地强化了恰恰是你在抱怨的脆弱。记住：尽管孩子在这个年龄段常会沮丧，但却是短暂的现象。他只需父母最小限度的关心。如果你总是斤斤计较，对他的眼泪大惊小怪，你就是在为他更依赖于你的帮助而奖赏他。如果你这么做，那就等着更多和更长时间的沮丧吧！

离不开妈妈的男孩

许多妈妈注意到专家们所称的学龄前男孩存在的“分离焦虑”，这似乎让父母们大为吃惊。他们经常怀疑，这是不是预示着孩子有问题。

还是来讲讲马修。隔了段日子的一天，马修的妈妈又去了幼儿园。那天是作品展示日，幼儿园里展示着艺术作品。在艺术品展览后，孩子们去上体育课，有些妈妈们决定留下来观看。马修的妈妈不能留下来，她还要赶往马修姐姐的学校。马修看到有些妈妈们留下了，当他妈妈向他挥手告别时，他开始哭。他搂住她的腰说“不要走”，这不像他，他通常很容易离开妈妈的身边。她平静而直接地对他说：“我必须得走，但我知道你今天会过得愉快的。我为你骄傲。去好好玩吧。”她吻了他，然后走开了。他大哭，看起来伤心欲绝，但她态度坚决。

在她往外走时，她看到另一位妈妈，她的小儿子在嚎啕大哭：“妈咪，不要走。”那位妈妈跪在地上抱着他说“对不起，我必须得走”，尽管她没有一点要走的动作。那个男孩的老师试图拉开这位妈妈，说：“没事，你可以走了，把他交给我吧。”然而这位妈妈却不松手。她不停地说：“好了，宝贝儿，别哭。”对孩子来说，既然他有这么一位心甘情愿的听众，那么为什么还要停下来呢？这段戏剧很可能还要持续一会。马修的妈妈跟我说：“我很高兴我没有那么做。”我也很高兴。只要你想一想就能明白，那种道别会助长孩子信心的缺失。你是在对你的儿子说，你对他在伤心后重新振作并加入到同学中去的能力没有信心。

不理睬他的眼泪有时看起来好像很无情，但我极力劝说妈妈们应该想一想儿子在未来 5 到 10 年内不可避免地将要面对的各种情绪上的挫折——交朋友、在学业上奋力拼搏、尝试新的运动、加入俱乐部、读完初中和高中、考驾照、大学入学考试、暑假工作以及考大学。他需要能够承受很多挑战和挫折的痛苦，这是每个孩子在童年都会经历的。通过让他现在面对小的挑战，可以帮他培养日后需要的快速恢复的能力。

‖ 大人要抑制共情 ‖

父母们需要提醒自己，孩子被送到托儿所时会在分别的时候哭，或者因踢足球时的失败而哭，这种哭不像成年人感觉到的那种痛苦，孩子们的哭有其他的意图。它是一种没有遂心如意、需要改变方法适应社会的表示。他不喜欢那样，他的不适还在发展之中。这不是很深的情感，不像成年人的情感一样持久。我告诉妈妈们，要抑制共情。

作为母亲，你会对儿子有共情。当他是一个婴儿的时候，你需要共情；在你半夜起床喂养他时，你需要共情；在他还是个初学走路的孩童时，他学习吃饭、走路和探索周围世界的时候，为了使他安全，你需要用共情来保持警惕性，尽管这令人疲惫不堪。如今，随着他渐渐长大，妈妈们发现难以放下心来让他承受挫折。

父母们经常发现，与应对一个害羞胆怯的男孩相比，对付一个好斗、容易激动的男孩要更容易。当这些害羞胆怯类型的男孩崩溃时，妈妈和老师们有时会变得十分惶惑不安。他们看起来好像还没坚强到能够独立处理事务，这会使成年人倾向于冲进去，又是安慰又是拥抱，坚称他会没事的，从而使他苦恼的情形看起来"没这么糟"。然而，如同一阵坏脾气一样，孩子的烦恼、悲伤、困窘是不能通过谈话或拥抱消散的。为了感觉到他能再次控制自己，他可能得哭一会，等到这种情绪消失，而且这种情绪终将会消失的。你可能会觉得他要平静下来以后才能学习，但这并不正确。在这种情况下，是他的挫折和眼泪刺激他成长。你所能做的最好的事，就是告诉他"我知道这很难。等你平静下来我再和你谈。"这是一场他必须独自参加的战斗。

男人和男孩很像

妈妈们问我，她们的儿子什么时候才会停止为每一个挫折发疯。最简单的答案是，可能永远都不会。尽管男人们趾高气扬、到处炫耀力量，但谈到情绪，男人则很容易崩溃。妈妈们问我：“他为什么这么容易崩溃？”我对她们说，大多数男人都会这样，包括我自己，但是成年人不会表现得这么明显。即使是作为一名心理学家，我也经常不能预见我的情绪。听到我这么说，妈妈们往往会感到惊讶。男人们的心智像保险丝一样，仅仅在片刻之间就能短路。好像嘴巴突然间与大脑分离，带走了把情感转换为词语的能力。如果男人能更好地感觉到自己内心正在产生的情绪，或者能更好地传达出他们的情感并用话语发泄出来，那将会很好，但他们通常不这样。这部分取决于他们被养育的方式，部分取决于受到怎样的影响。很多男人都尚且如此，小男孩们就更不必说了。

那些费尽心机，为了应付在学步后期和小学早期的男孩的妈妈们，有时发现她们的丈夫也做同样的事情。

THE WAY OF BOYS
男孩的故事
RAISING HEALTHY BOYS IN A CHALLENGING AND COMPLEX WORLD

有一天早上，4 岁的亚伦在客厅里玩，不是很高兴。他试图让一个机器人平衡在一个沙滩球上面，其结果可想而知。他的妈妈辛迪无计可施。“他试图做这些不可能的事，”她对我说，“没有什么玩具会在沙滩球上保持平衡。每次它掉下来时，他都只会发疯，大喊大叫。”当时辛迪正在清理厨房，可还要到客厅帮助亚伦平静下来，因此她不得不在厨房和客厅之间跑来跑去。与此同时，她的丈夫克里斯正忙着为出差打包行李。辛迪把一些蔫了的蔬菜倒进水槽，然后开动垃圾处理机，但垃圾处理机却没反应。她很自然地对克里斯说：“这个东西的使用说明书在哪？”克里斯没有去找说明书，反倒是扔下他的行李，动手修理它。辛迪说：“亲爱的，你会迟到的。我来处理吧。”他说：“我没时间烦这个。”她说：“亲爱的，走吧。没关系的。”他说：“我得把这个修好。”这时，他已经脸红气躁。

就在这时，亚伦在客厅里发狂了。他用拳头猛击沙滩球，拆了机器人，大喊大叫。辛迪感到自己完全处于两难境地。她想留在厨房里，劝她丈夫放下垃圾处理机，赶紧去赶火车。她也想冲进客厅，用拥抱和宽慰使亚伦平静下来。

不过取而代之的是，她忽然间醒悟过来了。她没再对她丈夫说一个字就离开了厨房。“我想，他是个成年人，该让他去做他要做的事。”她说。她走到客厅，把那个瘪了一半的沙滩球和坏掉的机器人恢复原状，对亚伦说：“这些现在是我的了。”她把它们放在一个高高的架子上，这使得亚伦更强烈地愤怒尖叫。她迈步跨过他，离开了房间。她没有对他说教、没有安慰，没有给他为什么应该平静下来的很好的理由。反之，除了平静下来之外，她没有给他任何选择。

“我不再喂养那个坏脾气怪物，”她对我说，“不管是谁的。”她拿着一本杂志去了卧室，留下他们父子两个单独处理他们各自的问题。不到两分钟，房子里又安静了。克里斯弄明白了如何修理垃圾处理机，并且自我感觉良好。亚伦已经忘了沙滩球，选了另一个玩具去玩。

这听起来不错。克制住想去宽慰、安顿和好好谈谈的母性的强烈欲望，有时是你能提供给你儿子或伴侣的最佳类型的共情。

通过拿走玩具，辛迪在她儿子的头脑中创造了一个发脾气和失去玩具之间的微小联系。这是个很小的联系，在许多不同的玩具、电脑游戏、踏板车、自行车，以及以后的汽车上，这个教训很可能会被重复几百次。然而，这个联系每次都会增强，随着时间的推移，他会认识到继续发脾气只能导致一些坏事，而停止发脾气、表现出克己自制则会带来一些更积极的结果。

“我恨你”：脆弱男孩的表达

当男孩表现出脆弱时，与之相随的状况之一往往是他们笨拙地使用语言作为武器。当她们的儿子第一次从一个可爱、难以管束的小男孩变成一个愤怒的怪物，怒气冲冲地回房间之前大声喊叫着“我恨你，我永远恨你”的时候，很多妈妈都会惊慌失措地给我打电话。有些男孩出现这种情况较早。

菲奥纳在应付她 3 岁的儿子托德时感到很吃力。最近，在她因托德举止不当而教育他时，托德一直冲她喊叫着一些充满憎恨的话。他说“他恨她，她很蠢”之类的。她对我说：“听到这些，真是让我气昏了头。我知道这只是几句话，但听起来他好像就是这么认为的。”

然而，托德的意思并不是他妈妈所认为的那样。他不知道这些话在成年人听起来会有什么感受。菲奥纳是一位谈吐文雅、话语轻柔的妈妈，如果她深吸一口气并想一想,她就会意识到儿子不可能真的去恨一个这么关心他的人。更确切地说，托德像很多小男孩一样，他们用极端的情绪表达自己。他使用仅仅知道的几个令人震惊的词来吸引大人的注意。几年后，他会尝试着对你说脏话，甚至诅咒的话，所以，现在是时候摆出你无动于衷的态度了。

要明白，当他对你说这些话的时候，他实际上是在说“此时此刻我不顺心”。他在告诉你他很沮丧、很生气。诚然，他不能每次不顺心的时候都到处对人说他恨他们。无论是跟他的同学还是朋友，这样都是行不通的。你的工作就是指导他换一种更好的方式来表达他的沮丧。我让菲奥纳去说“我不听大喊大叫”，甚至可以把话说得更短——“不要喊叫”。她还得训练自己，在他说这些话时要看上去没有受到伤害或震惊，否则就会给他更多的对形势的掌控力。如果有必要，可以离开房间，从这种情形中抽身而出，向他传达一种简单的理智。无论是应对哪个年龄段男孩，妈妈们都应彻底忽视他，直到他冷静下来。如果他在几分钟之内不能自行平息愤怒，就打发他去自己的房间直到他冷静下来。

强烈的情绪和过于激烈的话语使很多父母惊讶。妈妈们常打电话告诉我“他说他恨学校里的一切”，或者“他说所有的孩子都讨厌他”。这些言论通常伴随着眼泪和尖叫，这增加了妈妈的担忧，担心儿子不能学业有成或是沦为社会的弃儿。不会的。这不过是一阵暂时性的情绪，而且很可能反应过度。它不能反映任何深刻的或长期的东西，也不会持久。目前，他的情绪系统高度活跃，他的情感非常外露。几分钟后他就又会开心地大笑，或是第二天又喜欢学校和朋友们了。注意别用夸张的言辞，也不要表露强烈的情绪，否则你的关注可能加强其程度。尽可能忽视他，他会过去的。

我对父母们说，如果突然出现一个单一的问题，例如拒绝吃饭或者在上床睡觉前过分地哭叫，抱怨说学校里的孩子们讨厌他，或者类似粘人这种突然的退步行为，那么这极有可能不是什么需要担心的事，只是情绪发展过程中正常起伏的一部分。留心这个问题，但也不要太关注它，要知道，这样的问题应该在一两个星期内就可以自行解决。如果没有，那你可以和儿科医生谈谈。

然而，如果多重问题一次性爆发，而且它们看起来还相当强烈，那么可能是有更为严重的因素在起作用。例如，如果一个男孩突然间即使在家里也不愿离开他妈妈，而且他在如厕训练上也倒退了，那么他可能有更为严重的发展障碍。在这种情况下，你不必等上两个星期才与儿科医生预约。还要记住，如果一个男孩无论在什么年龄突然间失去了社交技能或语言能力，那么父母需要带他去看看儿科医生或专家。

在附录中，我将给出更复杂的方法，用以确定你的儿子是否表现出需要诊断或治疗的真实症状。以下为一些例子：

- 此行为是否严重到干扰他的生理机能？是否使他不能睡觉、吃饭、上学或保持安全？
- 是否持续几个星期或更长的时间？是否每天表现出多次这样的情况？
- 是发生在不同的场合——家里、学校、奶奶家、儿童游戏小组，还是只在一个场合发生？
- 是有多个人告诉过你，你的儿子有这样的行为，还是只有一个人观察到了？

对于这些问题，如果你回答“是”，那么你儿子可能真的患有需要儿科医生诊治的病症。不过在大多数情况下，对这些问题中的任何一个你都不会回答“是”。大多数儿童早期的迟滞和问题不严重，而且是短暂的。

‖小操纵者‖

有很多原因使男孩在家里或学校突然哭得更频繁或情绪崩溃到眼泪汪汪。我已描述过认知发展过程中不可抵抗的天性，以及很多男孩感觉到的对竞争和十全十美的需求。然而，还有一个原因使男孩在这么小的年纪哭的很多，而且这也是他成长中的一个重要部分，即使对父母来说这是令人沮丧的——他在试验他操纵你的能力。

儿女双全的父母能发现，女儿在满 3 岁前就知道如何有效地使用眼泪或时机正好的噘嘴生气。而儿子即使长到了 5、6 岁，也无法圆滑地完成这些行为，但这些行为又是成长过程中很重要的。

在很多情况下，一句激烈的“你讨厌我”或突然的泪如泉涌与很深的内在焦虑没多少关系。即使是一个看上去不怎么精于世故的男孩也能很快认识到，哭、声称被人讨厌和误解，能使他得到大家的关注以及他想要的。他在学校和家里见到过这些技巧，他在试用。这不是邪恶的意图或反社会的行为，而是才智。成年人都是以自认为会推动他人去做自己所希望的事的方式来行动的。男孩的版本只是更笨拙，而且有点过度。

自我对话

成长过程的一个重要步骤，就是学习劝说自己度过让人沮丧的处境。想一下任何成年人都可能会遭遇的紧张性刺激——比如在路上被超车抢档或者看着某人抢在你前面占了停车位。你很沮丧，你首先做的就是和自己谈论这件事。“那家伙是个混球，他以为路是他的？”然后，你要和自己谈论接下来做什么，或许幻想着下车并大喊大叫，但你没这么做。你告诉自己要冷静，这事不值得烦恼，或者如果那么做会有潜在的危险。最好的做法是找到另一个地方停车，继续过好这一天。这就是成年人成功地应对从失望和挫折中升起的愤怒的方式。利用自我对话，他们在自己的头脑里处理愤怒。

因为男孩在语言发展上起步滞后，所以他们掌握这一技巧也晚。许多人在这方面挣扎前行直至十几岁。想想看，这严重限制了他们在压力下的选择，他们只有凭借本能反应的指引。女孩应对挫折往往会更轻松，因为她们通常会在年龄更小的时候就学会了自我对话。你可以听到她们这么做。许多学步时期的女孩有正在形成的对外独白，有时是关于她们头脑中进行的歌唱式独白。不过，也有些女孩，她们与使用语言相比，更愿意和男孩一样使用行动。以我的经验，有哥哥的小女孩似乎更是如此。正如一位幼儿教师对我说的："我总是能辨认出有哥哥的女孩，她们往往先打后问。"

发泄愤怒

如果你一直在帮你儿子进行着控制愤怒的工作，那么当他猛烈击打并破坏东西时，你已经把他送进了"时间带走一切"的轨道。如果在他感觉失去控制时将他带走，将很可能培养他冷静下来的初级技能。我对妈妈们说，男孩首先需要生理释放。他们应该有一个枕头、一个懒人沙发或一些软的东西，在他们需要发泄情绪时可以击打。（我提醒妈妈们，要购买泡沫做的枕头而不是羽毛做的，原因很简单，羽毛枕头实在太软了，不能为击打提供足够的阻力。而且，如果羽毛枕头破了，你儿子的房间看上去会像一个鸡窝。）在他房间里设一个"发怒区"，你可以带他进去，指引他从生理上释放出怒气。我在给那些正试图应付他们的情绪的小男孩做工作时，会给他们做这样的示范。我说："你生气，我也生气。"然后我击打枕头。这么做使他们很兴奋。此时击打是好的，帮助他驱除愤怒。

悲伤也一样。当男孩哭的时候，他是在把悲伤排出他的系统。你可以描述他的情感，但要等到他平静下来时，否则他心烦意乱得听不进你所说的话，也不会把他刚才有的情感与这个描述联系起来。例如，"你这么生气是因为你不能再吃一块饼干"、"你心烦是因为我们不能去公园"。安慰他一下是可以的，但要忍住冲进去告诉他不要伤心或不要哭的强烈欲望。男孩需要在任何情绪中都挣扎几下，以获得对它的感受以及它会自行消退的意识。不要花很多时间去安慰。

一旦你养成这样的习惯——把他的愤怒指引向安全地击打枕头、给他的情感一个简单的描述，然后不再管他，你就会看到他强烈的情绪将很快地自生自灭。

给他大标题：简要有力地说明他的情绪

男孩们不愿听关于他们应该如何行动举止的长篇大论。当你儿子发怒或哭的时候，他不能理解你在说什么。反之，行之有效的方法是试一下简短有力的词语，强调说明他正在表现出的所有情感。你可以说“你生气了，因为你的玩具坏了”、“乔治打你了，很痛”、“妈妈拿走了你的玩具，你很伤心”。我知道这开始时会感觉很傻。不过当你说这些话时，你在向他展示他内心的情感和他能用来描述它们的词语之间的联系。诀窍是，要等到他相对平静时，充满自信并客观地说出你的话。

在多次排练情感和词语之间的这些联系后，他将开始描述他的情绪。最起码，在你问起他的感觉时，他会点头或摇头。随着时间的推移，你可以尝试着让他告诉你他感觉如何，再让他做些练习。一旦他能描述自己的情绪，你就可以开始做更长的解释。你可以谈论行为如何使其他人有某种感觉。“你打了亨利，所以他现在对你很生气，不愿意再跟你玩了。”最后，你可以问问你儿子，他认为别人的感情为什么受伤了或者别人为什么生气了，慢慢地激励他的大脑理解别人的感受，并把他的行为和其他人的反应连接起来。

假以时日，你甚至能向他建议另一个更积极的反应。**建议通常比命令更有力，它会使你儿子觉得他是有所选择的。**例如，你可以说“亲爱的，你现在很沮丧，为什么不休息一下”，或者“我伤心的时候，喜欢一个人待几分钟”。他很可能一开始并不理睬你的建议，但慢慢地，他会变得更善于让声音指导他从强烈的情绪中度过，而不单单依靠本能反应。十几年后，他可能坐在汽车的驾驶座上，当警察拦住他的时候，他需要收敛情绪。他也可能被他喜爱的运动队裁出去，或者在第一份工作中被解雇，他需要劝说自己从强烈的情绪中走出来并学会重新调整。他需要感受挫折的痛苦，然后重新振作。只有现在让他经历脆弱，才能培养出对他的成长大有帮助的迅速恢复的能力。

THE WAY OF BOYS

男孩心理学

◆ 大多数男孩在学习新技能时真的是向前走两步，向后退一步。可是他们在进步，即使看上去好像他们处于最糟的情况之中。

◆ 为什么男孩会容易沮丧：1）进步历程不顺利；2）需求强烈；3）分离焦虑；4）情绪压抑。

◆ 大多数男人都容易崩溃，何况男孩。

◆ 女儿在满三岁前就知道如何相当有效地使用眼泪和在恰当的时机噘嘴生气。而你五岁或六岁大的儿子却还没学会"圆滑"，但这些行为在发展上恰是同样重要的。

◆ 因为男孩在语言发展上起步滞后，他们自我对话的技巧也发展得晚。这严重限制了他们在压力下的选择，他们只有本能反应来指引他们。

THE WAY OF BOYS

10

讨厌上学

厌学的男孩VS与老师相处的能力

RAISING HEALTHY BOYS IN A CHALLENGING AND COMPLEX WORLD

杰克第一天去幼儿园时很兴奋。他拽着妈妈的袖子，拉她出门，蹦蹦跳跳地进了教室。他的妈妈金说，他在家真的很无聊，急不可待地要成为一个学习读书和交朋友的大男孩。他甚至渴望像大孩子一样乘坐校车。然而刚过几个星期，他就抱怨幼儿园，说自己不喜欢幼儿园。他对妈妈说，老师不喜欢他。没过多久，每到教室门口他就又哭又叫，半步都不愿迈进去。金很抓狂，不明白他为什么讨厌去幼儿园，想知道是不是有什么事使他烦恼，更担心这种早期的不情愿是否意味着他注定要在学业上失败。

我在办公室见到了杰克和金。杰克告诉我，老师很可恶，幼儿园也太严酷。即使在这个年龄段，这些也不是什么不同寻常的抱怨。老师们每天要管理20个或更多的孩子，她们管教男孩们的方式，要比孩子们在家里所习惯的要严厉得多。老师们在课堂上往往使用并期望大量的眼神交流，而很多男孩们在这么小的年纪对此仍会感觉不适。另外，即使在幼儿园，上课时也要求孩子们一直静静地坐着，听指挥，以及等轮到自己时才能发言。不是每一个男孩在这么小的年龄都适应这些行为。

在我们的会面中，我发现杰克认为老师跟自己熟悉的成年人不一样。许多这个年龄的男孩都有这样的感觉。老师们有权威，但是即使她们教育和照料学生，也不会像母亲一样。她们不像家里的大人一样充满爱意。杰克告诉我：“我的老师像我的妈妈，但她没这么好。”我问为什么，他进一步说：“她让我干这干那，还总发火。”

我向金解释说，小家伙们要花些时间去了解这些事——世界上的其他大人将管理他们，期望他们做出成果，告诉他们做什么，而且还会训导他们。很多男孩回家说，某老师很可恶或者“她讨厌我”。这些男孩只是不习惯于有人对他们的错误行为连续指责 6 个小时，而这个人不是妈妈。

我还告诉金说，所有类型的男孩在刚上学的前几个星期都可能会经历崩溃。他们不成熟的情绪调节系统就像过度灵敏的报警器一样，仅仅是陌生环境中的小小挫败就能引发它们。他们笨拙的社交技巧使得分享和排队等候成为一件困难的事。他们发展不完全的语言能力使得听从并遵守课堂规则成了难题。堆积在所有这些原因之上的是，所有的妈妈对于不得不把她的儿子留在某个陌生的地方、交给一个陌生人照料有天生的焦虑，当很多男孩对这种焦虑渐渐熟悉起来，他会更加抗拒学校。

为什么男孩不喜欢学校

当我听说一个男孩在上小学一二年级时学得很艰难时，我很快会想到其中的原因——学校的学习和社交风格可能与孩子自己的学习风格和性情有差异。

‖性别差距‖

或许是因为男孩们倾向于挑战的性情和行为，有研究表明，与女孩相比，幼儿教师对他们的看法更负面。在接受调查时，老师们把男孩们描述为活跃、吵闹、好斗、不好管教、不容易相处等。

我并不是暗示对男孩的这种看法是完全错误的。妈妈们也经常对她们的儿子有这种感觉。他为什么总是大叫？为什么破坏所有的东西？为什么老是搞得一团糟？在我问他问题时，他为什么不愿看着我并回答我？

有研究表明，男教师通常不太可能把男孩看作是麻烦，而且也不把他们的许多行为看作问题，但超过 95% 的幼儿园教师是女性，她们中的很多人期望男孩们安静地坐着，在她们教课时注意听讲，听从她们的指挥，并恰到好处的给予眼神交流以领会每一个细微之处。然而，实际上并不是这样。男孩们更有可能在集中注意力和专注于作业方面有困难；他们精力更旺盛，往往需要用坐立不安来释放多余的精力，而老师和同学们会觉得这些动作使他们分心。而且正如我们已经了解的那样，许多男孩避开眼神接触，有的孩子甚至觉得眼神接触使他们紧张。

有些老师认为，这个年龄的学生能够说出自己的问题或寻求帮助。当女孩在学校有什么困难时，她们通常会主动谈起她们的问题，征求同学和老师的意见，但男孩们往往不这么做。他们会在困难中挣扎，试图独自找出解决问题的方法，或是变得沮丧并发火。当男孩看到老师对这些行为的反应时，他们或许很早就有这样的想法：自己在学业上做得不好。然而，这些是男孩和女孩之间的发展差别和风格差异，不是学习能力缺陷或智力发展迟缓的标志。男孩们偏爱亲自动手的活动、动手操作型学习、体育运动，而不是说和听。

对男孩们来说不幸的是，大多数学校课程设置的特色没有大量的跑步、运动和涉及拆东西或制作东西的课程。如果给男孩们布置一项作业或在课外自修作业，他们往往需要具体的指示以保持注意力集中。有些老师把多个步骤合起来说：“我们准备画画”，许多男孩需要听到每一个步骤：“现在我们拿出铅笔，现在我们拿出一张纸。”男孩可能需要听上好几次最简单的指示。当我们转变教学风格以有利于男孩的学习习惯时，男孩会做得更好，其变化是令人震惊的。

男性教师倡导这种学习风格、提倡更好玩，并强调男孩的体育发展。传统的课堂往往强调安静听讲和社会交往。虽然社交技巧很重要，但小男孩们非常好奇，他们的主要需求是触摸、探索，而且在学习时是自我指导且十分自信的。没有多少研究是直接针对小男孩不同的学习风格，但是对中学学生的研究表明，男性教师能增强男孩的学习兴趣并可能提高他的成绩。有趣的是，女孩往往能从女性教师那里体验到差不多一样的正面影响。然而，鉴于大多数小学老师是女性，因此大多数女孩并不缺少可作为她们学习榜样的老师。

有一本很棒的儿童图画书，名叫《大卫，不可以》（*No, David*），故事中的主人公大卫整天因为所做的错事而被别人说“不可以”。当现实生活中的“大卫们”去上学，他们也会整天听到“不可以”。听到“不可以”跟必须得说“不可以”，是同样令人沮丧的。男孩们在课堂里让教师感到精疲力竭，但是在他们的大脑还没准备好这么容易地做到时，试图控制冲动也经常会使他们自己感到精疲力竭并有压力。

‖语言障碍‖

许多男孩在应付学习中听到的数量众多的单词时会觉得很艰难。小学课堂有80%是基于语言的，有研究表明，许多非常小的男孩在发展上没有准备好在一天中处理那么多的语言。他们不仅要听老师关于坐在哪里以及做什么的指示，还必须上以语言为主的课程。小学低年级的课程很少是体验性的。即使是体验性课程（比如观察一棵秧苗如何成长或者观测天气），也会涉及使用语言。学习的课程必须用言词表达出来或写下来，在高一点的年级里，还要阅读。许多男孩在几个小时的语言负荷过多后会变得疲劳并走神，或者付诸行动——在课堂上让大家分心，而这将会引来惩罚。

‖截然不同的冲突方式‖

男孩之所以在学校里被当作捣蛋鬼，是因为女孩和男孩使用攻击行为的方式是不同的，而且往往被给以不同方式的处分。无论是在家还是在学校里，都是如此。正如一位母亲告诉我的：“当我女儿想烦她哥哥时，她静悄悄地做。拿走一些他的玩具，把脚伸到他的脸上，骂他是笨蛋。而他从不向她发出警告或表示拒绝。当他厌烦时，他就打她，然后她会又哭又叫。有好几个月，我会听到叫喊声就跑进客厅，强令他告诉我他做了什么。我用了很长时间才搞清楚，她让我习惯于惩罚他，即使是她引发了争斗。现在，我完全不干涉了，除非有流血事件。我让他们自己解决。”

针对学龄前儿童的攻击行为的研究结果表明，男孩主要倾向于使用身体上的、直接的言语攻击，女孩则更喜欢使用所谓的“关系攻击”。这意味着，为了伤害他人，女孩会利用关系操纵和排斥他人。这些行为在一个忙碌的学校中表现得不是很明显，但它们造成的伤害完全可以与打上一拳的力度相当。只不过，男孩的攻击方式能吸引老师的注意力，而女孩的方式往往不引人注意。当男孩和女孩彼此间有冲突时,模式已经定下了。一个女孩可能对一个男孩说:“我们不想和你玩——你不是我们的朋友。”接着,男孩就会挥起拳头或大喊大叫。在这样的冲突发生后,往往是男孩有麻烦。

截然不同的交往方式

男孩往往使用小动作和竞争与他们的朋友建立关系并释放多余的精力。我曾多次看到一个男孩从一个同学那里拿走一支铅笔或一张纸，把这作为一种友好的玩笑。两个男孩看起来都像在玩游戏，他们两个通常都对这种偷拿的行为“咯咯”地笑。有的男孩还会试图将另一个男孩从椅子上挤下去。在他们看来，这就是一种游戏。(我发现，任何事都能成为男孩间的一种游戏。其规则对成年人来说可能是不清楚的，但对男孩们来说却非常清楚。)没人想输，没人想被推开或挤开，但这是游戏，不是打架。两个男孩都在笑。可是大多数老师会把这样的行为看作是打架，或者至少是一种捣乱—— 一种需要处分的状况。

值得提醒的是，这也是年轻男性彼此间交往的方式。观察高中和大学年龄的男孩们，你会看到同样的情况。他们用开玩笑、小打小闹、摔跤以及格斗作为友好的交流方式。这只是男孩的社交方式之一，虽然在教室里的确需要有一些限度，但它不应该被归于病态或被完全阻止。需要提醒低年级的小男孩的是，做这些活动需要在特定的时间和地点。如果他们有更加频繁的课间休息，让他们可以在学校里走来走去，他们会更放松，更好地集中注意力，而且也不太可能参与这么多哥们儿式的争斗。

自我封闭的布莱恩

并不是每个问题都可以被归咎为性别差异或性别偏见。有时在学校发生的问题不仅仅是因为男孩和女孩之间的差异，或是大部分女教师看待男孩的方式上的不同。有些男孩似乎对待在教室中感到完全不知所措。

THE WAY OF BOYS
男孩的故事
RAISING HEALTHY BOYS IN A CHALLENGING AND COMPLEX WORLD

我治疗过一个男孩，名叫布莱恩。他在学校里把自己完全封闭起来，完全拒绝对老师或同学说话。他在克服待在教室里的恐惧和不安方面需要帮助。

我给布莱恩的老师打了电话，我们制定出一个简单的计划。首先，我们阻止他借助比他勇敢的同学作为他行动上的拐杖。特别是有两个女孩，她们几乎成了布莱恩的私人翻译，替他要求东西，老师问他问题时替他回答。我们告诉这两个女孩，要让布莱恩做一个大男孩，当他想要什么东西时，让他用自己的话去说。其次，我给布莱恩的老师一张色彩鲜艳的图表，让她放在桌子上或者挂在教室里，同时还有一串星星贴纸。如果布莱恩在早上对老师说了“嗨”，他将能够在他的图表上贴一张贴纸。如果在一天结束时，他说了“再见”，他也将获得同样的奖励。每天早晨去上学时，他母亲会提醒他关于贴纸的事。老师没有对他施加任何压力要他遵从。如同对所有其他学生一样，她对他快乐地说了一声“早上好”，如果他回应了，他能得到贴纸；如果他拒绝，她只说“没关系，你明天可以再试一次”。如果布莱恩在一天里得到了两张贴纸，他将在家里获得一项特别的活动或特权，比如吃饭前的一次额外的纸牌游戏，或者在上床睡觉时的一个额外的故事。

在头几天里，布莱恩并不理睬这个计划。他为什么会这样呢？我确信他喜欢现状，并对说话不感兴趣，哪怕是在做得好时能获得奖励。许多男孩在遵守新行为标准前，会试着检验老师和父母。我告诉他母亲，要耐心等待。在第四天，布莱恩对老师低声说“早上好”。放学时，老师又听到一声几乎听不见的“再见”。他得到了许诺的奖励并且很喜欢它们。当他把贴纸贴在自己的图表上时，他看起来好像非常为自己骄傲。因为他不能借助小女孩替他说话，所以他在学校里也开始低声说一些话。

约一个星期后，我们提高了对布莱恩的要求。我再次找他母亲和老师谈话，以确定我们意见一致。然后我们告诉布莱恩，不要再低声说话。要想得到贴纸，他必须使用他作为一个大男孩应该有的音量。就在第二天，布莱恩再次封闭自己，一整天都不愿说任何话。这表明，他是个聪明的小家伙。我毫不怀疑有一些实际的羞怯和社交焦虑在影响着他。不说话的行为是他感到强大并对他人能起到一定的控制作用的方法，那就是为什么不断地唠叨他去说话或对这种情况小题大做并不会解决问题的原因。关键是，如何使新的行为比目前的情况对他更具奖励性。我指导每一个人再次静静等待。几天之内，奖励的诱惑力胜出了，他开始在班上用更大的声音说话。大多数时候，他都照做了。

几个星期之后，我们又一次增加了挑战。我们告诉他，他必须每天一次主动接近一位同学并请这位同学跟他玩。我们对他说："你这么做会得到双倍的贴纸。"

该计划在几个星期里进行得很顺利，直到布莱恩厌烦了贴纸。起初我们从星星贴纸换成他自己挑的恐龙贴纸，然后我们彻底放弃贴纸。他已经过了使用贴纸的阶段。在这一点上，他老师的方法更妙，她不是用贴纸来衡量他的顺从情况，取而代之的是，她可以因布莱恩在班上说话或与同学说话而在口头上鼓励他。事情就这样进行了约一个月。两个星期的寒假过后，他回到教室，又恢复了安静和害羞，跟谁都不说话。他好像忘记了他之前所有的进步。我再次与他母亲和老师交谈，告诉她们孩子在学习新的行为时，这种退步是普遍的。我再次推荐用一个小的贴纸图表，并强调我们不会再用上一个月，而是只试用一个星期。到第二天，他又说话了，恢复了他之前所有的技能。关键是，他没有忘记如何说话。行为变化已经发生了，他只是需要一点助推。

尽管布莱恩从未达到像他同学那样健谈的水平，尽管他在学校以外的活动中往往不主动结交朋友，但是他已经取得了进步。到此，我告诉他的老师和母亲，我们会尽力鼓励他。在他需要的基本技能上我们已经训练了他。此时，我们只需等待他的发展跟上来，而发展本身会自己跟上的。经过一段时间之后，他可能会达到某种转折点，而且也更愿意说话了。

约两个月后，布莱恩的妈妈打电话给我，说布莱恩能在学校的小群体里自由地谈话了。他的老师说他的变化是巨大的。虽然他可能永远不会成为班上的活宝或是班上最爱说话的人，但他现在已经开始参与课堂上的讨论了，而且在交朋友方面也取得了进步。如果这种变化没有出现过，或者如果他没能紧跟上通过使用我们的行为计划而取得的进展，我可能会考虑给布莱恩施加游戏治疗，以帮助他应对他可能紧抓不放的恐惧或担忧。我甚至可能考虑试用一个短期的药物治疗，以帮助他打破他在学校的焦虑周期，使得我们的行为计划能够有机会落实。

‖行为调整的建议‖

如果你想改变你儿子在家里或学校里的几种行为，以下是几个在你帮助他改变时要遵循的基本点。

1. 保持冷静

不要在这种情况中再加上你自己的焦虑。用一种“这可以处理”的态度来着手处理这种情况，而且你儿子的行为是发展问题，而不是某种使人惊慌的紊乱。

2. 从小处着手

以非常小的起步奖励你儿子。直到他在大部分时间里能做到起初的简单行为以后，才加上新的行为。将这些行为记录一两个星期，只有它们看来好像是稳定了，才可以增大挑战。许多行为计划的失败，是因为我们期望太多太快。应该在早期成功的基础上慢慢地逐步增大。

3. 不要惩罚不顺从的行为

当小男孩们第一次不理睬奖励制度时，家长们真的很想责骂或哄骗他们。毕竟，家长们花了这么多时间画图表、买贴纸。有些家长想给孩子大量的提示或是第二次或第三次机会，以便让孩子遵从要求。开始的时候，成年人好像比孩子还想要得到奖励，但最好是看上去完全的漠不关心。你可以说："没关系，你可以下次再赚你的贴纸，这是你的选择。"

4. 保持一致

你要确保信守自己要承担的义务，按照承诺给予奖励。许多行为计划失败了，是因为父母没有尽自己的职责。

5. 选择正确的奖励

挑选他不会以另外的方式得到的奖励。如果一个奖励是看电视或玩电脑游戏的时间，那么这种奖励只有在他平常没有这么多这种活动时才能奏效。如果他在一天内已经看了几个小时的电视了，那么就算再给他另外 10 分钟看电视的时间也不会使他非常兴奋。新的特权使男孩做得最好，比如可以喂家里的宠物（如果他平常不可以这么做），或者可以选择晚饭吃什么。

6. 保持挑战性

适时地调整计划以使他不会厌烦，一旦他掌握了一项技能就增大挑战难度。他每时每刻都在成长，都在进步。所以，同样的、重复的行为奖励对他而言是没有意义的。取而代之的是，找到要他掌握的新的大男孩行为。

让家更像学校

不是每一个男孩都像布赖恩那样害羞。别的类型的男孩可能是太好斗、太活跃或缺乏注意力，他们在小学低年级的课堂上不能接受有效教导，因为在这些课堂上安静地坐着和排队等候才是标准方法。我把这些小家伙称作"小战士"。课堂能提供他们的只有这么多。不过也就是从这里，我开始思考有关课堂可作何种改变以更适应这样的男孩的问题。老师们可以用贴纸图表、短暂的单独反省、更好的组织安排和清楚的规则，让他做一些杂事以疏导他的精力，并为他取得进步、减少破坏性行为而奖励他。我们可以利用他的长处和兴趣，即倾向于通过操作、触摸或户外活动来学习。

我总是让老师们给这些类型的男孩们概括出清楚而具体的后果和期望。他们需要确切地知道计划是如何成形并改进的。他们需要我们缓慢地、可预见地提高对他们行为的期望，而不是期望太多太快。父母们也可以帮忙，通过使他们的家庭生活更像学校一样具有组织性和可预见性，教育他们的“小战士”使用言语，而不是手抢脚踢。如果在学校里和家里做出这样的改变，将促进这些男孩的成长并使他们乐意待在教室里。这并不容易，但如果大家步调一致还是有作用的。

告诉你儿子，不管你们在哪儿——在家里还是在学校，重要的规则差不多都是一样的。让他背诵他在学校里学到的规则，可能包括：不打人不说脏话；使用适用于室内的音量说话，不要喊叫；使用语言要求东西而不是抓抢；注意个人空间；做一个好的聆听者。你可能会对他知道并能重复的所有社交规则大为吃惊，即使他在家里并不使用这些规则。小学低年级老师之所以能如此成功地让男孩们学会这些规则，原因之一就是他们在重复这些规则上花费了巨大精力。对大多数孩子来说，幼儿园经历的一大部分是学习规则。他们被告知要做好的聆听者；画自己在努力听讲的画像以及进行聆听技巧的测验。对其他规则和技巧也是如此：排队休息、手工课后清理干净、分享学校用品、安全使用剪刀。

如果父母们使用若干同样的技巧，他们也能获益匪浅。做一张表单，列出几个你想让孩子在家里更好地加强的规则。对于这些规则，你可以使用家里的一张贴纸图表，这要看你想要加强的是哪种行为。你的表单可能包括乖乖地吃完饭、把脏衣服放进洗衣篮里而不是放在地板上、坐在沙发上而不是在上面跳，或者在你叫他的名字时简单地说“是”并抬头看你。

你还必须表现得更像他的老师一点。多次清楚地讲述规则，让他向你复述这些规则，在他必须要遵守的情况出现前警告他。“现在，我们坐下吃饭，吃饭的规则是什么？如果你吃饭时表现好，你会得到什么？”这可能感觉很傻，但你是在帮助他，指导他做你所期望的事。此外，当他在发泄并变得好斗时，或者当你发现自己对于这些规则进行无休止的唇枪舌剑时，使用“时间自然消逝法”。这是老师们在学校里做的，让孩子离开这种情境，直到他能够冷静下来并重新加入团体。

与老师建立良好的关系

与你儿子的老师建立并维持良好的关系，这对他长期的学业来说可能是最重要的因素。

THE WAY OF BOYS
男孩的故事
RAISING HEALTHY BOYS IN A CHALLENGING AND COMPLEX WORLD

我最近遇到梅兰妮，她在抚育两个年幼的儿子上倾注了大量的爱和努力，她的两个儿子是7岁的杰弗里和5岁的凯尔。梅兰妮想要为杰弗里的极度害羞寻求帮助。我立刻想到了杰弗里与他弟弟的关系，叫凯尔到办公室来加入我们，以便我能够同时观察他们。

通过同时观察两个男孩，我发现凯尔在家里扮演着哥哥的角色，即使他至少比杰弗里小两岁。这是发展鸿沟，在这么小的年纪是相当宽的。当凯尔对杰弗里说话时，他用一种模仿成人的声音。在我们第一次会面时，杰弗里对一个棋盘表现出兴趣，从发展上说那是适合年纪更大些的男孩的。对此，凯尔说：“杰弗里，不要。不要管那个了，到这儿来。”杰弗里遵从了，同凯尔一起玩那堆乐高拼装玩具。从表面上看，这好像是温和的、令人喜爱的，然而杰弗里的角色局限在他弟弟的游戏助理这样的范围里并不是一件好事。在几次会面中所展现的情况都是如此。

梅兰妮告诉我，凯尔也喜欢在家里扮演父母的角色，特别是在她丈夫出差时。凯尔在晚上帮助安顿杰弗里睡觉，平息他对黑暗的恐惧。杰弗里对他弟弟是绝对的顺从，甚至比对父母还顺从。听到杰弗里在学校社交上有困难，我并不感到惊讶。杰弗里的老师对梅兰妮说过，他在班上乖僻而羞怯，根本不愿与其他孩子有任何互动，而且他很少说话。梅兰妮立刻说，事情会向好的方向发展的。“现在凯尔开始上幼儿园了，杰弗里在学校感觉好些了。我请求老师让他们在共同的休息时间里一起玩。”

杰弗里有两个月的时间去适应一年级，我想帮助他变得不那么害羞。我对梅兰妮说，是时候帮助杰弗里面对他对于与其他孩子交往的担忧了。尽管有些孩子的确比其他孩子更害羞，但我发现杰弗里的沉默寡言是被他母亲在家里无意中加强了，尽管在某种程度上说他的表现还是可以的。我们需要采取一种新方法。不是让凯尔在学校也充当杰弗里的父母的角色，我们需要考虑如何使杰弗里走出凯尔的保护壳。一年级是很重要的一年，是一个男孩能真正成长的时期。我为梅兰妮概述了杰弗里在一年级里的一些目标，包括在学年中期前发展一些更新的大男孩行为。我还想要他在学校交几个朋友，和那些与他同龄的有大男孩兴趣的孩子。要那么做，梅兰妮就必须与杰弗里的老师建立良好的关系，因为我们需要让杰弗里在学校练习新技巧，并得到他老师的奖励。要想改变行为，我们就得在最有问题的地方练习它。

在这一点上，梅兰妮突然拒绝了。在这一年的头两个月，她对杰弗里的老师形成了负面的看法。那位老师寄给梅兰妮几张关于杰弗里害羞的字条，但是有一天放学后当梅兰妮想要与她谈谈，解释如何应对杰弗里，她说那个老师对她不耐烦。“我有那种感觉，她认为我在忽视那个问题。”梅兰妮说。与此同时，杰弗里抱怨他的老师“可恶”、“挑剔”，并让他参加小组活动以及在班上说话。此外，杰弗里很依赖他班上的一个女孩，她用与凯尔相同的方式照顾他。她视他如同玩具娃娃，告诉他做什么，在课堂上以及和其他孩子在一起时替他回答问题。梅兰妮认为这很可爱，但是却受到那位老师的干预，让他们在班上分开。“那位老师不理解他。”梅兰妮对我说。

这样的僵局我见过很多。一方面，老师有自己的方法，她教过数百个这一年龄段的孩子，她不能把一整天都投入到照顾一个孩子上。另一方面，母亲想保护她年幼的儿子，使他不会感到痛苦和不适，她想要老师使用一种更温和的方法。首先要做的事就是，修补母亲和老师间的这种关系，确定她们两个共同处理同一个问题，而不是彼此对着干。

成年人先要相互体谅

当一位妈妈告诉我说，她儿子的老师不适合他，或者她在与孩子的新老师建立关系上有困难时，我经常问她，你想做老师吗？让我们先想象一下这个工作的具体内容。要记住：你儿子的老师，不论她是谁，她可能也是位母亲。此外，她还要每周 5 天，每天从早到晚地照顾、教育几十个孩子，与这么多孩子打交道并管理他们的安全。这个工作可能有刺激性，回报甚丰，有时也很有趣，但是我参观过许多小学低年级的教室和学前班教室，我总是对那种体验可能会使我精疲力竭以及过度刺激而感到惊讶。仅仅在一间幼儿园教室里，老师要指导孩子们如何排队、在她作指示时如何坐在座位上并保持安静、如何问问题、上厕所后如何洗手。同时还要上的课程有：如何阅读、数数、画画、用剪刀剪东西、在手工课上按照指示做。真是让人望而生畏。一个老师每天从早到晚做的所有工作需要投入大量的精力。

除此之外，她在工作中带有自己的个性、自己的一套技巧——长处与弱点均有；她必须应付学校的管理要求；在一个资源和预算有限的体系中工作。

当父母们感觉极为想要批评老师，或是想要保护自己的儿子时，我告诉他们从此时开始，把所有这一切牢记在心：所有的老师们每天都将她们的努力、技巧、激情投入到工作中。这是保证父母和老师间建立工作关系的第一步。

将家庭与学校联合起来

首先，梅兰妮需要与杰弗里的老师约个时间见面。这并不是说要在送杰弗里上学时或放学后在停车场里进行这场令人烦恼的谈话，因为那时老师可能已经累了并且急着要回家。预约见面的意思是，正式和老师打个招呼，请求安排一次面对面的谈话。梅兰妮说："我会发电子邮件给她，那可能对我们两个人来说都是最方便的。"我强烈建议不要这么做，我告诉梅兰妮："找他的老师谈话，指的是面对面的，不是通过电子邮件。"她可以使用电子邮件同老师安排会面，但我警告她，不要在电子邮件里表露她的忧虑，只用电子邮件约定会面时间。

我们的生活都很忙碌，所以迅速地向老师发送一封电子邮件，提出有关课堂上的行为、纪律或状况的问题这一个做法，往往是非常具有诱惑力的。在你与她建立起友好的关系之前，不要把电子邮件用作向老师提问题的平台。虽然电子邮件可以快速而直接地传递信息，但它在传达情感以及情感的细微差别，特别是在表达同情和关心方面，是个差劲的工具。我见过很多父母由于发送几封简短的或措辞不佳的电子邮件，在一开始就没有给老师和学校的管理人员留下好的印象。努力去亲自见面，在你与老师建立了良好的关系后再采用电子邮件交流。

其次，我指导梅兰妮如何听杰弗里的老师所说的话并从中抓取关键点，不要对她可能想要说的其他什么事做大量的假定。很多父母听到老师关于孩子行为举止的意见，会把它当作是针对个人的批评。老师给一位母亲一张字条，上面写："你儿子打其他孩子。"而那个母亲认为老师想说的是："你在家从来不管教他吗？"我不得不一次又一次地告诉父母们，只要听说出来的话，没有必要假定受到指责。

从某种程度上说，所有孩子在行为举止上都有些问题，而且男孩们往往更为突出。老师们知道这一点。当老师与你沟通，谈到你的儿子，谈到他存在的问题时，要努力保持积极的态度。你可以说："很好，我很感激你让我知道这些。"你甚至可以说："你的计划是什么？需要我怎么协助？"即使你意见不同，也不要反驳老师，你可以说："我在家没注意到这个问题，请再多告诉我一些你了解的情况。"

就杰弗里的情况而言，梅兰妮逃避回应老师的担心，这对老师造成了阻碍。她还把老师的意见看成是针对个人的，认为老师在因为杰弗里害羞的行为而责备她。最后,她开始为杰弗里在课堂上的问题而责备老师。我遇到过很多这样的父母,他们因认定儿子的老师是错误的或麻木不仁的而与老师疏离。要采取相反的方法,与老师建立亲密关系，实实在在地听她说话，协助她解决孩子的问题。父母和老师可以一起工作，帮助像杰弗里这样的男孩。你可以做到不站在你儿子的一边反对老师，同时又做充满爱心的父母。

我鼓励梅兰妮承认：杰弗里极为害羞，他来到这个世界上时就是这个样子，她和凯尔以前在家里常常包容杰弗里的行为的做法在学校是行不通的。杰弗里被娇纵的时间越长，这些行为就越会根深蒂固。现在，在他年龄尚幼，学业上的挑战还不太大时，该让杰弗里尝试新的社交技巧，并认识到他不必这么害怕。

我告诉梅兰妮，她要做的第一件事就是挽救她与老师的关系，让老师知道她们两个有同样的目标,那就是帮助杰弗里适应环境、交朋友,以及在学校感觉安全,从而使他能够学习。他的问题不是由他和老师之间的冲突造成的，尽管他自己是这么说的。尽管确实有老师和学生个性冲突的例子，但在小学低年级，这些情况并不是非常普遍。这个案例里的冲突是杰弗里和他的恐惧。

家庭与学校的联合教育是条双行道。我也鼓励老师在新的学年早早地向父母们伸出援助之手，我把这比作是“欢迎新来的邻居”。老师们伸出一次手，打个招呼，作下自我介绍，并表示期待着这一学年。这可以创造奇迹。否则，这一年过去了两个月,而老师和家长们除了在接送孩子上下学时说一句形式化的“嗨”或“再见”之外,彼此间就没有再说什么话了。在这两个月里,负面的情绪可能激起怨恨,却不是关于什么具体的事。一个衷心的欢迎，加上一个热情的握手，建立起良好的感情，将会高调开启老师与家长们之间的关系。直到现在，在家庭与学校的沟通中“没有消息就是好消息”的方法尚属规范做法，但依我看来，这并不会起到想要的效果。

跟孩子聊聊学校的事

梅兰妮和许多父母们一样，并不是很清楚如何与孩子谈论他们在学校的困难。我指导父母们要保持积极的态度。永远不要以任何方式对儿子说老师的坏话。这没有任何好处。许多父母认为，通过同意孩子的看法来表示对他的支持，实际上不是的。

当孩子从学校回到家，他们也像成年人一样，通过抱怨发泄情绪。这些抱怨通常是夸大之词，掩盖了同时也在发生的所有正面的事情。家长同意他的观点并给予明显的同情，其实是在鼓励更多同样的事情、更多夸张的讲述。你是在告诉他，无论他把课堂描绘成一幅什么样的图画都是可以的。你在鼓励他可以贬低那个整天要向之学习的人。不要这么做，不管你对学校的情况有多灰心。反之，你可以这么说来提供支持："是的，我在学校也有过一些难熬的日子。明天会更好。你能帮着做些什么使明天更好？让我们想几个方法。"你甚至可以这么说来支持老师："唔，那是个艰苦的工作。你的老师工作真的很辛苦。"你可以告诉他，要管理好班级，老师有时必须得强硬，就像你在家里一样。

记住，你现在对你儿子所说的关于他老师的话，是将要陪伴他走过未来学业的重要信息。如果你现在给他的信息是"任何人都不应该那样跟你说话"，那么他每年都要和每一个权威人物较劲。反过来，你应该向他讲述，事情如何会更好，或者学习是如何困难，但他仍在坚持和努力还是值得褒奖的。然后，不再提这件事或改变话题。

如果是一个长期的、更严重的问题，它通常会持续一段时间。大约一个星期后，你有更好的理由担心，并与你儿子的老师谈论这个情况。不过在大多数情况下，你很可能会发现那个"问题"在一两天内如魔法般消失了，表明它只是你儿子对适应环境和必须在成长过程中因挑战自我而感到沮丧的一种暂时性表现。

学会应对"贴标签"

有些男孩在学校里有困难，是因为他们缺少在学校需要的一些技巧。你可以在家和你儿子一起练习几个基本技巧，并让他将这些技巧应用于学校。

梅兰妮和我在家里使用了一些方法，使杰弗里在家里更放得开。如果一个男孩能在家里学习一项新的技能，那么他更可能最终将这些技能运用到新的环境中去。这意味着，杰弗里将需要离开凯尔独立玩耍，并让凯尔在家里不再扮演父母的角色。我们在家里为杰弗里设立了一个奖励制度，当他做我们想要他做的事情时就给他奖励，比如，晚上自己去睡觉，自己开口要东西而不是让凯尔替他说。

当梅兰妮前去见杰弗里的老师时，她保持开放的心态并仔细地听。在我们的下一次会面时，她说她感到好多了，老师在学校里为杰弗里做着同样的事情，让他为自己说话并在一个图表上用小对号奖励他的成就。这个计划与我们为在社交上害羞的小男孩布莱恩讨论的那个非常相似，但是对杰弗里的案例而言，要解决的问题更多。其一，梅兰妮最初抵制与老师合作；其二，这个家庭一直以来鼓励杰弗里表现得像最小的男孩。变化不是在一夜间就能出现的，但确实在两个月后有了重大的改进。在开始的几次起起落落之后，杰弗里在社交上获得了更多的信心。然后他突然飞跃了一大步，交朋友并在课堂上为自己说话。与我们学习任何新技能一样，在开始时也是笨拙且不熟练的。有时我们做得比在其他时候更好，一旦我们学会了基本的东西，就能非常顺利地前进了。

标签不总是答案

THE WAY OF BOYS
男孩的故事
RAISING HEALTHY BOYS IN A CHALLENGING AND COMPLEX WORLD

我还治疗过一个名叫乔顿的小男孩，他上小学一年级，他在学校感到吃力的是另一个不同的问题。乔顿的老师与他的父母安排了一次会面，谈论他在班上不灵活，不能在行为间做转换。他喜欢手工课，但在下课后，该上他不太喜欢的故事课或识字课时，他不愿停下来并上交他的艺术品作业。此外，如果上他不喜欢的课，他就会经常烦躁不安并干扰其他同学。老师告诉乔顿的妈妈，他可能患有注意力缺陷多动障碍，因为他要么在一件事上注意力过度集中，要么不能在正在上的课上集中注意力。

关于这种情形，我想要提醒妈妈们，男孩在学校里做大人们期望他们做的事时感到困难有很多可能的原因。在这种年龄，注意力缺陷多动障碍在我个人的列表上往往被远远地排在后面，因为这么多的孩子——无论是男孩还是女孩，都很难将注意力集中在他们觉得无聊的事情上（成年人也一样，如果你想想看）。

如果我们单独看这个行为——乔顿不能按要求在不同活动间转换，那么我们可能会看到几个可能的原因。注意，这些原因之中没有哪个是错乱的或者需要主要的干预措施来调整的。它们是发展问题，也反映了孩子们（及成年人）在体格构造上的天然差异。

1. 焦虑

有些焦虑不安或天生更加害羞的男孩，不论是什么原因，往往看起来又固执又不灵活。这些类型的男孩有点警觉性过高，他们能在教室里感觉到过度压抑和过度刺激，所以他们可能想要继续进行他们喜欢并擅长的活动，而不是放弃并代之以可能更困难或不太有趣的事。他们不是冒险家，通常需要更多的时间和鼓励来尝试新的事物。

2. 注意力转换不灵活

许多年幼的男孩在他们的注意力方面没有太多的控制力，一旦他们钻进一项真正喜爱的活动，他们就不能轻易转换。而多数时候，他们被要求从一件抓住他们注意力的事飞快地转向下一件事。在大多数情况下，这么小的孩子不需要药物治疗。他们不是没有专注的能力。随着时间的推移，他们的大脑会跟上并发展这项能力。

3. 快速处理能力

有些男孩在小小的年纪就比他们的同学在处理周围的问题方面更加快速。如果一项活动对男孩不具挑战性，那么他可能只将它看作是繁忙的功课，在老师看来他好像是不灵活的。他更容易感到厌烦也是合理的，因为他需要更加具有挑战性的任务。

4. 例行常规

真正墨守常规的男孩会对常规中的变化很敏感。如果家里或学校发生了某个变化，而在变化之前，事情一直是按照正常顺序进行的，那么对他们来说，要顺畅地从一个话题移向另一个话题或从一项活动转向另一项活动就会更加困难。他们有点古板的风格会对他们以后在做作业时有好处，那些作业要遵循多个详细的步骤，比如自然科学和数学。

这 4 个因素中的任何一个都能够解释为什么乔顿在他这个年龄在教室里会以这样的方式表现。这 4 个因素中并没有哪个意味着他有注意力缺陷多动障碍或者他将长期在学校有困难。随着男孩们渐渐长大，当他们习惯学校时，很可能就会不再焦虑。通过在学校的练习以及正常的脑部成长，任何控制他们专注能力的困难都将会得到改善。快速处理信息的男孩在高年级会表现得更好，因为他们将迎接更具挑战性的任务。更喜欢常规的男孩，在他能预期全天里会发生什么事的年级将过得更轻松。

家庭和课堂联合起来

如果一个男孩在课堂上有行为问题，那么有几个方法能促进父母和老师们共同协作以改善这些状况。

我喜欢的一个方法是一张贴有贴纸的简单图表。这是老师们可以用的最普通的行为计划，也很容易。

THE WAY OF BOYS
男孩的故事
RAISING HEALTHY BOYS IN A CHALLENGING AND COMPLEX WORLD

我曾治疗过一个男孩，名叫埃兹拉，他一天的大部分时光都是在做白日梦和闲聊中度过。有经验的老师很快就明白埃兹拉非常聪明，他对一年级水平的功课厌烦了。她告诉我，每年 9 月她都会在她的班上发现一两个这样的孩子。她要花上几个星期的时间，才能了解整个班的最新情况并把他们转移到更有挑战性的功课上。同时，复习和练习基本概念使这些非常聪明的孩子发狂。

我们使用一张带贴纸的图表，如果埃兹拉每 10 分钟左右没有闲聊或打断别人，他就可以获得贴纸。如果他举手发言，他也可以得一枚贴纸。他选择了恐怖的万圣节贴纸，并努力获取尽可能多的贴纸。这张图表他每天都拿回家，在他做得好的时候，他妈妈会到院子里和他一起玩传球的游戏。

有些父母觉得他们不想向老师提出这样的方法，因为他们认为自己在强求别人或为他们的孩子要求特殊待遇。记住，这个方法是为了应对耗尽课堂精力的麻烦行为的。在图表上贴一个贴纸只需花费老师少量的精力，却能产生巨大的正面效果。不过也请记住，这个想法最好先在与老师会面时提出来。解释这个想法，并说："让我们试两个星期，我会为你提供你需要的东西。"当行为改变，而且他真正掌握了这些东西时，你可以渐渐地弃用贴纸，使它们不会成为你儿子生活中的永久特色。

与老师保持积极的联系

如果你儿子在学校里日子不好过，那么你的目标就是与他的老师保持积极的关系，并使他对这一学年余下的时间保持积极的态度。几个月后，当他成熟了，习惯了教室的环境，并努力改进他的课堂技巧时，情况可能会有所好转。即使是小的、正面的评语也会逐步增强并产生效果。以下有几个家长们要牢记在心的方法，将有助于促进与老师保持积极的关系。

‖ 在积极的氛围中结束每一次互动 ‖

最后的印象在人们对彼此的评价上起着重要的作用。作为你儿子的代言人，你想要在所有与他老师的互动中尽可能给对方留下深刻印象。如果老师在放学时提出一个问题或谈到一个问题，最好先听她把话说完。接下来，说你会尽力在家处理这个问题，这是将老师当作一个普通的人来传达同情和尊重。

THE WAY OF BOYS
男孩的故事
RAISING HEALTHY BOYS IN A CHALLENGING AND COMPLEX WORLD

我认识的一位妈妈最近被她儿子的老师叫到一边谈话，老师说："安德鲁一直对几个男孩说，他讨厌他们，他们不再可能成为他的朋友了。"这位妈妈知道他儿子在操场上一直被一些孩子欺负。她回答说："哦，不，他不应该那么做。但我想他之所以会这么说，是因为有别人对他这么说了，而且伤害了他的感情，我想这可能是他的一件新武器。"老师点头说："你可能是对的。但我在教室里对这一点是有规则的，所以我今天其实找他谈了这件事。"那位妈妈说："你是对的。今天晚上我也会跟他谈。谢谢你告诉我这些，对我很有帮助。我不耽误你时间了，周末愉快。”

如果你在结束谈话时，承认老师有她自己的生活并感激她的努力，将她看作是一个人，而不是学校雇来教导你孩子的一个职工，这在获得她在整个学年里对你儿子的帮助和支持是大有益处的。令人惊讶的是，如此简单的外交努力在使老师和学校其他的员工对你儿子产生积极的心态上将产生巨大的帮助。

有空闲时间并可变通

我最近与一个朋友聊天，她儿子是一个可爱但在社交上有点儿骄横的一年级男孩。我觉得他像是一个小CEO，在玩游戏时，他喜欢管理而不是与他的朋友们合作。他极善言谈，很受大家的喜欢。他是那个编定游戏和规则、召集朋友们来参加并任命自己为裁判的家伙。如果能成功完成，那么这是一种很好的游戏方式，事实上，他做到了。他往往能吸引更腼腆的孩子，因为他们需要一点帮助才能在群体中活动起来。

他母亲在工作中也有相似的风格，而她也非常成功。不过，她在有个地方却因她的风格而没能产生这么好的结果，那就是与她儿子老师的关系。我听这位妈妈喋喋不休地抱怨那个老师，说她组织得如何不够条理，她的字条和讲义有时有拼写错误和语法错误。她觉得那个老师说话太温和了，不够有力。最近，那位老师告诉这位妈妈，她儿子在学校说一些咒骂的话，跟老师顶嘴，并拒绝做一些课堂活动。他说他之所以会这么做，是因为他觉得它们不够有趣。

我问起最近一次家长会，她叹口气道："我到现在还没时间去和老师见一次呢！"听她这么说，我很惊讶。然后她解释说，她给老师发了一封电子邮件，列出了可用于会面的空余时间。她还发送了她那经常出差在外的丈夫的空闲时间段的列表。"我们不得不与她分别见面，没有其他办法。"她告诉我。

她继续说，她已经与老师预约再毁约两次了，当她准备开始讲述一串串她为什么这么忙的原因时，我阻止了她。我问她："这就是你想传达给你儿子的老师的信息吗？"

所有的父母都很忙，他们需要面对工作中和家里各种复杂情况。这些父母们经常告诉我说，生活的两部分总是相互侵犯。在家里的空闲时间被工作问题占据；幼儿园里的意外问题、与医生的预约、孩子提早放学的日子，以及其他使家庭条理有序的家务杂事又总是打断工作上的时间。我知道尽力使两个在职父母的时间表与多个孩子的时间表保持平衡可能是件让人头痛的事，许多在职父母都感到他们在生活的两部分中都有一些失败。

然而，因没有时间，因太忙而不能去见老师时，你在传达这样的信息：老师在为你工作，你的时间比她的更宝贵。如果你能抽出时间并可以变通，则会向老师传达更积极的信息：老师所关心的问题对你也很重要。

再重申一次，简单地表示尊重，感谢老师的工作，灵活变通时间去见老师，在解决许多男孩突然出现的成长中和行为上的意外问题时，会使结果大不相同。

先争取老师的帮助

当老师发现学生的一个问题行为或麻烦情况时，妈妈们经常会想马上提出一个解决方法。事实上，有些妈妈们对儿子的行为感觉尴尬，不等着听老师的建议是什么就立刻宣布她们将要做什么来解决这种情况。我总是劝说妈妈们要先听，或是问老师"你认为我们该做什么"来让老师负责，让老师做专家。你应先向老师询问可能的解决方法，然后再说出你自己的想法。你确实比老师更了解你的儿子，每个人都知道这一点。不过，老师对所有类型的孩子都有经验，有许多老师都知道男孩迎接挑战的能力有多好，或者，当期望高了或没有其他选择时，他们能够多快地学会不同的行为方式。

当我与老师们一起工作时，我总是先听取他们对某种情况的看法。我知道我在获取关于某个孩子在学校中的行为的观点，而在学校的这几个小时中，都有老师的陪伴。我发现，在我听取了老师的想法后，他们也更容易接受我的意见。

如果老师和父母之间的对话没有结果，那么最常见的原因是其中一个人或两个人感到有压力并处于戒备状态。为了实现父母和老师之间真正的意见互换，这样的意见交换可以逐步建立起两个人都能接受的解决方案，做到以下几点是有帮助的：注意语气，友好地微笑，进行眼神交流，不强求老师解决问题。当父母和老师沟通时，也贡献几个在家里产生过效果的有用的解决方法，并表示乐意在家里做出必需的改变以促进孩子在学校里的改变。面对问题男孩，父母和老师可以相互学习，解决问题往往需要大家齐心协力。

夏末综合征

每到9月中下旬，我的电话就会响个不停。这是学校的压力开始起作用的时候。老师开始打电话给妈妈们约时间见面——甜美的生活结束了！有时，老师沟通得不好，使妈妈感觉她必须得“解决”儿子的问题。如果不是一个单个的问题，可能会促使妈妈们不必要地担心每一个电话，而每一个新的“事件”都会增加她们的担忧和不安，她们经常说，作为父母，感觉自己很失败。

你必须完全丢掉那种思维方式。如果你那样担心或内心感觉如此糟糕，你就不能做好父母。当你儿子离开你远在学校时，你还期望自己能神奇地控制他做的事，这绝对是荒谬的。你儿子是个独立的行动者，他有自由意志，而且你又不能遥控他。你的任务就是，继续以改进和支持他的方式工作，允许他犯错并找到方法使他前进、成长。请记住，老师们理应打电话给你反馈。这些反馈不一定都是暗示的信息，让你必须得立即改变他，老师只是在随时告诉你进展情况。

THE WAY OF BOYS
男孩的故事
RAISING HEALTHY BOYS IN A CHALLENGING AND COMPLEX WORLD

最近，我收到一位妈妈的电子邮件。她说她的儿子保罗两个星期后就开始上二年级了。他刚满7岁。去年他刚上一年级的时候，我就开始跟进他的情况。保罗在学校的前6个月过得很糟糕。他每天早上都会尖叫哭喊，拒绝去学校。每天在学校的前两个小时，他在教室里过得都很艰难——他会封闭自我，拒绝参与课堂活动，甚至要求回家。到了中午，他会重新振作起来，并在课堂上做得很好。他很享受午饭后的时间，积极参与班上的活动，只是到了第二天早上又开始了整个循环。我认为他的行为纯粹是发展过程中的问题。寒假后，他回到学校，在这一年余下的时间里表现得很出色。他老师的评语是："他是个完全不同的小男孩了。"他妈妈很兴奋，觉得暴风雨已经结束了。

保罗去参加夏令营，过得很愉快。他学会了游泳，玩躲避球，去远足，甚至学会了下棋。作为一个活动驱动型的孩子，他喜欢所有的游戏时间，以及自由活动，运动竞赛和夏令营的户外时间。他深受辅导员的喜爱，他的辅导员认为他精力充沛、勇敢、快乐。他表现完美，直到夏令营的最后三天。就是在那个时候，他母亲接到夏令营负责人的电话，说："我们认不出你儿子了。"保罗打其他孩子、发脾气，甚至拒绝参加夏令营的活动。他哭着回家，说他讨厌夏令营。保罗的母亲打电话给我。她自己已经猜到出了什么问题，但是不知道该怎么做。

发生在保罗身上的情况在夏末也会发生在许多孩子身上，特别是那些在上一学年里在某些方面进行得不顺的孩子。夏天，以及夏天里所有快乐的玩耍时间都结束了，是时候面对与另一个老师、另一群孩子重新相处的风险了，而且有可能会相处得不好。他在为一个季节的结束而伤心，回想起去年的秋天对他是多么的严酷。他母亲说："他上学年结束得很好，真的是这样的。"当然确实如此，但现在又是秋天了，所以他想起了去年秋天。成年人也是这样的。我们对此有一个很棒的名词，将这些情感称为"周年纪念情感"（anniversary feelings）。小家伙们在秋天面对开学也是同样的情况。他记起了他去年的情绪状态，它们与季节交织在一起。

像保罗这样在过去一年的学校生活中过得困难的男孩，将带着大量的焦虑进入新的学年。好像他们在等着有什么事要出错一样，妈妈们有时也这么做。她们可能无意中向小男孩传达出在学校可能会有什么事情出错的信息。这是另一个如果你不小心就可能向你儿子传递失败信息的误区。

保罗的妈妈问我："我该怎么做？"如果你儿子对重返学校感到焦虑不安，以下就是你要做的。

1. 不要慌

你很容易心想"又来了"。但要记住，新的学年将迎来新的老师、新的同学、新的学习机会，而他也将作为一个新的男孩面对他们。在一个男孩3~6个月的成长过程中可能会发生很多事。就保罗来说，他在暑假期间取得了大量的社交、情绪和体育上的成就，他在这个学年里可以继续加强这些成就。

2. 言谈可以有所帮助

我所说的"言谈"不是指长篇大论的说教或鼓舞士气的话，而是给他一个表达伤心的机会。不要小看他的感情、剥夺或夺走那些真挚的感情和记忆。你可以提醒他，他曾经多开心。你可以告诉他，夏天结束了，你也很伤心。你还可以让他意识到，他顺利地结束了上一学年。让他回想起他过去的成功。

3. 给他一条发泄途径

作为成年人，当我们焦虑不安时，有时会来回踱步。我们可能出去跑上几千米，或是打电话给朋友抱怨，抑或是喝上一杯酒或到后院摆弄花草。男孩也需要一条发泄途径，尽管以上几条没有一条适合他们。就保罗而言，我建议他去画画，这是他酷爱的活动。可是我从不建议他画欢乐的课堂上快乐的老师或他自己。心理治疗不必是老一套。我鼓励他用他的创造力画他想画的任何东西，在大多数情况下，他画的是抵抗喷气式飞龙、保卫城堡的骑士。这些画给人的印象相当深刻。

4. 在夏季结束前到学校去一次

去看看他要去上学的大楼，将其作为一次实地考察旅行。带上午餐，让他在学校的操场上玩。这使学校个人化，并使之成为他群体生活的一部分，而不仅仅是他要去学习的地方。

5. 同他一起展望将来的快乐

告诉他，你也会想念夏天的快乐、海滩和假期。同时也要提醒他，秋天也会有快乐的事，比如万圣节或家人的生日。小男孩们在展望未来上有困难，向他展示有其他值得期待的事是有好处的。

我给母亲们的主要建议是，听取老师的话，获取尽可能多的信息，让她一直站在你这一边。给她权力，承认是她在负责课堂。说了所有这些，我确实知道不是所有的老师都能够有效地管理学生和班上的冲突。我知道有一位妈妈，她发现她儿子的一年级老师让孩子们将头放在桌子上作为一种惩罚。她亲自看到过，她觉得这样做不对。她儿子面对这位老师时真的过得很艰难，被剥夺了许多特权。他每天都将时间用在把头放在桌子上，一整天都没有空余的游戏时间。

这位妈妈想知道如何应对这种情况。我告诉她，她的判断是对的。这不是一种处理课堂上出现的许多普遍问题的有效方法。依我看，这位老师是错的，他可以用更好的方法帮助孩子们重新振作并回到正在做的任务上来。这些方法可能包括安静地待上几分钟、到外面跑几分钟或者弹奏音乐。尽管如此，她还得和这个老师一起共事。她主要的工作就是要认识到并让她儿子也认识到，尽管有些老师是苛刻的，但是你要坚持下去，尽你最大的努力，下一年你会有别的老师。

在孩子的一生之中，他会与不合他胃口的老师和经理们共事，而他们未必完全公平。你的儿子从你这里得到积极的鼓励，他能够读完这一学年，并在日后更加坚强地面对这样的情况。

THE WAY OF BOYS

男孩心理学

- 在所有类型的男孩中，在刚开始上学的几个星期里经常会出现崩溃的情况，陌生环境中的小小挫败就能引发它们。
- 一项研究表明，幼儿教师对男孩的看法比对女孩的看法更负面。
- 研究表明，一般说来，男教师不太可能把男孩看作是麻烦，而且也不把他们的许多行为看作是问题，但绝大多数——超过 95%——的幼儿园教师是女性。
- 对中学学生的研究表明，男性教师更能够增强男孩的学习兴趣并可能提高他的学习成绩。
- 对学龄前儿童的攻击行为进行的研究发现，男孩主要倾向于使用身体上的、直接的言语攻击，而女孩则更喜欢使用所谓的关系攻击。
- 男孩往往使用小动作和竞争与他们的朋友建立关系，以及释放多余的精力。他们用开玩笑、小打小闹、摔跤以及格斗作为友好的标志。这只是男孩的社交方式之一。
- 告诉你儿子，不管我们在哪儿——在家里还是学校，重要的规则差不多都是一样的。
- 父母们要保持积极的态度，永远不要以任何方式对你儿子说老师的坏话。

THE WAY OF BOYS

后记
从男孩到男人

RAISING HEALTHY BOYS
IN A CHALLENGING AND COMPLEX WORLD

当妈妈们带着儿子到我这里寻求帮助时，即使她们不说出来，我也知道她们真正怀疑和真正关心的是什么。妈妈们担心她们的儿子在成长过程中被彻底落在后面，而且这种差距还会逐年增大。她们担心自己的儿子不会成长为幸福快乐、有成就的成年人。

伴随着她们的恐惧是，大量的育儿书籍把成长中的挑战看作是不正常的，而不是视为成长的机会。大多数的育儿书籍都鼓励父母们把大部分令人烦恼的行为看作是病态的。那些忧心忡忡的父母们希望通过找本书来了解男孩的行为，但他们发现这些书满满地列出了各种行为，并称之为“症状”，随之还有一个事前已经预备好了的诊断结果。这些书鼓励父母们要警醒，要在他们儿子的行为上找问题。它们还讲述了一些令人恐慌的故事，是关于因没有及早得到帮助而在人生中失败或受苦受难的孩子们。

我采取的是相反的方法。作为一个和孩子们一起工作了 20 多年的儿童心理学者，我可以很高兴地说，大多数男孩，即使是那些早期有困难的孩子，都可以健健康康地长大成人。我希望父母们放松点。当我告诉他们，他们应该想象自己的儿子已经长大成人、很幸福并感谢他们作为父母所付出的一切辛苦时，他们感到很惊讶。我之所以能告诉他们这些，是因为我看到过几年前到我办公室来的男孩——有些男孩的问题当时看起来好像还很严重，以及他们后来成为有能力的年轻人之间的反差。很多我以前的患者还时不时地继续来拜访我。他们中有几个人很热心地同意在此写出他们的简要情况，毫不隐瞒地谈论他们孩提时，到我这接受治疗的感受，无论是否经过医疗诊断。他们将谈到当年在家里或学校里如何调皮捣蛋，或者当年站在场外的害羞的小家伙是怎样的状况。

我希望读这一章的妈妈们迅速做出重要转变，能渐渐看到藏在她们儿子体内的那个健康的年轻成人。每个母亲都应该尽力向前看，把自己儿子看作是一个幸福健康的成年人。我让每个妈妈都想象一下：她儿子和他的朋友们坐在大学宿舍里或是出门去做第一份工作，真正地想象出一个未来，在那里他是一个完全适应环境的成年人。如果没有这些想象的画面，那么很多妈妈们都会任凭她们的担忧滋生蔓延。她们会变得过度警觉，眼睛只盯着什么事会变坏。尽管是出于好意，但是父母在男孩的成长过程中可能会干预过多，认为他需要更多的帮助，而实际上他并不需要这么多。

接受本书采访的几个已经长大的男孩的经历说明，平静的、恰当的、考虑周到的育子法是成功的。男孩需要感到母亲对他的信心，知道她没把自己当作是不健全或有病的，他需要知道自己将会健康、幸福、成功。请继续往下读，看看这些妈妈们是用什么方法从最早、最易受到影响的时期开始引导教养她们的儿子的，这些方法给了他们人生中最好的机会。

男孩我最大

布雷特，1.87 米高，穿着牛仔裤和一件印有他刚考上的大学名称的运动衫。他最近到我办公室来，像很多这些年来我所见过的长大的男孩一样，详细地谈了他一生中最大的转变。他考上了一所很好的大学，是他的首选之一，他已申请推迟一个学期入学，以使自己能够在开始大一生活之前去旅行并为一项青年计划工作。他的脸已有成熟男人的模样，有胡子的痕迹和硬朗的下巴颌，但仍然保留着我们第一次见面起我就记得的那张线条较柔和、较年幼的男孩的脸。

布雷特 4 岁的时候第一次预约来见我。当时他是家里的一个大麻烦，不断地动来动去，抓东西，在房子里横冲直撞，攀爬家具时经常受伤。他对其他孩子专横跋扈，还没玩多久就会不欢而散。他母亲几乎每天都接到幼儿园的电话，老师报告说布雷特对其他孩子太贪婪、太爱出风头，还一再地违反安全规则，比如每天早上往返学校和操场之间时冲到大街上。他的儿科医生，一位经验丰富的儿童专家，当时对我说布雷特的确应被诊断为患有注意力缺陷多动障碍，但他不想对这么小的男孩仓促地施以药物治疗。这位儿科医生请我帮助布雷特，帮他妈妈教育他不用打架的方式与他人交际往来，并使他准备好适应幼儿园的社交要求。布雷特非常早熟、任性、聪明，但他尚未发展成熟，还差一点就被请出幼儿园。

我问布雷特，关于我们早期的会面他还记得什么，答案是不太多。“我记得玩四连牌游戏，”他说，“还有木偶，还玩你架子上的玩具。”他大笑，然后又说：“我妈妈和你谈话时，我不听，到处跑来跑去。”与布雷特不同的是，他母亲斯塔西却记得早年那些困难时期的所有细节。“他彻底将我击败，而养他姐姐很容易，她很听话。”她印象特别深的是，有一次去儿科医生的办公室，布雷特到处跑、攀上爬下、不听话，那位儿科医生转过头跟她说：“你是一位这么好的母亲，对你女儿你做得这么好。不过你看，布雷特在主导一切，而不是你。”他的意思是，布雷特有自己的个性，尽管所有的孩子都有，但他的个性是专横型的。

现在布雷特 18 岁了，他可以回过头来想想他早期的行为。“我是一个这么让人难以应付的麻烦孩子，”他回忆说，声音里带着一丝骄傲，“比如，当我妈妈把我放在台阶上让我单独反省一会时，我不在乎。所有对正常孩子起作用的事对我都没用。当他们把我姐姐放在楼梯上让她单独反省时，她会哭叫，非常不安。我呢？我则会跑开，大笑。这一点都不会让我感到不开心。”

布雷特记得他在幼儿园里也是无法无天。“我总是不受控制，但其他孩子并不总是避开我，因为人们喜欢与过于活跃和有点出格的人在一起。接受你的诊疗帮助我搞清楚了，什么时候那样是可以的，什么时候不可以。不过从另一个侧面来说，那样也很酷。其他孩子喜欢我，喜欢那个样子的我，时而咄咄逼人且大胆狂妄。”

我问布雷特，在他看来妈妈是什么样子。布雷特说，她有很多困难的时候。原来，布雷特的强悍和精力让人难以应付，母亲认为他太爱出风头、太贪婪、太固执，使得他不能与其他人好好相处，而且他永远都不会养成体谅他人的健康心态。更糟的是，她担心他的行为问题会导致他成绩差，甚至在日后会尝试喝酒及吸食毒品，或者变成一个迷失方向的愤青。她的担心部分源于她有一个这样的兄弟。

布雷特说："我舅舅是个疯狂的人，有时太疯狂了，他从未真正地过好他的生活。我妈妈过去非常害怕我会变成他那样。我们看上去也有点儿像，但其实我们是非常不同的。他的父母只是惩罚他，对他大喊大叫。他从未得到任何帮助。人们当初并不会去那么做，这与现如今的情况不一样。"

布雷特从他母亲、老师和我这里得到的帮助，使他学会了如何抑制他的冲动。在我的办公室里，他每次练习安静地坐上两到三分钟，在他烦的时候不击打、不抓抢玩具。在开始时，他因为不能为所欲为而大发脾气，我经常会让他离开我的办公室。12 年后，我发现坐在我面前的是一个长大的年轻人，听他深思熟虑、有深刻见解地为我讲述关于他在学校里的早期问题的回忆。布雷特已逐渐形成非常好的个人方向和体谅他人的意识，特别是对他的母亲以及她早期为他经历的艰难，他更有深刻的体会。"她当时大概感到非常失败。她对我实在是没辙了，所以她需要从一个像你这样的外人那里寻求帮助，"他说，然后停顿了一下，"我有时打她或者告诉她我讨厌她，那些是她从未从我姐姐那里经历过的事情。我想那让她有点儿害怕，可能作为一个有我这样的孩子的父母，她还会感到有点儿失落。"

一旦布雷特回到正轨，一旦他和他父母学会了顺着而不是逆着他的方式来，他就准备好了成长为如今这个睿智、有成就的年轻人。

作为一名儿童心理学者，一直使我惊奇的是，看着这些年来这些小男孩的转变，从无法无天、不专心，或极为害羞、在社交上受到挑战，到成为能干的年轻人，他们一路走来解决了自己的问题，提升了自己的技能，并且在他们父母的努力下，呈现出自己最好的面貌。布雷特像许多其他男孩一样，向我承认，父母强大、坚定而适当的养育如何指导他度过早期的几年并使他成为现如今的这个男人的重要性。他告诉我："我需要学会控制我自己。让我在房间里单独反省是唯一奏效的事。”布雷特知道，那些始终如一的、强硬的分界线帮助他将自己塑造成为一个更好的人。他称赞那些分界线给了他其他的技能。“我学会了能够后退一步，看着我生活中的某个局面，理解它的相关性。我还学会了更好地看待其他人的观点、感受，以及去思考那些意味着什么。”

正当我担心布雷特大概不能表现出更多的自我意识及更深的细腻感情时，他开始谈论他的新女朋友。

“我真的喜欢与我女朋友在一起。和她在一块时，我会变得更温柔、通情达理，也很傻——但不是和我的一些男性朋友在一起时那样傻，那可能太过火了。在和她一起时，我可以是一个不一样的人。”

这些话出自那个曾经向其他孩子投掷玩具、将他们推倒、对他认为妨碍到他的任何人——不论是孩子还是成年人，都叫嚷着“我讨厌你”的男孩。

布雷特对我讲了他的暑期工作，以及他对这个即将来临的学期的期待。这两个都是他自己申请的机会。“我用大学一年级的第一学期去参加国家户外领导学校课程，”他说，然后详细讲述他选择这个课程的理由，“在这个课程里，有很多重要的东西，如领导才能和对时间管理的要求。你可以在户外环境里学习这些东西，在那里，你不能靠以后再修补或直接忽视某些事物。如果我能把这些转化到我以后在大学的功课上，比如不把该做的论文扔一边，这对我将是一个真正重要的帮助。”

布雷特还对我谈了他遇到的挑战。他担心自己拖延学校功课的倾向，许多我认识的成年人都承认有同样的问题。不过布雷特想要改变他的行为，而且他愿意发现自己的问题并努力解决。尽管他还没有决定大学的专业，但他已经在考虑几条可能的职业道路，包括为实习或研究生院作打算。他真的长大了。

听着布雷特恰如其分、经过深思熟虑的想法，我不禁惊讶地想：那个冲动的孩子哪里去了？我想他的那些部分仍旧在已长大的他体内，但不再冲动，他已经变得活泼快乐、乐意抓住他钟爱的事物了。我想要和我一起工作的妈妈们看看这个年轻人，看看他变了多少。我想告诉妈妈们，她们那攀爬家具、抓抢每一件东西的小男孩能够成长为抓住机会、为自己树立积极目标并用信心和魅力吸引朋友到自己身边的男人。

在布雷特离开前，我们商定他可以在任何时候发电子邮件或打电话给我，而且我们永远都不会说再见。我告诉他，我的工作最好的部分是看着像他一样的小家伙离开，然后又时不时地回来讨论他们的成就和挣扎，那些所有年轻成年人必须面对的挣扎：与家庭和父母分开、读完大学、探索亲密关系、学会玩得开心但不过火、围绕社交做出基于可靠信息且睿智的决定、找到一个可达到并实现的职业方向。

我们碰了下拳头，握手，然后布雷特给我一个拥抱。在布雷特离开前，他说了最后几句话。有时孩子们在准备出门时会分享他们最深刻的想法和感受。

“尝试新的体验是很好的，”他想着未来说，“你应该保持开放的心态，还要意识到你周围的其他人，以及你如何影响他们。”

“成长是艰难的，”我对他说，“你做得很好！我毫无保留地说你拥有所有向前走所需要的工具。”

他想了想说：“是的，你说得对。这不是不可能的！成长是艰难的，但我做到了！”他大笑，“有时会很难，会与众不同，但完全可以做到。”

顽固先生

肯尼现在18岁了，他必须得绞尽脑汁才能回忆起他和我的第一次会面。我告诉他是哪一年，他看起来很是惊讶。“我不能相信我4岁时你就认识我了！不可能！”他说。如今，肯尼已经长成一个肌肉强健、英俊的年轻人。他父母在他只有几个月大时从泰国收养了他。他没有其他兄弟姐妹，所以根据他咄咄逼人的性格，他被他母亲亲切地称作“暹罗王”。

当他最近来拜访我时，他母亲和他一起来了。在我办公室的沙发上，他母亲坐在他旁边，她很快地插进谈话，谈起她对第一次拜访的回忆。“你把办公室搅得天翻地覆，对什么都好奇，开了屋子里所有的抽屉。”她告诉肯尼，然后转向我说，“我永远不会忘记你对我说的话。你微笑着看着他，告诉我说你可以断定他活泼聪明。你说：‘当心，他会给你添麻烦的。’这个我已经知道了。不过你还告诉我，无论他选择做什么，他都会做得很好。你说，‘如果他做一件事，他就会做到100%。’听到这个对我而言真是个莫大的帮助。”

肯尼的母亲同样也记得我经常告诉妈妈们去做的另一件事。我让她把肯尼想象成一个成功的成年男人，想象他赢得一等奖学金或达到一个重大的里程碑时感谢他的父母的场景。谁知道呢，说不定是诺贝尔奖呢！妈妈们看着我，好像我疯了。我能够断定她们在想：我们甚至不能让他不再打其他孩子、看着我们的眼睛、完成一个句子、在学校度过一整天，不要跟我说什么诺贝尔奖。不过这却是有用的，特别是在那些十分艰难的日子里，那时你也许已经想要放弃了。想象他长大成人了，幸福快乐，感谢你尽了最大的努力并在他需要的时候给他那些鞭策。“你告诉我们这些话，在当时听起来很滑稽，但我时时想起这些，想象他长大了、干得不错，并知道在某个时候我们都将幸福快乐，这真的有助于渡过困难时期。”

从第一天起，肯尼就是一个强大而富有挑战性的孩子。虽然肯尼不好意思，眼珠骨碌碌地转，但他母亲回忆起他还是个婴儿时说：“我们几乎从他刚和我们一起生活时就注意到，他会有心情不好的日子，整天不高兴，而且没有明显的原因。他好像对什么事都不顺心，即使是睡午觉或到外面去玩，或者后来在他大一些时能够在操场上玩。好像他在某些天里情绪不佳，然后第二天他又好了。”

肯尼太活跃了，使得他总会受伤。在他还很小时，他喜欢在生气时打翻东西。在两岁前，他就把那坚固的橡木高脚椅拉倒在自己身上。他母亲带他去急诊室，让医生为肯尼处理他额头上的大包。“在我们等着接受诊治时，他在急诊室里到处跑，跑了几个小时，和其他孩子一起玩，玩得很尽兴。”他母亲说。

在我办公室里，肯尼对此表示抗议，坚持说他不可能那么顽皮。他母亲对此微微一笑。“他常常发脾气，而且他不独自反省，至少不按所有专家让他去做的方式。当我试着让他单独反省一会儿时，他不愿坐下来，我只好按着他。然后，他会坐在上面摇晃椅子，移动它，实际上是推着椅子穿过房间。我们试了让他在楼梯的底部坐着，但在那里我同样得按着他。”两年后，肯尼才可以在单独反省时坐着而不需要被人控制了，又过了很长时间，他才能在没有父母坐在旁边监督时单独反省。“即使在那时，他也用楼梯间墙壁上的灯影自我娱乐，他好像一点都没有因为反省而觉得烦。”他母亲说。

鉴于他有这么长的时间在家里有行为不当的表现，肯尼的父母理所当然地担心他在幼儿园会做得不好，但在这一点上，肯尼使他们感到惊讶。他能够坐下来听幼儿园老师的话。在幼儿园，他的另一面明显地表现出来了——惊人的聪明、顽皮、机灵、快乐的那一面。他的老师叫他“可爱先生”，这使他的父母大为惊讶。可是在家里，肯尼总是觉得家里轻松和安全的环境很适合释放他很强的个性。在许多执拗、固执的男孩中，这是常见的现象。在特别有组织的环境中，比如学校，他们能全力以赴，表现得非常好，但是在家里的宽松环境下，他们在所有事上都表现出有所倒退并试图掌管一切。

像肯尼这样的男孩，他们的父母需要努力对纪律及其行为保持清楚的高标准。他们必须使用直接后果，并且无论何时违反这些标准都要宣布后果。父母不能和这些孩子争论，或解释他们的理由，或给警告，因为所有这些都会使父母看起来软弱无力，而且会使得规则好像是谈判条款，尽管实际上并不是。像肯尼那样固执的男孩喜欢挑战蒙混过关以及来回的争论。这不是他性格上的一个缺点，也不是一个在萌芽期的重要罪犯的标志，而是他作为一个人的力量的一部分。我告诉妈妈们，她们碰巧有一个在开始时让人疲惫不堪的小男孩。情况会越来越容易的。而且这样的男孩长大后将会是令人惊异的，他将能够获得“可爱先生”的所有品质。另外，他还将有一种内在的力量，一种评估局势的能力。他不会被人操纵或呼来唤去。

与此同时，让他看到简单的、不用语言的后果对加强你的规则效果最佳。当肯尼做错什么事时，他妈妈很难让他到自己的房间去反省。他想要为此争辩；他想要使他们信服他们误会了，他们对他太苛刻了。我告诉他母亲，如果他不愿去自己的房间，那么父母应该主动离开房间，而不是去争论。对父母来说，离开争论的发生地常常像是投降。“如果我不能使他做他不愿做的事，他将如何知道我生气了？"这些父母们问。我告诉他们，试试看。肯尼的爸爸妈妈有一次这么做了。"我们当时在客厅里和他争论，然后我们转身回我们的房间并关上门。有几分钟时间，客厅里寂静无声，我要是当时能看看他脸上的神情就好了。然后我们竟然听到他离开了客厅，回了他自己的房间。"她说，声音中仍然明显地带有惊讶。在那之后，只单单叫他离开就更容易了，而且他会回自己房间的。

在很多次会面期间，我和肯尼的父母一起讨论，确定他们团结合作，对于纪律意见一致。对一个像肯尼这样聪明而固执的男孩来说，这是至关重要的。这些男孩非常善于离间他们的父母，利用一个反对另一个。他们好像在任何情况下对于哪个父母是最弱的都有某种第六感。对这个手段不敏感的父母们会为此争论，并对规则或惩罚意见不一致。与此同时，像肯尼这样的家伙会毫发无损地顺利穿过裂缝，让人感到得意而满足的是，他如愿以偿了，而且他赢了，他处在主导地位。所以说，只有父母团结才能阻止这种情况的发生。

他母亲和我在办公室里直接当着肯尼的面谈论这些有趣的事件，以及他对权力游戏的热爱。他好像对我们的描述感到很高兴。然后他弯下身拥抱他妈妈，给她以深深的致意。"她容忍我，爱我。"他说。

除了在家里的纪律问题外，肯尼还有其他发展问题。尽管他在学校表现良好，或尽力表现良好，他仍然很难安静地坐在课堂上，特别是在故事课时间。他经常在上课期间不耐烦，尤其是在那些他必须大声回答问题的课上。他似乎不能理解学校的指示，在他迷惑不解时就公然以行动表示出来。有位邻居建议他应该接受注意力缺陷多动障碍的测试，但肯尼的母亲没有受此影响。"那是注意力缺陷多动障碍的时代，"她说，"每个人都有注意力缺陷多动障碍，每个人都在接受这种诊断。我不喜欢这种病症被随意给出的方式。"

她请一位著名的神经心理学家给肯尼做测试，他发现肯尼在语言理解能力的测试中，结果都低于正常水平，尽管他的智商非常高。肯尼只有在被要求听从指示及通过大声说话的方式做出反应时才表现出类似注意力缺陷多动障碍的行为。在不过度的反复使用语言时，他注意力集中，能够坐下来做艺术品作业或看书。那位神经心理学家还说，肯尼调皮胡闹是因为他有压力，因为语言任务对他而言是个挑战。它们使他感到灰心丧气，使他感到自己看起来是无能的。肯尼的妈妈了解，肯尼的高活跃性与精力、兴趣和沮丧有关，但他一直是有方向、有目的的。遵循那位神经心理学家的建议，她带肯尼到一位听觉病矫治专家那里去做听觉鉴定。鉴定结果表明，肯定有明显的听力损失。而且言语鉴定还表明，他有处理声音和文字的问题。得到这个结果后，他们又去看一位耳鼻喉科医生，这位医生给他配了一个助听器并采用言语治疗来解决这个问题。

“在所有这一切理顺之后不久，”她说，“就在他进入一年级之前，我们会见了特殊教育主任和校长。我们给他们看了所有的鉴定和报告，并请求接受那位听觉病矫治专家的建议，即为他的教室安装一个特定类型的扬声器系统。这个要求遭到断然拒绝。那位特殊教育主任继续发表愚蠢的言论，说任何此类特殊调整都是不需要的，因为肯尼当时并没有戴着助听器。他没有戴着，是因为他还没有开始使用！当时应付校方让人沮丧。现在情况就比较好了，因为那是在许多年以前了。”如今，父母和老师们更加了解帮助有各种各样问题的孩子的方法。

我与肯尼和他的父母断断续续地一起工作到他 6 岁。在那之后，一直到他 14 岁之前我都没有怎么经常地见到他们。他坚强有力的个性在他进入 10 多岁时非常有力地反叛起来。他有所有年轻人都感觉到的要独立和控制自己生活的天生冲动。对于大部分男孩而言，这是一个困难的时期，他们会有很多对权威的公然对抗及超越极限的渴望，就肯尼来说，程度更大。

肯尼如果不遂心如意，就会经常威胁要离家出走。为此，我制定了一个计划以帮助这个家庭控制局面并增加父母的控制权。这在当时听起来是很严厉的，但在我解释了我的理由后，他们就同意试一试。我指导他们向当地的警察局求助，谋取一些合理的支持和帮助。有很多警官喜欢对他们社区里的孩子做工作，运用权力和权威保护他们的安全，提醒他们尊重父母和老师，直到这些固执的孩子度过他们所有强大而迷惑的青春期问题。

肯尼告诉我：“我记得当他们拿警察威胁我时，我从来都不相信他们。他们不喜欢我做的，都是一些我认为不是什么大不了的事——全都是关于我的电脑游戏，因为我不愿在我应当关掉的时候关掉它们。我父母可能只是受够我了。然后有一天，一位警官竟然来到家里。他走向我的房间，敲门并对我说‘起来’。我在房间里正躺在床上。哇！当时我 14 岁了。当初那真是一段难熬的时间。我只是想离开家，不再回来，因为我认为我父母太控制我的生活了。”

“那个警察和我谈话。他真的是一个不错的家伙。他说，‘你得听你父母的。’这帮了我很多，使我重回正轨。我对此相当震惊，感到有点被出卖了，但是或许他们在担心我。”

肯尼停顿了一下，然后谈到职业选择。在他高中一年级时，他考虑过加入海军。“不过，那是有危险的战斗，我不确定我想冒那些风险。”相比之下，做一名警察对他来说要更好。“我对枪及维护法律、努力促使人们做正确的事有兴趣。这个世界需要法律和警察。如果没有他们，外面将是一个令人恐慌的世界。”他想在大学学习刑事司法，然后去警察学院。

这使我想起过去我与肯尼的妈妈谈过很多次的话，即像肯尼这样的家伙是天生的领导者，他们将选择有权力和权威的职位。这就是为什么他们在早期就有效地抵抗了权威人物的原因。他们希望早早地抓住权力，试图用他们长大后想要变成的样子来验证。

肯尼在高中成了一个领导者，但他也是一个有爱心的人，他喜欢与小孩子一起工作。他在夏令营做过辅导员。“在八九岁大的孩子中，我赢得了自己的一席之地。去年，我和六七岁大的孩子一起工作，他们根本就不愿意听话。”他说的话听上去像是出自沮丧的父母。在这个夏令营里，肯尼负责让一群难以控制的小孩往返活动、吃午餐和点心。他鼓励他们尝试新事物，让他们守规矩，给他们打扫清理，而他也热爱这些。在这里，他的魅力和力量很好地结合在一起。“我喜欢他们，”肯尼说，“他们使我快乐。我一直想要有一个孩子。当然，我会先等到安排好我的生活。我想我会希望有一个孩子像我，一个你可以教他持有你信仰的道德和价值的人。”

我问他，他愿意给努力养育一个像他这样的男孩的妈妈们什么建议。他说：“确信你处在主导地位，促使孩子乖乖的听你的话，但要让他们知道你在照顾他们、爱他们。奖励非常重要。你需要确定孩子们知道他们在做正确的事。我妈妈过去常这么做，比如在我与人分享、对人谦恭有礼、有教养、照料人时，给我钱作为奖励。而且到了一定年龄，还要尽力让孩子独自做事情——在他们准备好的年龄里让他们去做。当我在 16 岁准备好拿驾驶执照时，我极力要求，他们就让我这么做了。这使我更独立。执照是一个重大的责任和特权，但我已经准备就绪，并让我父母看到我已准备好做这件事了。”

忧虑的人

本是一名 21 岁的大四学生，他最近打电话给我详细地谈了他遇到的一些困难。自从本从家里搬出去后，他时不时来探访我，主要是关于他这个年龄的人通常面临的挑战，比如跟上学业进度、处理室友问题，以及他从大学毕业后该做什么。不过这次，他打电话来是问有关他女朋友的问题。他认为他们快要分手了，这让他烦恼。

本是我过去的一个小病号，像本这样的男孩还有很多，他们中很多人我是从他们四五岁起就认识的。当在情绪上碰壁或面临一个重大的人生决定时，他们主动征求一个年长者的看法。他们不喜欢长谈，而是直接切入正题。他们往往还会寻求再次确认：他们正经历的是正常的。然后，他们想要直接的建议，该做什么以及该避免做什么，而不是具体讨论他们的情感或详细探讨各种方案。不过作为一名治疗学者，我常常不让他们这么容易地摆脱困境。我鼓动他们自己做这个工作，提醒他们，他们能运用所有的知识和技能来解决他们自己的问题。

本和我讨论了他在恋爱关系上一直有的一些问题，主要是照顾他女朋友的时间太多，而给彼此独处的时间不够多。他以前就很难一个人单独待着，自从中学以后，他就在这方面有困难。谈了几分钟后，他得出结论：他可能不需要做什么激烈的事，或许他可以对他女朋友采取一种观望法。我同意，很高兴他做出我也认为是最好的行动方案，在这种情况下也就是不行动。因为本是个解决型的人，从“吱吱”响的铰链到复杂的线路板的所有事情，即使是微小的问题，他也要努力解决掉。如果他认为友谊或恋爱关系走向错误的方向，他就会试图修复、调整。他从不顺其自然，不像他哥哥——在家里被亲切地称为“逍遥先生”。本喜欢在想象中远涉未来，探究所有可能的最坏的事例场景，以便可以预防它们，而不是等着看事情的结果会是什么。这种心理使本成为一名成绩优秀的学生，而且在谈到电脑或任何机械上的事时，他也是一个杰出的解决难题的能手，但同时这也使他成为一个情绪化的、反应过度的人——这样的人忧虑太多。

我回想起我们第一次会面，那时本 6 岁。当时围绕着对一个严重阅读障碍的最新诊断结果作出调整，他母亲希望本得到帮助。他从幼儿园起就在认出书写的字母和学习读单词上有困难，许多小男孩通常都这样，但他的困难没有随着练习而消失。在接受大量的测试后，结论是他有处理书面语言的神经方面的问题。我们试图帮助本理解，他的大脑与其他孩子的工作方式不同，但他与其他任何人一样或者更加聪明。结果证明，这么说还是太保守了。本在一个专门针对学习障碍的学校里读了早期的几年级，已经显现出他是一个有天赋的孩子。他要证明他拥有不亚于周围人的动力，能促使他的成绩超过他班上大多数同学。班上许多有阅读障碍的孩子，主要是男孩，当他们感到沮丧时就放弃了。他们通常学习成绩不好，而本则恰恰相反，他成倍地加大努力。这个“要成为最好”的强大动力，一路推动着他以最好的成绩进入一所非常有竞争力的大学的理科专业。

本的童年还有一件重要的转折事件。在他 11 岁时，他离开了私立小学，进入公立学校。他父母觉得他已准备好返回正常的课堂，待在他的同龄人周围。在那的第一年，本从一个总是快乐的、完全适应环境的孩子变成一个非常忧虑的、在社交上害羞的中学学生。他的新教室要大得多。更多的学生意味着更多的干扰，而这些孩子彼此都认识，并且已经建立了友谊。本很难结交新朋友，他更喜欢单独一个人在家里玩和做作业。他晚上睡觉也有困难，因为他担心不好的事情发生在他父母身上，害怕只剩下他一个人。尽管从未有过早期分离问题，但他突然间希望他母亲几乎所有的时间里都在他身边。他不愿在别处借宿，即使是在一个亲戚家里。

本对中学时的困难记得很清楚。“在我小的时候，社交会让我恐惧，让我感到陌生，不知道该怎么办。我很喜欢逻辑和科学，但人并不是按照逻辑行动的。试图走进那样的社交环境非常难。我必须学会了解人，唯一的方法是通过经验，但我害怕去试。我不得不强迫我自己。直到我上大学，情况才有所改善，那时我远离我妈妈和家人，他们不能加入进来让我过得轻松，我只有自己解决所有的事。”几年前，本有时候会对他的父母很生气，因为在他小的时候他们就鼓励他大胆地去做一些积极的事，比如在班上更多地大声讲话，在他有问题时和老师争辩，加入学生团体，学习与同学一起过夜旅行。现在，本明白了为什么大人们毫无道理地在发展上敦促他，练习让他更加独立、较少害怕。

“我本可以留在我原先的学校，但它会阻碍我。是时候继续前进和成长了。我需要改变，即使改变使我害怕。如果我留在那个学习障碍课程班，那么我现在不会在一个这么好的学校，也不会考虑研究生院，或许甚至医学院。虽然在当时我不想挑战，但从长远来看，我可以回过头来认识到我需要受到挑战。我记得当时我为此哭泣，为离开我原先的学校，甚至会认为我父母在伤害我。我因为他们当时强迫我做的事而恨他们。放弃朋友及面对改变是很困难的。但结果证明，挑战是好事，它使我成长。”他现在说。

我将 11 岁的本与这个后来去远方上大学的年轻人作对比，通过促使自己改变并大胆地去做一些积极的事，他直面自己的担忧和恐惧。在此期间，他实现了一些长时间以来的梦想，并取得了飞行员执照。他母亲注意到这件具有讽刺意味的事，她曾经对我说：“他在我身边粘了好几年，现在他开飞机？以前如果我要离开家，他常常惊慌失措，更别说如果我想要和他爸爸一起去周末旅行，或者如果我想要拜访一些异地的亲戚。他想要知道我一直在他旁边。我担心他永远不会搬出去，或者去上远离家的大学，更别说有胆量乘坐飞机——而现在，他竟然可以自己开了。”

本喜欢他的大学。他说，他在这里交到了他最好的朋友。他告诉我，离开家对他是一个很好的体验。这又一次教导他，改变可以是好的。

我经常让妈妈们去想象几年后他们儿子的情况，并认识到他会以不同的方式看事情。他们可能甚至希望他们的父母在他们的成长上督促得再严厉些就好了。

本现在说，在早期不能阅读使他失去了信心，促成了他对学校的忧虑。“我现在认识到了，一次考试，一个分数，没什么大不了的。没有人在乎你在四年级的某次考试中考得如何。当初我浪费了这么多的精力在担忧上，而这些担忧并不有益于任何事。从长远来看，我那么做是在浪费精力和时间。如果一件小事做错了，你应该抛开烦恼，继续前进。如果有的事看起来好像有点儿吓人，不要慌。随着时间的推移，任何事都会变得更加容易，而且任何事都是一个学习机会。”

这些话出自一个年轻人之口是鼓舞人心的，这个年轻人在他大四前的暑假里，在一家开发新医药产品的公司里实习，在实习期间，他在波士顿市区的一所公寓里独自生活。

在本还是一个小男孩时，他总是告诉我，他不想成为一名医生。本的父亲是位医生，他工作时间长，而本一直坚决表示他不想要这种生活方式。现在他不是这么确定了。“我在很认真地考虑这件事，将我的工程学背景与医学结合起来。我昨天给我爸爸打了电话，和他讨论有关参加医学院入学考试和申请医学院的事。我也想做一些帮助人的事。过去，我这么确定我不想成为一个医生。现在 10 年、12 年以后，看看我，我或许会成为一个医生。事情发展得真是好笑。”

崩溃先生

在多琳家附近的一家咖啡馆里，我约见了多琳和她的儿子罗尼。当他们走进来时，我没有认出罗尼，他现在 19 岁了。我们的第一次会面是在他 5 岁时，然后我断断续续地见了他 5 年。

罗尼曾是一个非常难以养育和管教的小男孩。他在沮丧时易于大怒，非常活泼、冲动，在学校里困难重重。不过尽管如此，他也非常可爱、高度情绪化和敏感。我过去常把他看作是敏感的龙卷风。多年来，我一直在想他情况怎样了。现在，他就在我眼前，一个高大健壮的年轻人，长着浓密的胡须。

罗尼走上前来和我握手，他微笑着。“我记得你。”他以低沉自信的声音说。我们围坐在一张小咖啡桌旁叙旧。开始时，回忆还需要些提醒，但很快就开始顺畅了。“我现在还可以简单地描述你的办公室，那些玩具，候诊室。”他宣称，这使他妈妈感到吃惊。“记得吗？那些很酷的玩具，金属线上穿着珠子，组成不同的图案。我对那些很感兴趣。有注意力缺陷多动障碍的人喜欢那种东西，在做其他事的时候完全沉浸在另一件事上，但并不是说我没有专心于重要的事。”

多琳证实，这么多年来，罗尼在做作业时一直需要开着收音机或电视体育节目作为背景音。“我们试了很多不同的方法，但他在有背景音的情况下做得更好，只要不是最后决赛或能够完全分散他注意力的电视节目。那是种平衡，所以对于他能听什么我们有规则。罗尼就是没有办法在一个寂静无声的房间里做事。”

罗尼说，他当时喜欢去见我，因为那像是游乐时间。对此，我感到很惊讶，因为我们的会面有很多是无趣的。这些会面包括罗尼发很大的脾气，在此之后他将失去玩某些玩具的特权，或者甚至坐到一边单独反省，同时我指导他妈妈对付他的强烈愤怒的方法。罗尼在来我办公室的同时还要去见其他专家。

罗尼告诉我，他记得一位专门研究神经障碍的儿科医生。我认识那位医生，他是个数一数二的人物。事实上，正是这位医生建议罗尼来找像我这样的人，不单单依靠药物来治疗他的注意力缺陷多动障碍。不过，罗尼对他的负面记忆是正常的。这也附和了这么多年来许多长大的男孩跟我说的，他们不喜欢被搞得认为自己有障碍，或者他们有多么严重的问题，使得他们需要牺牲游乐时间去见一个给他们药丸的医生。尽管如此，多琳认为那个诊断对她来说是有帮助的，因为这减轻了她很多压力。

许多父母说，诊断确实打消了他们的疑虑，真的是有某些问题，而不是因为他们作为父母的失败。这种压力减轻的感觉很好，只要随后没有因为这个障碍的诊断，认为他们儿子的每一个困难行为都可以归咎于那种疾病而产生更多的压力就很好。我告诉父母们要记住，大脑一直在发展，一直在变化。就多琳的情况而言，做出诊断的医生加强了这些想法。他告诉多琳，罗尼需要的不仅仅是一个药方。他需要更有组织的育儿方法来帮助指导他在家里和学校里做更积极的行为。虽然那意味着她和她丈夫要做更多辛苦的工作，但同时也肯定了罗尼会学会应付他的愤怒和沮丧，这些是药物治疗不见得会改善的。

在当时，多琳最困难的是对付罗尼的愤怒和坏脾气。这些愤怒和坏脾气糟到她丈夫经常不得不把罗尼按到他腿上，制止他粗暴地毁坏房子或伤着他自己。罗尼会极力挣扎，而且真的只有在精疲力竭地松弛下来后才平静下来。然后，罗尼总是会对发了脾气而感觉不愉快并道歉。他的坏脾气在家族里已经到了臭名昭著的地步，使得多琳的亲戚或兄弟姐妹中没有人愿意临时照看罗尼。"没有人支持我，"她告诉我，"在家族聚会上我会变得非常生气。他们告诉我，我儿子是个粗鲁的孩子，而那是我的错。"他们这种态度孤立了很多已经处在危急关头的妈妈们。

罗尼仍然记得那些坏脾气，但他现在是用不同的眼光来看它们了。"在我发火时，我不能想象，看不到我对我父母或任何人有影响，"他说，"我太小了，而小孩子只关心在那一刻他们想要的东西。然后，在我到了十一二岁时，我开始注意到像那样发火对我妈妈产生的影响，就是在那个时候，我开始依靠自己改变，因为我现在懂了我在对她做什么。她当时可能有极大的压力。"他转过头看着多琳，补充说，"我明白在我小时候你经受了很多，我使你发疯，但最终一切都好了。"他耸了耸宽宽的肩膀。男孩到 12 岁时以这样的方式成熟是相当常见的，因为他们的大脑在此时能够看到更全面的生活。他们能够从更加抽象的方面思考。他们能够思考其他人的感觉会如何。在那之前，他们固定使用一个要具体得多的方式来应对这个世界。

即使在他开始控制他的怒火和坏脾气之后，罗尼在学校里还是有困难，因为他难以组织安排自己的事务并在课堂上集中注意力。他从小学一年级起就在接受一项教育计划。学校极力要求多琳让他做测试并接受特殊教育服务，而她欣然同意，知道他能受益于课堂上的额外辅导。

罗尼承认，学校功课对他一直是很难的，然而这种坦白好像并没有击败他或使他感到尴尬。"我艰难地度过了在学校的每一年。我只是一个直观的人，我必须做事，可当时我不能坐着熬过一堂课。"他说。多琳与他意见一致。"即使他真的努力并全力以赴了，他成绩也很差，但我们一直知道学校并不完全适合他的思考方式和学习方式。"她说。多琳是一位与校方合作良好的母亲。她学习与特殊教育服务有关的知识，主动为她儿子辩护。对产生问题的情况，她从不说"为什么是我"，或者谴责学校或者责备她自己或罗尼。她只是高高兴兴地、不屈不挠地应对。"在我为我儿子辩护时，我总是温和有礼。从不尖酸刻薄，总是好言好语。如果你不礼貌，可能就此算了。不过如果你谦恭有礼，他们就会留神你的孩子。"她说。最终，她成了那个学校的特殊教育咨询委员会的主任。"我清楚地认识到，父母必须弄明白他们孩子的学习方式。每个人的学习方式都不同。"

尽管学习对他从未变得容易，尽管罗尼艰难地进行他的 SAT（学术能力测验）考试，但他告诉父母，他想上大学。事实上，他目前在大学二年级。考虑到他们因为罗尼的功课而经历的所有艰辛，多琳和她丈夫对此的反应是非常好的。"我们告诉他，这是他的决定，他的人生。如果他能够想出进入大学的办法，我们会尽我们所能支持他。不过，最终一切都由他自己决定。"她说。罗尼去了当地一所小规模的大学，与管理部门的人面谈。他讲了他所有的经历，解释了他差劲的成绩和考试分数，描述了他想学习刑事司法的梦想。"他在面试中完全征服了那个面试者，他们决定给他一个机会。"多琳说。罗尼的成绩到目前为止一直都很好，他在大学的第一个学期取得了 3.8 分（最高为 4 分）。

关于罗尼最生动的趣闻可能与他初中的几个朋友有关。罗尼在学校一直是个很受欢迎的孩子，在老师看来一直是个有魅力的人，他交友广泛，好友甚多。在初中时，有些朋友做出了他称之为"错误的决定"。他们尝试喝酒、吸毒，其中有几个人逐步增大了他们的毒品用量，直到他们完全失去控制。罗尼从不落入同侪压力的陷阱，他甚至干预他的一些朋友，告诉他们必须停止或者需要获取帮助。最终，他不得不与这些朋友断绝关系，因为他不想受他们的影响，也不想和他们的行为有所联系。做出这个决定是痛苦的，而坚持这个决定也用了很大的勇气。最近，有几个朋友转变了他们的生活方式，他们接近罗尼并与他重建旧日友谊，因为罗尼被称为是一个意志坚定、稳妥可靠的人。同一个男孩，他曾经满腔怒火、不能控制自己的冲动，现在已成长为其他孩子的依靠，而这些孩子还在艰难地克服自己在冲动控制和药物滥用方面的问题，我想这真是一件奇妙的事。尽管他过去有问题，或许可能正是因为这些问题，他成了他同龄人中那个意志坚决的典范。

最后的建议

我希望那些到我办公室来的妈妈们能遇见布雷特、肯尼、本和罗尼。这些男孩会向这些妈妈们展示，对大多数小男孩来说，最终结果是好的。如果父母们确信他们的儿子长大后将会是好的，他们就能放松一点，能享受孩子青春期的短暂时光。在我们匆忙而充满压力的生活中，很容易对儿童期发展的自然过程失去信心。与其一味地担忧男孩在发展上会出什么差错，不如在他前进的过程中提供稳固的帮助来指导和支持他。

由于我多年与这么多男孩和父母们一起工作，我渐渐意识到好的育儿法在孩子的生活中有多么重要，特别是对于遭受一种或多种发展滞后的男孩来说。根据我的经验，父母们急于以任何他们能够做到的方式来帮助他们的儿子。当我给他们养育好男孩的三个基本原则时——清楚的规则和界限、说教之前先给后果、对每一个转折点给予奖励，他们有时会感到很惊讶。不过这些很有效，而且效果良好，因为男孩主要是通过经验学习，他们会在记住话语之前先记住经验。不能只告诉小男孩该做什么，他们需要在少年时期和青春期走出自己的路，当然，在很多情况下，这条路看起来会有点不平坦，会呈现出一些死胡同和弯路，但大多数男孩都按时到达了。

有些男孩确实需要额外的帮助以度过学校里的一段困难时光或困难的行为挑战。这些男孩可能受益于教给他们新行为及培养他们长处的创新型教学、额外的辅导或特定的治疗。对于那些他们要努力提高的技能，这些男孩需要大量的练习。他们需要机会以渐进的方式学习，他们需要犯错的空间及尝试新的方法。通过这种方式，男孩可以逐渐地适应周围的要求。他们就是这样学会结交和维持朋友关系、完成困难的家庭作业、熬过一个糟糕的学年，而且这也是他们面对未来的挑战时将会需要的。

明确无疑的是，像布雷特、肯尼、本和罗尼这样的男孩从来都没有精神障碍，即使很多成年人在他们非常小的时候极力要求诊断和使用药物治疗。虽然药丸有时对有些男孩有帮助，但这些男孩却很少使用。药物治疗可能在短期内有助于抑制冲动，但这些男孩仍然必须得学习更好的方法，以便在没有药物的情况下适应真实世界的要求。

对于诊断和药物作为在这种高期望的风气下应对养育男孩的挑战的唯一手段，我真正想批判的是：诊断本身不能了解并展示一个男孩。我在工作中接触过的每一个男孩都是一个复杂的小家伙，他们有独特的天赋，他们希望成功并被朋友和家人接受。没有什么诊断可以完全描述这些男孩的个性。尽管在短期内用得好的药丸可能会帮助男孩抑制冲动或使多动行为平静下来，但它们并不能教孩子们应付挑战的新方法。

听听这些男孩的故事，我也很清楚地明白，这些年轻人不希望父母在他们非常小的时候过度担心。担心对他们没好处，我在从业中一直能看到这一点。我注意到，当父母们太担心时，他们会仓促地下结论，认为某些重要的事物出了问题并一味地将注意力集中在问题上。他们无微不至地管头管脚，希望能提供帮助，但最终他们所做的会在无意中向孩子传达这样的信息：他们怪异而蠢笨，或者更糟的是，他们是残缺的。这不是帮助小男孩增强自信和适应力的最好信息。

最后，不必要的担心遮蔽了我们看到眼前美丽时刻的能力。我认识的一位7岁男孩的妈妈说得最好："我不断地担心，如果我不做正确的事，他会发生什么事。我觉得我必须得每时每刻都完全控制着他。然而当我能够抽身而出，让他就那个样子时，我开始以不同的方式看待事物。他教我如何活在当下。他教我如何再次快乐玩耍，就像我是一个小女孩时那样。他指引我如何停止担心每个人都担心的愚蠢小事。"

THE WAY OF BOYS

男孩心理学

养育好男孩的三个基本原则

1.清楚的规则和界线

2.说教之前先给后果

3.对每一个转折点给予奖励

THE WAY OF BOYS

附录 A 男孩行为测试

RAISING HEALTHY BOYS IN A CHALLENGING AND COMPLEX WORLD

我从妈妈们那里收到很多关于测试的问题。在大多数情况下，这些父母们被告知，他们的儿子应该接受测试，看是否存在某种学习障碍或发育迟缓的可能。他们想知道为什么他们的儿子因为这而被挑出来。老师们建议男孩接受测试一般有两个原因。

1. 因不做班上其他同学所做的事而被认为落后于其他同学的男孩

可能的例子有：说话、与人交往没有其他孩子多的男孩；没有像其他孩子一样对老师作出反应的男孩；或没有像同龄人那样较早地识别出字母和数字及其他有关自己的信息，比如他的生日。大多数时候，班级平均值被用来判断在发展状态上什么是“正常的”，但在许多情况下这并不恰当，因为它没有考虑到孩子们的发展是不平均的，特别是男孩子。如果你的孩子比他的同学小几个月，那么他看上去可能比同学们落后很多，但实际上差距并没有那么大。

2. 行为方式与班上其他孩子明显不同的男孩

可能的例子有：在小组活动时待在角落里，避开集体活动的男孩；需要通过反复的动作来使自己平静的男孩，比如摇摆或翻弄手，特别是在问他话时他也不能停下来；或者过于坐立不安以至于在班上造成干扰的男孩。有些行为可能预示着发展上有问题，但也有可能毫不相干。

通常，我认为听听老师关于你儿子在学校或学前班的环境中的表现的看法是必要的。记住，老师是你儿子行为的更客观的观察者。她没有你同儿子之间这样的情感联结，但她是一个非常有爱心的教育者。老师们在他们的职业生涯中与许许多多的孩子共度时光，他们在应对各种不同类型的孩子及各类不同的学习类型上很有经验。教室的环境中有更多控制，在那里你的儿子面对着挑战他的任务，而那些任务很可能消除掉他正在经历的任何发展滞后。

在许多情况下我认为父母们不必急着为孩子做鉴定或者寻求儿童专家做诊断，而是先采取一个“短期观望法”（short wait-and-see approach）。这使得孩子有时间去适应或发展，让他在一些合理的帮助下有进步而不是退步。

什么时候测试是有帮助的

对两三岁大的孩子，如果表现出了严重的社交焦虑或语言问题，那么接受测试是有必要的。

有时这些孩子可能在非常小的群体里受到过度刺激，他们封闭自我，或者进行重复的、古怪的举动，而且即使他们想要中断也停不下来。以下是一些有可能患上自闭症或其他障碍的危险信号：

- 到 12 个月大时没有咿呀学语
- 到 12 个月大时还没有打手势，到 12 个月大还没有用手指指点或挥手……
- 到 16 个月大时还没有说出单个的词
- 到 2 岁时还没有说出两个词的短语
- 对自己的名字没反应
- 不微笑
- 有时表现出听力受损的迹象
- 不论任何年龄丧失语言或社交技能

对于这些警告，父母们要去寻求鉴定，但我想要强调一点，仅仅因为一个男孩有这些症状中的一个或多个，并不意味着他患有自闭症。但是因为自闭症应该尽可能早地进行精确诊断以便利用早期干预，所以如果出现任何这些症状，去做个鉴定是很有必要的。

要寻找早期问题和接受测试的另一个信号是，存在学习障碍家族史，比如诵读困难。如果一个男孩的哥哥姐姐患有诵读困难或其他严重的语言发展迟缓，而且他在幼儿园里颠倒数字和字母，就一定要做些测试。在这样的情况下，测试可以区分是真正的学习障碍还是一些情感或社交困难，也或者只是阻碍学习的发展滞后。

什么时候测试没有用

对于男孩可能会遭受的其他问题，例如注意力缺陷多动障碍和亚斯伯格症候群，观望法的效果要好得多。6 岁以下的孩子做测试往往用处不大。非常小的孩子大脑发展得太快，他们的技巧和能力也变得太快，测试他们就像测量一个移动的目标。男孩在这个年纪到处都在发展，很多技能还未真正成形并正常运转。男孩至少要到五六岁大时再进行注意力缺陷多动障碍和亚斯伯格症的测试，年龄再大些更好。直到孩子年龄大一些，面对复杂得多的社交情况以及处在小组学习的严格的教育环境中时，亚斯伯格症才能得到精确诊断。而注意力缺陷多动障碍是关于执行功能、计划、事先考虑、抑制冲动的病症，大多数学前班的孩子还不能做，也不必做测试。

例外的情况是，如果一个 6 岁以下的孩子表现出极端的、持续的或高度的强迫行为（比如咬自己、摇摆、撞头）或严重的发展迟缓（如果一个男孩到 12 个月大还不能使用语言或者不能与他的同伴交往），任何一种这样的情况都应当早早地进行测试。

当有人说你的儿子需要测试时

我提醒在这些情形下的父母们，在他们惊慌失措地对老师说的一些话或他们的儿子需要进行发展障碍测试的建议作出反应前，要记住几个重要的事情：

1. 许多男孩的经历看起来像是紊乱的发展退步和反复无常的变化

他们可能会表现出如下的行为：冲动、社交和语言发展滞后、不愿做眼神接触、无法在行为之间做平稳转换、表现出极度的害羞、出现如厕问题、沮丧时突然大发雷霆、咬自己的手指或嚼自己的衬衣直到衬衣湿透。差不多所有这些问题都是暂时性的，并不是发展障碍的征兆。它们事实上是男孩快速不断变化的大脑深处在发生大量变化的迹象。某一天他们取得了进步，第二天他们又土崩瓦解了，这就是学习进行的方式，特别是对于年幼的男孩。

2. 除了极个别的例子外，几乎每个表现出此类古怪行为的男孩长大后都不错，甚至非常好

如果观察报告中的实际诊断数字，我们会发现被诊断为患有严重的、长期的诸如泛自闭症障碍症（自闭症、亚斯伯格症或普遍的发展障碍）问题的孩子的比例是 150 个中约有一个，大多数是男孩。虽然这个数字令人担忧，但相比在小学低年级里将要面对筛选程序和诊断的许多孩子来说，这仍是一个非常小的数字。

3. 不论你儿子现在表现如何，他在 6 个月后将变得大不一样

小孩子大脑发展异常的迅速。一个 3 岁大的男孩在 3 岁半时将是一个完全不同的孩子，在 4 岁时又会不同。即使在 6~8 岁这样大的年龄，男孩的大脑也一直在发展变化、进行新的连接、学习新的社交和知识技能。许多男孩是在旁人的观察下获益的，他们并没有仓促地参加一个计划来“挽救”那些令人忧虑的行为。假以时日，大脑很可能自行将事情整理清楚，不过前面讨论过的自闭症中的那些危险信号要另外考虑。

4. 一个行为问题几乎总是受益于一个行为计划

如果那些男孩周围的成年人在奖励正面行为与阻止负面行为的同时，提供更好的安排和合理的期望，且不因为未能得到正确的诊断而发愁，那么许多男孩将会受益。而且，适度的短期辅导有助于解决暂时性的学习问题，使孩子的发展回到正轨或者利于学到新的技能。

当有人告诉你，你儿子有问题，而且需要即刻的、迅速的干预时，将这 4 点内容记在心里。这会帮助你挡住恐慌，以便在任何时刻都能够做出明智的决定。

当你孩子的老师或学校的管理人员对你说，你儿子在课堂上的困难足以证明他需要测试，你应该做的第一件事就是与这个老师安排一次正式的会面。你们可以一起协作在教室里和家里创造出简单的适应性调整，以帮助你儿子改进他的行为和学业成绩，这是有利的，而且在许多情况下是非常有利的。

通常，这些会议是毫无困难的。它们应该是普通的、非正式的，而且与一个老师在不受干扰的情况下一对一地讨论如何处理学校里的这种情况会是非常有帮助的。借此机会提前准备你可能有的任何问题，要尽力获取尽可能多的关于你的孩子的信息。如果你儿子在某些方面落后于其他孩子，不要担心。许多男孩需要更多的关于你的孩子的时间，因为他们的技能在低年级期间是不均匀的。而且，记住这一点是有帮助的：发展不像马拉松比赛，在马拉松比赛中，很难补上拉开的距离，而且你也不太可能从远远落在后面很快地走向胜利。某一年在某项技能上排在他们班上的最后一名，而仅仅在一两年后就接近第一名，对小男孩们来说这是很常见的。技能和能力的发展一向变化巨大。

鼓励老师不仅谈读你儿子的难点，也概括一下他的长处。当她在描述课堂上的问题时，专注在解决方法上。在任何情况下都问一下他的老师：“我们在家里应该做什么？你在学校里可能计划做什么，以使我们能够在这一方面帮助他？”

如果你确实选择让专家鉴定你儿子是否有行为或发展问题，或者学习上的障碍，你将需要随时通知老师进展情况。通常与一个神经科医生、神经心理学家或其他发展专科的医生预约要花上很长时间。如果你通知老师，送一张字条，上面写：“只是想让你知道，我们在做这方面的工作，但他的预约要等到下个月。”这可以为你儿子在班级环境中减轻许多压力。他的老师会觉得自己也被包括进这个过程，而不会感到她的关心被忽视。

如果你不想要孩子做测试

一个鉴定会不可避免地导致一个诊断结果甚至是一个贴在孩子身上抹不掉的标签吗？我过去常常警告父母们，在这些典型的发展障碍出现时，对于学校要正式评定一个小男孩的任何企图，都要提出疑问。同时，由学校推荐并进行的任何漫长而专门的评定都应该由一个有许可资格的、经验丰富的专家来实施，比如一位心理咨询教师，而且家长无须承担费用。父母们应该在任何情况下都要提前确切地问清要进行什么类型的测试以及为什么；他们应该被告知这个测试想要处理的是什么疑问或问题。答案应该是合情合理的，如果你不熟悉所有那些我们心理学者使用的难懂的行话或术语，强烈要求测试者用你能懂的简单语言解释事情。

在某些情况下，学校希望做大范围的、冗长的、繁杂的测试，你有权利要求他们只测试为鉴定他们已发现的那个具体问题所确实需要的。有些学校有政策，要测试从情绪问题到学习障碍的所有问题，即使那个问题只是一个单纯的身体行为性抽动或操场上的几次打架。避免一整套冗长的心理测试的一个原因是，这些结果会成为你儿子的学校档案的一部分，不论他的行为和技能有多么显著的改进，这份档案将一个年级又一个年级地跟着他。此外，有些测试会引出非常私人的情感方面的信息，这些信息没有理由留在很多人有机会接触到的记录上，而且留在记录上可能会被曲解，甚至受到不正当利用。

预先了解测试是有局限性的，大多数测试结果没有很长的有效期。对非常小的孩子测试一年之后，大部分结果都会不准确，也没用了。根据测试质量和孩子的年龄，这些测试有不同程度的错误（测试远远达不到 100% 准确），而且因为男孩的大脑发展变化得这么快，你不能用测试准确地预测他今后很长时间里的行为或技能。例如，我看到过关于三四岁男孩的测试结果，这些结果好像显示出在处理视觉信息上的严重滞后，但却发现同样是这些男孩到五六岁时，他们在玩需要解码图案、记忆移动步骤及视觉规划技能的西洋跳棋、国际象棋、其他游戏时已经毫不费力了。

将测试看作是一次性快照，关注的是此刻的问题，没有太多其他的东西。你也不希望有太多的资料乱七八糟地放在你儿子的学校档案里，从中人们基于以前的测试分数可能对他做出错误的假定。而且你也不希望有大范围的、不必要的测试，这些测试拐弯抹角地打探“潜在的”弱点或问题。这些只会导致误诊。

要小心提防那些可能导致不好的测试数据的事情，因为男孩可能在某一天里过得很糟糕。在他接受测试的那一天，他可能很累或感到不舒服，这当然会影响他的表现。如果这是对一个已经在做药物治疗——比如治疗注意力缺陷多动障碍的精神兴奋药物——的孩子进行重新鉴定，男孩可能会被暂时中断药物治疗。因为假定这样做会对他的真实能力产生更清晰的解读，但事实上是他血流中变化的药物水平会对他形成偏差。一个无经验的或不合格的测试者可能会得出不正确的结论或曲解结果。

有时我们大家都忘了，测试不只是用来诊断和用药物治疗孩子的工具。它真正的目的是衡量一个孩子的长处和弱点，并指导他进一步的发展。然而，总的来说，如果适当地施行测试，而且施行测试的人明白测试的局限性，那么测试就能产生有用的结果。当测试完成时，为了得到一份书面报告，上面说明测试的原因、使用的具体测试方法、结果、基于结果的结论以及一个可以在教室里和家里执行的用以帮助孩子的明确的建议清单，你应该在任何情况下都要与那个施行测试的人一起坐下来。不仅是孩子的弱点，还应该提及他的长处。如果你看到的唯一建议是提出一个诊断结果并使用药物治疗，这就不是一个有效的、合格的评定。如果有可能，寻求另一个独立的鉴定意见。

适应性调节

当一个男孩在课堂上有困难时，有些学校会提供适应性调节或小的调整以帮助他按部就班地完成学业。这些很值得考虑。你的目标是给老师灵活性以找到最好地教他的方法并促进他的成长和发展。鉴于这么多男孩发展不平衡以及在语言和社交技能上的落后，也难怪多数提供给学生的适应性调节和特殊教育服务都给了男孩。以下几种类型的适应性调节对许多在学校有困难的男孩可能会非常有用。

1. 简单的适应性调节

这些可以包括优先的座位安排，可以是靠近老师或远离诸如门窗等分散注意力的位置，有些男孩发现这样受到的干扰较少。你儿子可能需要更频繁的课间休息，站起来走动走动以释放积压的能量（几乎所有的男孩都会从中受益——我知道大多数成年人也会如此！）。在有些学校中有一个趋向，将某些科学课移向户外，在那里有动手操作型学习和从椅子上站起来的机会。这些课程已经表明到户外活动不仅帮助减少行为问题、降低学生的压力，还能提高学习。在以后的几年里，有些男孩需要接触更具挑战性的学习材料以便在课堂上集中注意力。几乎任何事都可以写进一份适应性调节计划，如果你儿子需要一份的话，不要害怕去问。

2. 用更多的时间

大多数男孩在小学低年级里不必担心带有严格时间限制的标准化测试。尽管如此，如果你儿子确实面临一些多步骤的学校作业，给他多一些时间和指导会帮助他掌握作业内容。

3. 教室里的帮助

这个是改进课堂行为和教育质量的最有效的方法之一。它本质上是降低学生与老师的比例，研究表明这个比例是在对所有孩子的教育中产生一个较好结果的最重要的变量之一。由于大多数问题行为是依据情境发生的，在教室里多一两个成年人有助于转变所有学生的行为。整体上来说，会有较少的冲突，较少的扭打、吵闹和混乱。这些成年人可以包括兼职助理教师、辅导教师、教育专家、实习教师或成年志愿者。为什么家长愿意花大笔的钱送他们的孩子去私立学校？父母们是被这个概念所吸引的，即指派给每个老师的学生数量很少以及确定每个班上学生总数的上限。一个来到教室与你的孩子一对一地共度时间的助理教师实质上是在给他一些私人辅导。不过，你需要询问在哪些特定的时间和情况下，助理教师会做你儿子的工作，因为有时一个助理应要求要帮助一个教室里的好几个学生。

4. 资源教室

当更加强化的教学方法不起作用时，学校可以提供在一个与教室分开的房间里由专家提供的服务。比如说，在保持条理性、跟上阅读技能上有困难的孩子，或者在社交技巧上落后或有言语障碍的孩子，可以在资源教室里花时间致力于解决这些问题。直到最近，这些教室一直是留给有严重学习障碍的孩子及正式的IEP（个别化教育计划）的，但是它们越来越多地被用于帮助孩子学习在学校需要的各种各样的技能。尽管如此，在提供这些特殊服务之前，学校可能要求你履行获取 IEP（个别化教育计划）的程序。一定要问他将要度过多少远离他的同学的时间。一个男孩在教室之外的时间不应该构成他一天的主要部分，应该只集中

> 在他真正需要的东西上，不论是学业上的还是社交上的。有些资源教室的课程是以有趣的小组活动的形式进行，许多男孩喜欢将它们当作学校日常生活中的一小部分。通常，对于去资源教室接受少量的辅导，7 岁及更小的男孩不会感到被排斥或与他们的同学“不一样”。但是，当孩子在社交上更加有自我意识时，他们对成为“不一样的”会感到难为情。眼下，只要适合你儿子的教育需求，资源教室课程很可能会是有益的、积极的体验。

在某些情况下，如果你认为它们仓促轻率、太简单了以至于处理不了那个问题、错失了良机，或者它们好像过量了，你可能想要拒绝提供给你儿子的适应性调节。

你应该可以随意拒绝没有预告就强加给你的孩子的适应性调节，或者如果学校没有与你商议就让他参加特殊教育服务。

我知道有的学校有某种所谓的“午餐群”，即在 20 到 30 分钟的午餐时间里，将几个在社交上害羞或好斗的孩子安排在一起。他们每个星期会有几次与一个顾问或助理教师坐在一起，以便在社交技巧上获得帮助。想法倒是不错，对有些男孩也是个良好的开端，但重要的是要考虑这是否是处理这个问题的有效的适应性调节。因为实际上，一个过度拥挤或组织混乱的教室，或者某些不十分明显的学习滞后，更可能是问题所在。在这种情况下，这样一个适应性调节很可能效果有限。

在其他情况下，有些适应性调节可能太过分而效果甚微。我对许多在安静地坐在课堂上这一行为有困难——这使得他们对同学造成干扰——的男孩做过工作。任何帮助这样的男孩改进他的行为技巧或专注能力的适应性调节都将是适当的。反之，如果老师或管理人员主张在一天的大部分时间里都将一个男孩拉出教室，让他参加职业治疗课程，或者加入一个针对在情绪上有困难的男孩的小组，或者甚至参加一个促进阅读技巧的学术课程，你应该尽量拒绝这些适应性调节，或者至少对它们的正确性提出质疑。在这种情况下，我想问职业治疗与安静地坐着及成为一个好的聆听者有什么关系？大概什么也没有。有时，即使用意很好，学校也可能将学生转来转去，错过了适当地满足他们需要的时机。记住，学校应当首先在教室里利用在其他教室证明有效的多种教学方法来处理孩子们的困难。

转 学

转学是很重要的一步。我告诉父母们，在对换学校做出决定时，最好先确定新学校在班级人数和教育风格方面是什么样的。对于班级人数，对于在一个或多个领域内发展有点落后的男孩来说，总是人数越少越好。下一个要看的是学校和班级的实际布局，是大而开阔吗？在不同的学习领域之间有空间和隔断的场所里，许多男孩做得较好。他们不仅面对更少的噪声，还有更少的干扰，能够更好地集中注意力在手边的任务上。第三，我会问一天之中有多少机会进行体育活动。当他们有机会消耗更多的能量并有频繁的课间休息可以四处活动时，那些在注意力发展迟缓和在冲动控制上有问题的男孩做得更好。实际上，先有频繁的活动，有更多的机会跑、叫、展现活力，然后才是要集中注意力的安静时间，所有的孩子都做得更好。

我还要问学生有多少时间用于课间暂歇、午餐和休息。我最近听说一个学校的政策是，要求幼儿园的学生穿上外套吃午餐，以节省去休息之前的时间。那些穿外套缓慢的五六岁大的孩子只有较少的时间吃午餐。有些父母抱怨说，他们的孩子从学校回到家里，每星期有一两天是没有吃任何午餐的，因为他们没有时间。任何将午餐时间看作是可任意使用的时间的学校会重视效率高过学生的需求。

获取更多的支持和帮助

如果你与一个学校的关系已经有太多争执或太情绪化，如果你觉得要是没有崩溃或心烦意乱就不能与一个老师或学校官员开完一次会议，你可以考虑雇佣一位教育顾问代表你与学校进行工作。教育顾问是熟悉当地的学校制度、学校政策及特殊教育服务的权利的人。他们知道父母和学生有资格享有什么利益，以及特殊教育服务的标准是什么。最重要的是，这些顾问是经验丰富、态度坚决的谈判者，很多人本身以前就是教师或学校管理人员。有些人的孩子经历过特殊教育体系，作为父母的他们因此成了那个体系中的专家。他们的目标是减少你的压力、获得更多的信息，并且更有成效地与学校一起工作以改善你儿子的教育环境。

如同任何一个职业，在教育顾问之中也有范围广泛的技术水平和个性类型。以我的经验，最好的顾问是那些细心周到、深思熟虑、有很多选项且处理方法老练的人。他们基本上以你儿子的教育需求为第一要务。一些妈妈告诉过我，她们的顾问使她们觉得受到保护。这很好，但要记住真正的目标是要得到最好的教育配套，使你的孩子能够在学业、情感和社交上成功，然后继续前进。论战可能要持续地进行，在此期间你儿子却没有得到在他当前的分班状态下可能需要的真正的帮助或关注。当雇请一位教育顾问时，向那个人强调你想要优先使用具有最小攻击性和最小破坏性的行动方案。在考虑更激烈的变化——比如说要求新的学校分班——之前，肯通融、愿意聆听、可变通，并慢慢地前进是更好的做法。

THE WAY OF BOYS

附录B 当孩子被贴上标签时

RAISING HEALTHY BOYS IN A CHALLENGING AND COMPLEX WORLD

诊断是有力的说明性工具，指引我们获得尽可能好的治疗。如果使用恰当，它们的价值是巨大的。然而，诊断这个术语常常被随意滥用，或者诊断结果像一个永久的文身一样固定下来，虽然事实上它可能表示更为模糊且不确定的事。急匆匆地寻求诊断的一个问题是：它几乎无一例外地导向治疗，这是诊断的目的。在许多情况下，这个治疗将会是名副其实的具有潜在严重副作用的药丸。我劝告父母们，药丸不是治疗发展障碍的唯一方法。而且它们也不总是最好的疗法。许多男孩对转换环境、辅导、训练、行为治疗及饮食和营养上的变化反应非常好。

即使是使用药物治疗，通常也只是在正确的药物与行为干预相结合的情况下，才能达到最好的长期结果。

“筛查”工具看似非常的科学和权威，但是单独使用时，却不是最精确的诊断途径。在决定情形是否严重到有充足的理由要进一步获取鉴定或正式的诊断上，它们应该只是第一步。

症状的评判标准

诊断建立在我们讲述的症状之上。我提醒父母们，“症状”这个词是一个有明确意义的临床术语。下面是我在判断一个孩子的行为是否确实是症状时所使用的 4 个标准。

1. 必须是严重的

这种行为明显地妨碍你儿子的机能吗？通常，答案是不。这个孩子非常不快乐吗？通常，答案还是不。压力或家庭的变化可以解释这种行为吗？如果可以，那么它就不是一个独立的并深植于一个孩子生理机能之内的症状。很有可能你看到的是虽然怪异但却正常的男孩行为。它应该受到干预，但没必要是正式的诊断。有些父母对我说："但他在扰乱课堂，他这么做还怎么能是机能正常呢？""机能正常"（functioning）这个术语是武断的。在有些教室里，一位老师通过适应性调节也许可以减少这种干扰。

2. 必须随着时间的推移而持续存在

这种行为不应该是在星期一出现，而后在星期二之前消失，在星期四又再次出现。单一的事件，不论多么严重，很少有意义。如果一个男孩在学校里打另一个孩子、尿床或告诉你他恨自己，如果只发生一两次，那就不是一个症状。不要对它关注太多，否则会反增大自己的生命力。给它太多的关注，特别是对诸如叫喊和唠叨等负面的关注，会促进这种行为，因为你儿子仍然会因此而获得关注。

3. 必须发生在不同的环境之中

如果我们在讨论一个主要是生理方面的特征或问题，有充足的理由进行诊断甚至是药物治疗（比如慢性多动症、不能运用语言、不能识别字母或数字或者动作控制差），那这种行为或特征应该发生在很多不同的地方。例如你儿子身上的注意力分散或注意缺陷多动障碍的症状在他看电影或看一本书的时候，那种特征不应该连续几个小时完全消失。如果他在家兴奋过度，而在学校不这样，那就不是一个一开始就需要医学干预的症状。这表示在家里的日常活动必须得更加有条理，有较少的混乱，有而且必须更加始终如一地应用规则。

4. 应该由不止一个值得信任的观察者讲述过

不止一个经常遇见这个孩子的人会讲到这种行为。这包括老师、临时保姆及亲戚。在你到某处寻求诊断前，问问经常见到你孩子的人，他们是否注意到这些行为。因为太容易将诊断结果加诸于非常小的男孩身上，而他们在发展上正经历非常迅速的变化。所以，如果你正好对你的孩子担心或怀疑，你想要一个诊断来确认或否认，那你就处于一个非常易受影响的境地。一些高度专业的诊断医生由于天天只关注他所寻找的东西，已经变得“近视”了。他们会确认父母怀疑的诊断结果，因为那是他们习惯于看到的。我的许多同事建议我远离非常受尊敬的专家，说：“除非你想要一个双相障碍或注意力缺失症的诊断结果，否则不要去他那里。他所给出的总是这些东西。”

发生在非常小的男孩身上的精神科误诊的比率是未知的，但我估计会很高，约为三分之一或更高，取决于被诊断的是什么。这不是疯狂的推测。在《综合精神病学档案》（Archives of General Psychiatry）上的一个 2007 年的研究发现，对成年临床抑郁症（精神病学中研究最多的病症之一）的误诊率约为每四个中有一个（25%）。在诊断非常小的男孩的情绪和行为问题上的错误率还要更高。然而大多数抑郁的成年人能够自己讲述他们的情绪或行为，但小孩子并不讲述他们自己的症状，而且大多数都不认为自己有问题。此外，由于男孩发展和变化得很快，有时，他们的状态和行为看上去好像是不稳定的，而这仅仅是正常成长过程中的一部分。

常见的测试

首先，诊断这些类型的儿科疾病不像诊断耳朵痛或骨瘀伤，没有标准方法，也没有一套标准工具来察看或测量它们。因此，你需要寻找一位使用不止一种工具的从业者。从业者在鉴定过程中应该联系了解这个孩子的其他人，比如老师、另一位父（母）亲。对于注意力缺陷多动障碍，这个对男孩来说是最普通的诊断类别之一，你很可能会看到一个要求你和老师填写的核查表。大多数时候，是由基思·康纳斯（Keith Conners）编制的康纳斯量表（Conners Rating Scales，简称 CRS-R）。另一个经常使用的测试是由塞西尔·雷诺兹（Cecil Reynolds）和兰迪·坎普豪斯（Randy Kamphaus）编制的儿童行为评估系统（Behavior Assessment System for Children，简称 BASC–2），用来评估注意力缺陷多动障碍和其他社交及情绪问题。BASC–2 和一个长版的康纳斯量表在鉴别诊断上做得较好，在这类诊断中我们试图梳理清楚为什么一个男孩在集中注意力和在学校的社交活动中表现出困难的可能原因。这两个是很常用的核查表，从业者会与你一个一个地仔细研究注意力缺陷多动障碍的标准。

注意力缺陷多动障碍的DSM-IV标准——出自美国精神病学协会（American Psychiatric Association）的《精神疾病诊断与统计手册（第四版修订版）》（*Diagnostic and Statistical Manual of Mental Disorders, Fourth Edition, Text Revision*）。

注意力缺陷

1. 往往不注重细节，或在学校功课、作业或其他活动中犯粗心大意的错误。
2. 在做作业或游戏活动时，经常难以保持注意力。
3. 与他说话时，他经常似听非听。
4. 经常不遵从指示，不能完成学校功课、日常家务或工作场所的职责（不是由于对立行为或不理解指示）。
5. 经常难以使活动有条理。
6. 经常逃避、不喜欢、或不愿做那些需要花费大量时间精力的事（例如学校功课或家庭作业）。
7. 经常丢失作业和活动所需要的东西（例如，玩具、铅笔、书或其他工具）。
8. 经常很容易分心。
9. 经常在日常活动中丢三落四。

多动

1. 经常摆弄手或脚，或在座位上扭来扭去。
2. 要求在座位上坐着时经常从座位上站起来。
3. 经常在不适当的场合到处跑或攀爬（青少年或成年人可能感到不安宁）。
4. 经常难以安静地玩耍或享受休闲活动。
5. 经常一刻不停地活动，或经常表现得像是有一台电动机在驱动他。
6. 经常说话过多。

冲动

1. 经常问题还没问完就抢着回答。
2. 经常难以排队等候。

3. 经常打断或打扰别人（例如，介入谈话或游戏）。

对于这个很容易得出诊断结果的注意力缺陷多动障碍症状的核查表，我要向父母们指出几点。虽然这个症状列表确实描述了一个有注意力缺陷多动障碍的孩子，它也描述了很多没有注意力缺陷多动障碍的孩子，特别是还在发展中的非常小的、不成熟的孩子。许多与注意力或运动活动无关的学习问题可能看起来像注意力缺陷多动障碍，尽管孩子可能仅仅是灰心丧气、不能学习或无聊而逃避一项任务。在这些情况下，有充足的理由使用更为精密复杂的个别测试。具体来说，实施认知测试和教育评估可能是非常有用的。韦氏儿童智力量表（Wechsler Intelligence Scale for Children，简称 WISC）是针对 6 到 16 岁大的孩子最常用的智力技能测试之一，试图评估一个孩子基本的心理适应性，比如推理、视觉空间技巧、记忆力和规划技巧。有一个针对较小的孩子的版本，叫做韦氏学前和小学儿童智力量表（Wechsler Preschool and Primary Scale of Intelligence，简称 WPPSI），这个可以对小到 2 岁半的孩子使用。教育评估是衡量学业技能的工具，可以测量出与和他同龄的其他人相比，你儿子在诸如数字或基本数学、字母或基本读写等领域学会了多少、能做多少。当一起测试时，认知测试和教育测试有时被称为神经心理测试，而且经常有几个其他较短的测试作补充，这些较短的测试用于衡量具体的神经技能，比如精细动作表现、整合视觉和空间信息、集中注意力、处理速度及存储和提取信息等能力。通常这些测试包括一组积木、智力玩具和图画，一个好的测试者以标准的方式使用这些东西来察看，与其他同龄的孩子相比，你儿子的心智能力和学习技能在什么位置。这些通常需要在测试者的办公室里进行相当于一到两个诊疗时段的测试。测试质量会因测试者的不同而有所差异，测试应该由训练有素、有合格资格的专家施行。

诊断说明不了的东西

诊断结果是静态的、没有变化的描述语，即它们在一套行为上贴一张标签，但实际上并不说明这些行为。你儿子的行为问题不应该永远由一个充满医学意味的诊断结果来说明，而且这个诊断结果还是基于一个表单上的几个符合的项目或在学校里表现不佳的几天。一个男孩的身心是动态的、变化的、成长的，而且有好几年都会是这样。他这个月发展上暂时性的小问题一个星期后可能就消失了，起起落落是孩子成长过程中的必然动力。这就是为什么经验丰富的儿科医生、健康专家及教育家不担心任何单一的事件，也不急于要求做诊断。他们采取观望法，知道很多问题会自行解决的。

听取第二种意见

如果一个诊断结果很严重，或者被建议的治疗是有负作用的，比如精神药物的处方；或者当这个孩子的社交和教育环境将大大地改变时，父母们应该永远对这个诊断结果征询第二种意见。在这个年龄范围里，最有可能的顾虑是在语言或社交上的严重迟滞。在六七岁之前不建议太多涉及到注意力问题、冲动或多动的诊断，孩子们在这种年龄里有非常不发达的执行机能是正常的。在这些非常小的年龄范围里，这样的标签是不可靠的，而且从长远来看也常常是无意义的。

令人惊讶的是，第二种意见和鉴定产生不同的诊断结果和不同的治疗建议也是很常见的。这并不是说大部分从业者是不称职的。而是说，我们是在应付难以捉摸的、不断变化的、发展中的小家伙。有的人只观察男孩一次，用上 10 或 15 分钟，听一串模糊的问题，给这些问题贴一个标签，然后用药物或治疗将他打发出门，这是不合理的，坦白说是傲慢的。我告诉父母们不要让任何医生对他们的孩子做这样的事，无论他看起来多么有见识或有把握。一位父（母）亲的首要工作是为他的孩子的发展辩护，那意味着获取第二种意见以增大查明可能（或可能不）错误的正确性。

药物治疗

要小心临床医生匆忙地给你的孩子贴一个标签并开出药方。不要让任何人使用药物来帮助他们诊断你儿子的问题。不要允许某个人经由对药物的反应来诊断你儿子的行为问题。这种情况大多数时候发生在注意力缺失症或类似注意力缺陷多动障碍的问题。事实是，每个人服用心理兴奋剂都会更好地集中注意力并有点过度地全神贯注。许多出于好意的从业者说："嗯，自从服用利他林（Ritalin，盐酸哌醋甲酯的商标名，中枢兴奋药），你儿子进展得更好了。我们是对的，他一定有注意力缺失症。变化是惊人的！"诊断应该慢慢来。匆匆忙忙地得出一个诊断结果是没有好处的。考虑到在大多数情况下，一个发展中的男孩的大脑需要时间自己整理清楚、成长并自然地重新连接自己，很快就开始药物治疗而不是在更晚些时候并没有好处。要有耐心。

我们在大量的病例中看到正常的发展会赶上来，并且"症状"也消失了。据报道，绝大多数——将近 90%——诊断为有注意力缺陷多动障碍的孩子在他们达到青年期时已不再符合这种疾病的标准。那些确实还有症状的年轻成年人，通过生活变化、训练技巧的正确组合，并根据他们症状的严重程度，在某些情况下采用药物治疗，他们会进展良好。我再次申明，关键是要慢慢地进行诊断，利用测试甚至多个测试以得到更精确的结果。

心理安慰作用

尽管用药物治疗表现出沮丧和焦虑迹象的孩子这个主意很诱人，但你应该知道这些药物对孩子有强大的心理安慰作用。这种暗示的力量是强大的，对家人和老师也起作用。实际上，心理安慰作用教给我们的是信任他和你自己。就目前而言，记住，你对孩子幸福和成功的积极期望可以最有效地帮助他更好地成长。谨防将他的挑战归类为问题，并暗示在他年幼的、尚在发展中的心智里有某些生理上的故障或毛病。这些负面的期望是危险的。我不是说，当问题持续存在时不快速回应、不寻求帮助、不获取第二种意见或逃避现实。我的意见是，要用积极的期望平衡药物治疗与心理诊断和干预。

未来，属于终身学习者

我这辈子遇到的聪明人（来自各行各业的聪明人）没有不每天阅读的——没有，一个都没有。巴菲特读书之多，我读书之多，可能会让你感到吃惊。孩子们都笑话我。他们觉得我是一本长了两条腿的书。

——查理·芒格

互联网改变了信息连接的方式；指数型技术在迅速颠覆着现有的商业世界；人工智能已经开始抢占人类的工作岗位……

未来，到底需要什么样的人才？

改变命运唯一的策略是你要变成终身学习者。未来世界将不再需要单一的技能型人才，而是需要具备完善的知识结构、极强逻辑思考力和高感知力的复合型人才。优秀的人往往通过阅读建立足够强大的抽象思维能力，获得异于众人的思考和整合能力。未来，将属于终身学习者！而阅读必定和终身学习形影不离。

很多人读书，追求的是干货，寻求的是立刻行之有效的解决方案。其实这是一种留在舒适区的阅读方法。在这个充满不确定性的年代，答案不会简单地出现在书里，因为生活根本就没有标准确切的答案，你也不能期望过去的经验能解决未来的问题。

而真正的阅读，应该在书中与智者同行思考，借他们的视角看到世界的多元性，提出比答案更重要的好问题，在不确定的时代中领先起跑。

湛庐阅读App：与最聪明的人共同进化

有人常常把成本支出的焦点放在书价上，把读完一本书当作阅读的终结。其实不然。

时间是读者付出的最大阅读成本

怎么读是读者面临的最大阅读障碍

“读书破万卷”不仅仅在“万”，更重要的是在“破”！

现在，我们构建了全新的“湛庐阅读”App。它将成为你“破万卷”的新居所。在这里：

- **不用考虑读什么，你可以便捷找到纸书、电子书、有声书和各种声音产品；**
- **你可以学会怎么读，你将发现集泛读、通读、精读于一体的阅读解决方案；**
- **你会与作者、译者、专家、推荐人和阅读教练相遇，他们是优质思想的发源地；**
- **你会与优秀的读者和终身学习者为伍，他们对阅读和学习有着持久的热情和源源不绝的内驱力。**

从单一到复合，从知道到精通，从理解到创造，湛庐希望建立一个“与最聪明的人共同进化”的社区，成为人类先进思想交汇的聚集地，与你共同迎接未来。

与此同时，我们希望能够重新定义你的学习场景，让你随时随地收获有内容、有价值的思想，通过阅读实现终身学习。这是我们的使命和价值。

湛庐阅读App

思想者的
声音图书馆

倡导亲自阅读

不逐高效，提倡大家亲自阅读，通过独立思考领悟一本书的妙趣，把思想变为己有。

阅读体验一站满足

不只是提供纸质书、电子书、有声书，更为读者打造了满足泛读、通读、精读需求的全方位阅读服务产品——讲书、课程、精读班等。

以阅读之名汇聪明人之力

第一类是作者，他们是思想的发源地；第二类是译者、专家、推荐人和教练，他们是思想的代言人和诠释者；第三类是读者和学习者，他们对阅读和学习有着持久的热情和源源不绝的内驱力。

CHEERS

以一本书为核心

遇见书里书外，更大的世界

有声书

随时随地，有温度、
有感情地听本书

纸质书

湛庐纸书一站购买
还有读者专享福利

精 读

2~4周，带你读完、
读懂、读透一本好书

电子书

最新最全的湛庐电子书
随时随地亲自阅读

讲 书

30分钟
大咖给你讲本书
让你挑书不费劲

延伸阅读

编辑精心制作的内容拓展
测试、视频、注释、参考文献
只为优化你的体验

课 程

权威专家带你快速浏览
一个领域的知识概貌

专 题

主题式阅读书单
让你与更多好书相遇

The Way of Boys: Raising Healthy Boys in a Challenging and Complex World by Anthony Rao, Ph.D. and Michelle Seaton

Published by arrangement with HarperCollins Publishers, USA

图书在版编目（CIP）数据

如何养育男孩：男孩应该具备的8个关键能力 /（美）饶，（美）西顿著；宋晓丽，李香爱译.—杭州：浙江人民出版社，2014.4（2025.7 重印）

ISBN 978-7-213-06005-2

Ⅰ.①如… Ⅱ.①饶… ②西… ③宋… ④李… Ⅲ.①男性－家庭教育 Ⅳ.①G78

中国版本图书馆 CIP 数据核字（2014）第 042130 号

浙江省版权局
著作权合同登记章
图字:11-2013-283号

上架指导：家庭教育 / 心理学

如何养育男孩：男孩应该具备的8个关键能力

作　　者：[美] 安东尼·饶　米歇尔·西顿　著
译　　者：宋晓丽　李香爱　译

出版发行：浙江人民出版社（杭州市环城北路117号　邮编　310006）
市场部电话：（0571）85061682　85176516
集团网址：浙江出版联合集团　http://www.zjcb.com
责任编辑：王方玲
责任校对：张志疆
印　　刷：中国电影出版社印刷厂
开　　本：720mm × 965mm　1/16　　**印　　张**：14.25
字　　数：22.4 万　　**插　　页**：3
版　　次：2014 年 4 月第 1 版　　**印　　次**：2025年7月第11次印刷
书　　号：ISBN 978-7-213-06005-2
定　　价：46.90 元

如发现印装质量问题，影响阅读，请与市场部联系调换。